ANALYSIS
OF NETWORK
PUBLIC
OPINION IN THE
BIG DATA ERA

大数据时代的
网络舆情分析

武装　著

北京理工大学出版社
BEIJING INSTITUTE OF TECHNOLOGY PRESS

图书在版编目（CIP）数据

大数据时代的网络舆情分析 / 武装著 . —北京：北京理工大学出版社，2018.9（2021.7 重印）

ISBN 978-7-5682-6354-2

Ⅰ. ①大…　Ⅱ. ①武…　Ⅲ. ①互联网络 – 舆论 – 研究　Ⅳ. ①G206.2

中国版本图书馆 CIP 数据核字（2018）第 214842 号

出版发行 / 北京理工大学出版社有限责任公司
社　　址 / 北京市海淀区中关村南大街 5 号
邮　　编 / 100081
电　　话 /（010）68914775（总编室）
（010）82562903（教材售后服务热线）
（010）68948351（其他图书服务热线）
网　　址 / http://www.bitpress.com.cn
经　　销 / 全国各地新华书店
印　　刷 / 北京虎彩文化传播有限公司
开　　本 / 710 毫米 ×1000 毫米　1/16
印　　张 / 21
字　　数 / 301 千字
版　　次 / 2018 年 9 月第 1 版　2021 年 7 月第 4 次印刷
定　　价 / 78.00 元

责任编辑 / 陈莉华
文案编辑 / 陈莉华
责任校对 / 周瑞红
责任印制 / 李志强

图书出现印装质量问题，请拨打售后服务热线，本社负责调换

前　言

为什么要写本书

互联网的快速发展开辟了新的信息传播途径，其爆炸性的传播模式、随意性的发布特点促使生成了海量的舆情数据。网络舆情是指在互联网上流行的对社会问题不同看法的网络舆论，是互联网传播的公众对现实生活中一些焦点问题所持有的言论和观点，是社会舆论的一种表现形式。目前中国网民言论的活跃程度已经达到前所未有的高度，但是在享受互联网便利的同时，互联网也对社会舆论带来了潜在的安全问题，突发公共事件一旦发生便有可能在短时间内汇聚成网络舆情，有可能会演变成社会危机，并对维护社会稳定、构建和谐社会带来巨大挑战。然而在大数据时代，互联网产生的各种数据每天以 PB 级规模增加，对舆情信息的挖掘和分析提出了新的挑战，因此对大数据技术的研究有重要的理论意义和应用价值。将网络舆情与大数据相结合，在互联网的海量数据中发现网络舆情的发展变化趋势，将抽象复杂的舆情进行可视化，并从时间、空间多维的角度展现数据之间的关系，为理解数据提供了强大的工具，解决将网络舆情信息转换为知识或决策的问题，从而提高突发公共事件网络舆情的处置水平。

利用近几年火热的大数据技术可在众多的海量舆情信息中抽取出有价值的信息，实现对舆情信息的处理，并从不同维度对舆情数据进行可视化，以识别热门话题，使相关的管理者能够快速掌握舆情热点和程度，为相关部门采取有效的预警、疏导等措施提供有力的依据。

本书的主要内容

本书以课题的研究成果为背景，以基于 Hadoop 的信息挖掘平台为基础，实现语义挖掘、关键信息抽取和情感倾向性分析；构建互联网数据可视化框架，分析事件趋势特征和相关指标。在上述基础之上，针对数据的多维分析，信息可视化将纷繁抽象的结构化数据表示成可见的图形图像。同时，通过进行预警评估分级，实时研判舆情，根据舆情预警级别做出相应的处置部署，从而使辅助决策更加具有针对性。

本书的主要研究内容有以下方面：

（1）实现了一个基于大数据 Hadoop 的舆情文本信息挖掘平台。该平台可对数据进行抽取、热度分析、趋势呈现等，文本挖掘从复杂环境中将特性文本进行抽取并组织成容易观察的表格形式，便于观察和研究，为之后的数据分析阶段提供强大的技术支撑。

（2）以可视化的角度对网络舆情应对的案例进行综合分析，对舆情的发生和演变过程进行模拟，并对网络舆情的干涉和处置预案同样以可视化的方法进行表达，提出合理化建议。利用可视化技术解决公共事件网络舆情信息优势向决策优势转换，为政府和组织应对公共网络舆情危机提供新的理论依据和科学支撑。

（3）根据网络舆情预警需要，研究指标体系中的各个指标及其获取方法，建立突发事件网络舆情预警级别评估指标体系。将舆情预警这一复杂问题分解成多个相互联系的部分，认识整体和准确定位关键制约因素，得出对突发事件网络舆情现状的评价结果。预警目的在于对已出现的突发事件网络舆情的未来趋势和待出现的苗头形成有效预警，从而能够及时发现和有效处置。

（4）针对舆情事件的传播和情感分析，了解舆情发展传播趋势和情绪变化情况，积极有效引导舆论。基于微博平台，选取不同领域的舆情事件，对其舆情的传播趋势路径机制与传播所形成的网络结构等进行传播机制研究，并对比分析不同领域舆情事件的传播特点。

（5）针对生态领域的雾霾网络舆情进行情感倾向性实例分析，得出网民情绪和观点对于舆情热度和发展趋势的影响，提出舆情管理和引导的合理建议，希望帮助政府部门合理有效地应对生态领域突发事件的微博舆情。

（6）研究经济领域网络舆情传播问题，以及各个时期经济领域网络舆情的特征和网络舆情的控制对策，建立动力场均模型将经济领域网络舆情的演化过程利用 Matlab 进行仿真模拟，并通过案例来阐述经济领域网络舆情事实上存在的周期特点。

本书由武装著。其中，第 1 章、第 2 章、第 3 章由武装和张子妍撰写，第 4 章、第 5 章由张硕撰写，第 6 章由于子洋撰写，第 7 章由刘宇撰写，第 8 章由王宇撰写，第 9 章由童安琪撰写，第 10 章由王宇周撰写，第 11 章由殷笑语撰写，第 12 章由大家共同撰写。

本书的内容结构安排

全书共分十二章。第 1 章是大数据概述，主要讲述了大数据的基本概况，包括大数据在国内外的研究概况，其定义和特征、发展趋势以及面临的挑战和机遇；第 2 章是云计算概述，主要讲述了云计算的概念、发展状况、交付模式、工作原理、部署方式、应用、面临的机遇和挑战，以及云计算在业界的动态和安全问题；第 3 章是 Hadoop 概况，主要讲述了 Hadoop 各个子项目的构成和工作原理以及在实际中的应用；第 4 章是网络舆情的理论基础，主要讲述了网络舆情的概念、构成要素、特点、作用以及相关的理论综述，为下文打好理论基础；第 5 章是微博的相关知识以及基于微博用户群体行为建立的解释结构模型，为后文动态分析打下基础；第 6 章是基于 Hadoop 的文本信息抽取系统开发，主要讲述了针对微博开发基于 Hadoop 的文本抽取系统的过程和实现的功能；第 7 章是网络舆情传播网络结构的研究，主要研究舆情事件的传播网络结构，以便了解舆情的发展趋势；第 8 章是经济领域网络舆情传播问题的研究，通过数据采集与可视化分析研究了经济领域网络舆情的传播；第 9 章是网络舆情的情感分析研究，设计一种基于微博情感分析的网络舆情热点发现模型，对网络舆情进行情感分析；第 10 章是网络舆情指标体系设计与分析；第 11 章是网络舆情预警机制的研究，主要讲述了以网络舆情传导机制的理论基础和框架以及以情感计算为基础的预警机制研究；第 12 章是网络舆情传播的监管策略，主要从不同的角度对网络舆情传播监管提出了合理化建议。

本书特色

本书的特点是研究的原创性、学科的交叉性、内容的前沿性，书的内容系统综合地反映了大数据技术与网络舆情分析融合的研究成果。本书主要针对基于大数据的网络舆情的可视化，将大数据、网络舆情、可视化和政府治理结合起来系统研究。网络舆情的可视化所用到的技术和方法实现了多学科之间的融会贯通，并通过大数据技术、Hadoop分布式系统架构、数据可视化技术、机器学习、网络分布技术、数据挖掘以及基于Python的网络爬虫等技术对舆情数据进行采集、处理、可视化，能够及时让管理者掌握舆情热点，为相关部门采取预警提供依据，对我国的网络舆情监管、应对及信息安全防护研究具有重要价值。本书还建立了大量的模型，主要有微博用户群体行为的解释结构模型、微博舆情的信息传播模型、经济领域突发事件的网络舆情演进传播模型、基于微博情感分析的网络舆情热点发现模型、网络舆情预警模型等。模型的建立，使研究更加深层化。

本书以大数据时代为背景，理论联系实践，从不同角度对网络舆情进行分析，结合大量网络舆情案例，以真实案例为主线，深入浅出地介绍网络舆情分析的相关任务，希望对读者有所帮助。

特别说明：为了保证数据来源的真实性与客观性，在本书报告中涉及网民的“真实的”网名，在此特别声明，我们仅仅为了表明在研究过程中的客观性，并无他意。

致谢

在本书的研究写作过程中，得到来自多方的帮助和支持。感谢本书参阅和引用的参考文献的作者们，是他们的成果给了本书研究许多启迪。本书撰写过程中参考的书籍、论文及网页资料等相关文献，初稿在页下均作了脚注，已尽可能列出，但完稿时受出版字数限制而将所有脚注与书尾的参考文献合并，原文处无法一一标清出处，而难免有所遗漏，特向这些作者表示歉意。感谢北京哲学社会科学基金项目（No.14SHB015）和大数据与机器学习创新团队对本书的支持，没有他们的支持就没有本书的问世；感谢参加课题研究的硕士生和本科生，他们不仅是本书各个章节具体内容的研究执行者，也在本书撰写过程中承担了大量的工作，他们在我的指导和要求下，认真地进行研究，从不同的视角对网络舆情进行了分析，在反复修改和调整他们的学位论文框架体系和章节内容的同时，逐步形成本书的初稿内容，他们的主要成果已在书稿中列出并分别标注，我要感谢他们一路与我同行；感谢学界的长辈和朋友们，感谢你们在我成长道路上的指导、支持；我还要特别地感谢我的妻子和我的家庭，没有她们的理解，就没有我现在的成就，她们多年来对我科研事业的全力支持、倾心关注，是我前行的不竭动力和永恒的精神支柱，谢谢你们！

期望本书的出版能够对大数据、信息管理、信息传播、信息技术和信息系统的教学科研人员有所裨益，也希望它能成为相关专业研究生和大学生的学习参考文献。尽管经过努力和多次修改，但书中难免还会出现错误或者不准确的地方，对不断发展的信息技术也无法做到及时更新相关内容，所以希望同行的专家、学者和广大读者不吝赐教。您宝贵的反馈是我们继续前行的无尽动力！

目 录

1 大数据概述

1.1 研究背景

信息技术的飞速发展，使数据量以惊人的速度增长，在数据科技的推动下，人类可生产、收集、存储以及处理的数据迅速增加，增加速度已超过摩尔定律。其数据量已从 TB 级别上升到 ZB 级别，数据的类型、维度、规模都随着数据量的增加而增长，“大数据”就由此应运而生。

在 apache org 的开源项目中最早出现大数据这个词汇，当时的大数据与现在的大数据有所不同，是用来描述在更新网络搜索索引的时候，进行的批量分析处理的海量数据集。著名思想家阿尔文·托夫勒在 1980 年《第三次浪潮》中写道“如果说 IBM 的主机拉开了信息化革命的大幕，那么大数据则是第三次浪潮的华彩乐章”，将大数据描述为信息社会的重要篇章。自 2012 年起，大数据被社会各界普遍使用。人们称 2013 年是“大数据元年”，社会各个领域都涌入了大数据浪潮之中，在各行各业的数据总量、技术条件与商业及盈利模式等都达到了一定规模，大数据对社会的影响越来越明显。学术界、政府部门和业界都开始关注和重视大数据，纷纷形成企业乃至城市、国家的大数据发展战略。在学术界，*Nature* 在 2008 年首次推出名为 *Big Data* 的专刊。*Science* 于 2011 年推出 *Dealing with Data*，以科学研究中大数据的问题为主题而展开讨论，说明了众多学者在研究大数据，以及大数据对科学研究的重要性。2011 年麦肯锡研究院发布题为 *Big Data：The next frontier for innovation，competition and productivity* 的研究报告，声称大数据已成为全社会各个部门提高竞争力和追求创新的新兴领域；在产业界，

Oracle、IBM 等世界巨头，利用大数据，为其他公司提供综合的解决方案。亚马逊、谷歌和 Facebook 等利用其拥有大量顾客信息的优势，分析解决自己公司的精确营销，以便有针对性地找到用户。这些公司意识到了大数据所蕴含的前所未有的商业价值，纷纷备战大数据，抓住机遇，迎接挑战。Capgemini 在 2012 年发布的 *The Deciding Factor: Big Data &Decision Making* 报告中通过企业调研的形式论证了大数据将改变企业决策的模式，并为企业决策带来巨大效益；如今，获取以及掌握数据的能力已成为衡量一个国家实力的显著标准，政府部门通过实施大数据应用的项目，来提高一个国家的正常运行效率以及提高人们参与公共事务的热情等，政府部门对大数据的关注度日渐明显。美国政府于 2012 年颁布了《大数据研究和发展倡议》，大数据战略从此成了国家战略，启动“大数据发展计划”，将大数据视为未来的资源，与土地、人力、资本同样重要。2012 年，联合国发布了大数据白皮书，指出对于无论联合国还是各国政府来说，大数据都是一个前所未有的机遇。

对于大数据的海量特征，IDC 的研究报告称，到 2020 年，全世界数据量将增长 44 倍，多达 35.2 ZB。对于人类来说，处理数据将成为棘手难题，但也为人类获得更为全面、更为深刻的洞察能力提供了更多机会，大数据每时每刻都在影响着整个社会的全方面，成为未来信息技术的发展方向之一。

1.2 国内外研究概况

大数据一词问世不久，无论国内外对大数据的研究都仍处于初级探索阶段。2013 年之后，大数据逐渐成为全球的焦点，各个行业都开始应对大数据所带来的挑战，相关的研究也开始丰富起来，人们对大数据的认识和研究经历了一个深入浅出的过程，从最开始的探讨到应用，有了很大的突破。

1.2.1 国内研究概况

国内有关大数据的著作并不多，最早研究大数据的成果是涂子沛在 2012 年出版的《大数据：正在到来的数据革命》一书，在国内引起了很大反响，该书研究并分析了大数据的成因，论述了数据创新给社会、政府、公民带来的挑战，指出了大数据时代为中国带来了严峻的考验，同时也带来了前所未有的发展机遇，大数据蕴含着巨大能量，未来将成为新时代的创新力。涂兰敬在《专家观点："大数据"与"海量数据"的区别》一文中明确了大数据和海量数据不同，大数据是复杂类型的数据和海量数据的结合体，指出大数据并不是简简单单的大量的数据；马建光、姜巍在《大数据的概念、特征及其应用》中对大数据与社交网络、云计算、物联网等新技术、新媒体的关系以及大数据的概念、典型性特征进行了简要的论述，并对数据分析中实时处理及相关性分析等核心问题进行了探讨，概括了大数据会面临的诸多挑战。田溯宁与姚宏宇合著的《云计算——大数据时代的系统工程》对云计算的概念、技术等方面进行了详细的阐述，对"云计算"与"大数据"这对孪生兄妹的关系给出了深入剖析。陈康等在《大数据时代机器学习的新趋势》中提出要凸显大数据时代机器学习的重要性，将机器学习运用到分析复杂数据当中，揭示了大数据时代的来临及其重大的意义。李国杰在《大数据研究》中提到"大数据指的是无法利用传统的软硬件工具和 IT 技术在一定时间内对数据感知、获取、管理、处理和服务的数据"。2012 年 5 月，由香山科学会议组织的主题为"大数据科学与工程—— 一门新兴的交叉学科？"的讨论会，对大数据的应用方向、理论与工程技术研究、资源支持形式和大数据研究的组织方式等展开了讨论。2012 年 6 月，青年计算机科技论坛举办了关于大数据的学术报告会，其主题为"大数据时代，智谋未来"，对大数据安全、数据挖掘、大数据平台等进行了深度的讨论。

总体而言，大数据作为跨越多个学科和诸多领域的科学，将成为科技的研究热点。

1.2.2 国外研究概况

大数据同时也引起了国外的广泛关注。Patricia White 在分析了社会科学与自然科学数据的基础之上，非常理性地思考了大数据给美国国家科学基金会带来的机遇、给基础社会科学研究带来的挑战以及大数据在研究中存在的局限等问题。于2008年由*Nature*推出了名为*Big Data*的专刊，该专刊主要从超级计算、网络经济学、互联网技术等诸多角度展示了大数据带来的机遇和挑战；英国的维克托·迈尔·舍恩伯格是最早关注、研究大数据的学者之一，他在2010年曾在《经济学人》上用14页的篇幅对大数据在未来的应用进行了深度有远见的分析；*Science*在2011年推出名为*Dealing with Data*的专刊，主要探讨了大数据对科学研究的重要性，并强调若能高效地利用这些数据，对社会将产生巨大的推进作用。2013年1月维克托·迈尔·舍恩伯格出版了《大数据时代》一书，对大数据进行了较为系统的研究，指出了由大数据技术所带来的信息革命已经开始改变人们的生活、工作与思维，并在管理、商业和思维这三个方面解读了大数据所带来的革命性变化，指出预测是大数据的核心，将为人类和社会创造新的可量化的维度。2011年麦肯锡在*Big Data: The next frontier for innovation, competition and productivity*报告中系统阐述了大数据的概念，详细列举了大数据的核心技术，分析了大数据的影响以及大数据的应用等，大数据开始得到政府、研究机构的重视；2012年研究协会会刊*ERCIM News*推出*Big Data*，该专刊研究了在大数据时代背景下的热点问题，如数据密集型研究的创新技术和数据管理等。Roger Burrows和Mike Savage提出要根据原始论文的要求反思当前泛滥的大数据对社会科学的影响；Malcolm R. Parks提出了通信领域研究大数据不能局限于解释大数据、为大数据代言，而应该在实证研究的基础上为寻求新的研究方法提供实质性的贡献。Chun-Yang Zhang和C. L. Philip Chen在《关于大数据的调查：数据密度的应用、挑战、技术与科学》中指出，在众多领域都涉及了大数据问题，如经济研究、国家安全和商务活动等。J. Leon Zhao等人在《大数据时代企业面临挑战和管理研究分析》中指出，大数据将从本质上改变市场营销的传统方式；Vasant Dhar从预测模型的视角讨论了大数据，认为大数据使得机器能够提出并证实人类没有意识到的问题。2012年3月，美国公布了“大数据研发计划”，目的是提高人们从复杂和海量的数据中获取信息的能力，从而加快创新的脚步，并指出大数据关乎科学研究的成果和国家安全。美国数据管理领域研究人员发布了白皮书*Challenges and opportunities with Big Data*，指出大数据是必然的发展趋势。

当下，对大数据的研究已成为各国的热点研究问题，也已成为各个国家的发展方向。

1.3 大数据理论

1.3.1 大数据定义

如今，对大数据的定义众说纷纭，因此大数据有不同的定义。人们称数据科学家维克托·迈尔·舍恩伯格为“大数据预言家”，他曾在《大数据时代》中指出，大数据的起源是因为需要处理的信息量太大，导致一般的计算机无法负载如此多的数据量，所以需要改进数据处理的工具和方法。黄升民、刘珊所写的《“大数据”背景下营销体系的解构与重建》一文中，将大数据定义为：已经超过传统意义上的限度，普通工具很难处理的数据。彭兰在其所著的《大数据时代：新闻业面临的新震荡》中提到，大数据概念是指信息量超载的数据。在陶雪娇等人所著的《大数据研究综述》中提到，大数据是由以正式组织为主体的交换数据、以新媒体为主要数据交换平台进行数据流通、以大数据处理及应用技术为核心的海量数据处理三大部分构成的。麦肯锡公司是全球著名的咨询机构，在《大数据：创新、竞争和生产力的下一个新领域》研究报告中提出，超过一般传统数据库进行处理的数据称为大数据。该定义至少包括两层含义：一是大数据的大小会因技术和时间的变化而增加；二是不同机构对于大数据中数据量的理解不同。IBM 公司在出版的《理解大数据》一书中，则将大数据定义为根本无法利用传统的工具或流程进行分析或处理的信息。奥莱利媒体认为大数据由三个要素组成：第一，数据量足够多；第二，系统性能足够强；第三，数据分析的结果在不同程度上影响着决策。该定义更注重大数据在辅助决策中的决策作用。美国公司 Gartner 认为，大数据指的是速度快、大容量、多样化的信息资产，它们需低成本、高效率以及全新的处理方式，从而增强洞察力与决策自动化。美国政府报告《大数据的研究和发展计划》指出，大数据就是指从各类数据中迅速提取较高价值信息的能力。

在宏观的角度下来看，融合信息空间、物理世界以及人类社会的枢纽就是大数据技术；在信息产业的角度下来看，大数据能够推动信息技术产业的发展；在社会经济的角度下来看，大数据可视为第二经济的关键支撑以及核心内涵。

根据已有的研究，本书对大数据的理解是：通过新的信息处理技术和方式，对数据进行收集、存储、分析以及处理等，并且能够利用全新的数据处理技术和方式产生相关联的预测效应，协助决策发挥海量的、快速增长数据的价值。

1.3.2 大数据特征

通过分析不同领域对大数据的理解，结合目前的应用情况，可以将大数据的特征归为五个不同的“V”。

1. Volume（数据规模巨大）

一般情况下，大数据是指 PB 级别以上的数据量，因为互联网既方便又快捷，越来越多的终端产品不断接入互联网，因此每小时都会产生很多的数据。现 PB 级已成为常态，以后 ZB 级也将普遍出现。

2. Variety（数据类型丰富）

如今数据类型也越来越多样化，已不再仅仅是结构化的数据了。现在处理的数据包含半结构化数据及非结构化数据，当然也有结构化数据。非结构化数据将成为主流，包括我们经常欣赏的歌曲、浏览的网页和观看的视频等。例如，Twitter、Facebook、微博等每小时会以数以百万的状态不断进行更新。

3. Velocity（数据处理快）

数据处理快是大数据不同于传统数据较为明显的特点。它可以从各类的庞大数据中以极其快速的效率获取数据，即“一秒定律”。在越来越多的数据面前，提高数据处理的效率是提高竞争力的关键，大数据处理和云计算等技术有着密切关系，要求从各类数据中以最快速度获取有价值的数据信息。

4. Value（数据价值密度低）

一般情况下，价值密度越低数据量越大。现在举监控录像的例子来说明这一点，在长时间的监控中，对我们有价值的数据也许只有那么几秒。现在亟待解决的难题就是怎样从这些大量数据中迅速地把有用数据找出。但如果可以从这些冗杂的信息当中提取出有用的信息，那么大数据身后隐藏的价值将被挖掘出来。

5. Veracity（数据的不确定性）

目前大数据技术应用最大的挑战就是数据的真实性。大数据的不确定性集中体现在多变和随机性等。例如，股票数据。现在就算是利用高端的数据清理方法，也很难保证数据不确定性的不存在。

1.4 发展情况

1.4.1 国外发展情况

在信息高速发展的背景下，社会产生的数据与日俱增，整体以指数形式增长，纵观全球大数据的发展情况，有三个相同点：第一，信息安全与数据开发齐头并进；第二，推动大数据全产业链的应用；第三，社会与政府力量携手促进大数据应用。现以美国以及一些组织为例来说明这一情况。

（1）美国。1890 年，统计人口时，著名统计学家赫尔曼·霍尔瑞斯研发了电动器，其主要作用是读取卡片上所存放的数据，他用一年的时间实现了本该八年完成的人口普查，因此在当时引起了巨大轰动。1961 年，美国耶鲁大学教授德里克·普赖斯在《巴比伦以来的科学》中指出：新发行期刊的数是以指数形式增长的，并将此称为“指数增长规律”。

1997 年 10 月，在关于可视化的会议论文中大卫·埃尔斯沃思和迈克尔·考克斯发表了《为外存模型可视化而应用控制程序请求页面调度》，美国计算机学会数字图书馆中关于大数据的文章实现了零的突破。2001 年，大数据模型由美国一家咨询公司 Gartner 第一次开发。同年 2 月，著名分析师道格·莱尼发布了一份题为《3D 数据管理：控制数据容量、处理速度及数据种类》的报告。2005 年，由若干软件产品所组成的生态系统——Hadoop 诞生，Hadoop 实现了大数据分析。在 2008 年,《自然》首次提出了“Big Data”。大概自 2009 年起，“大数据”这一词语迅速地为人熟知。政府在 2009 年时推出一个公共服务的平台，进一步开放了大数据。2011 年 5 月，麦肯锡的全球研究院发布一篇题为《大数据：创新、竞争和生产力的下一个新领域》的报告，这是大数据第一次被专业机构介绍。2012 年就是利用大数据来规划总统选举的。2012 年 3 月，为了支持大数据的发展，政府投资多达

2 亿元，从此国家战略中又多了一名新成员——大数据，并宣称大数据是“未来的新石油”。2014 年，美国发布“大数据”白皮研究报告《大数据：抓住机遇、守护价值》，指出：大数据正在改变世界，并对大数据应用等现状进行了具体表述。2016 年 4 月，在线大数据可视化工具——“数据美国”被麻省理工学院研发，该工具能够对政府公开数据库进行实时分析，当时引起了很大轰动。

（2）组织。2011 年，欧盟颁布了《开放数据战略》。旨在强调数据门户网站、科研数据基础以及数据处理技术的重要性，并增强在这几方面的投入，该战略的核心是开发数据。2012 年，联合国颁布了白皮书《大数据促发展：挑战与机遇》，从此大数据的发展达到了高潮。该书总结了世界上每个国家的政府应该怎样利用大数据技术来为人民服务。2014 年，世界经济论坛发布了《全球信息技术报告（第 13 版）》，该报告的主题为“大数据的回报与风险”。现在，欧盟正在进行数据价值链战略计划的研究与制订，旨在将数据的价值发挥到极致，该计划主要包括云计算、数据开发等。

所以说，大数据的重要性是不言而喻的。这些发达国家和组织带给我们的启示是：

第一，抓住大数据带来的机遇，注重顶层设计；

第二，充分发挥大数据的作用，注重数据开发；

第三，国家促进各企业、各高校以及各科研单位进行合作，注重社会参与。

1.4.2 国内发展情况

现阶段我国的大数据仍处于初级发展阶段，为了参与到大数据浪潮中去，我国结合世界趋势，政府、学术界还有业界都非常重视大数据，将大数据技术研究与其社会应用作为战略重点，使之成为科技竞争的关键技术，参与到国际产业竞争之中，充分实现数据技术与应用有机结合和统一。掌握主动权，发展大数据。

1.4.3 大数据发展环境与策略

如今，国内大数据的快速发展在一定程度上得益于我国宏观政策的不断完善。2011 年 12 月，“十二五”规划提出了四项科技创新工程，其中一项就是信息处理，信息处理包括数据挖掘、海量数据分析等，这些都是大数据不可缺少的部分。2013 年 6 月，工信部发布了名为《电信和互联网用户个人信息保护规定》的规定，该规定设立了个人信息保护的屏障，为大数据的应用提供了方便。与此同时，政府也在努力地调整大数据的宏观政策环境，自 2012 年起，发改委支持了许多与大数据相关的项目，并取得理想成果。2014 年，《政府工作报告》指出了要在大数据方面多努力，“以创新支撑和引领经济结构优化升级：设立新兴产业创业创新平台”，争取在大数据等方面保持先进。2015 年 8 月，国务院发布《促进大数据发展行动纲要》，强调在未来大数据可能成为提升政府能力的新途径、重塑国家竞争优势的新机遇以及促进经济转型发展的新鲜血液。2016 年，发改委发布《关于组织实施促进大数据发展重大工程的通知》，该通知指出将重点支持大数据共享开发、大数据示范应用等。

《大数据白皮书（2014）》数据显示，中国大数据产业拥有很好的基础，发展前景非常广阔。“数据治国”和“数据兴国”已成为国家战略，未来也可能成为长期国策。今后，大数据将在我国的方方面面发挥越来越重要的作用。

1.4.4 大数据产业发展状况

1. 政策与法律层面

第一，现在，虽然我国大数据产业缺少国家层面的政策支持，但是在我国的一些战略中已包含大数据技术。

第二，开放数据是指每一个不受任何技术或者法律的限制来重复使用、重复操作和传播的数据，这些数据是免费的、机器可读的，并非某个部门、企业或者个人所专有的。

第三，关于网络用户隐私的保护和信息主权的界定，将有利于国家数字经济的发展和国家的安全。

2. 产业层面

第一，产业区位。国内大数据产业集中在发达的一线城市，如北京、上海、广州等。

第二，产业结构。现在许多信息技术企业向数据应用、数据服务和数据管理转型。比如，阿里巴巴，它充分运用大数据的优势提供阿里信用贷款，实现了一大突破。

3. 人才层面

随着大数据以惊人的速度发展，数据科学家出现了。数据科学家是复合型、综合型、高端型人才，数据科学家的短缺将是阻碍大数据发展的要素之一。

1.4.5 大数据发展趋势

（1）可视化推动大数据平民化。

可视化就是通过将数据转化为用户容易理解的交互图形，用户不仅可以洞察其中的规律，也可以更好地分析处理其中所反映的有用信息。

当下，大数据越来越平民化，因为大数据的可视化拉近了其和平民的距离，就算是 IT 新手也可以通过大数据的可视化很好地理解大数据的价值。

（2）预测分析（见图 1–1）。

充分利用大数据可分析预测将来可能会发生什么以及如何让它们发生，但是根据 2016 年普华永道的调查可看出，现在只有不到三分之一的公司使用该技术。现在企业慢慢地意识到了预测的重要性，预计在未来几年中会有更多的企业利用该技术。

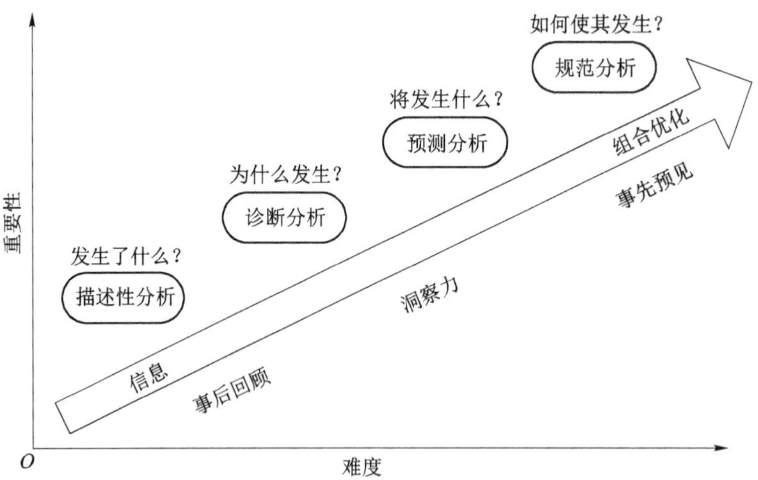

图 1–1　预测分析的重要性

（3）多学科融合与数据科学的兴起。

大数据是统计学、管理学、数学和计算机技术等学科的综合，将来，数据科学将成为一门在各大高校设立的学科，同时也会催生新的就业岗位，缓解就业压力。

当然大数据不能简简单单地理解为大的数据，大数据一般是指数据的重要性，以及突出数据技术、数据产业、数据科学等。图 1–2 所示为大数据与小数据的区别。

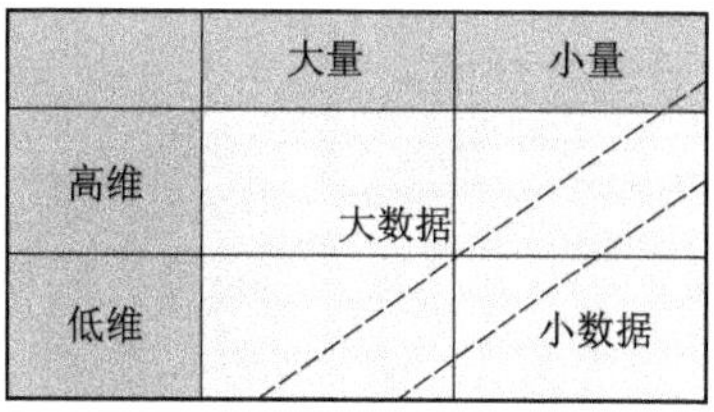

图 1–2　大数据与小数据

（4）自助服务。

自助服务式的数据工具使用不仅节省了数据的准备时间，也降低了技术的参与量，企业也不必像之前那样严重依赖开发团队，提高企业的运营效率，从而更重视用户的切身感受。

（5）基于云的数据分析将获得关注。

将数据分析移动到云端之后，企业不仅可加速采用新技术，实现数据到行动的转变，还可降低企业的各种成本，如技术维护成本和企业运营成本等。

（6）大数据安全与隐私保护令人忧虑。

首先，大数据的安全问题一般指的是大数据所受到的威胁。主要指的是在应用大数据技术的时候，数据中包含了海量有价值的信息，此时，就会很容易成为攻击者所攻击的对象。

其次，大数据的过度使用很可能会带来许多有危害性的潜在问题及副作用。比如，国家机密、商业机密、个人隐私等信息的泄露。

如图 1–3 所示，大数据技术应用在三个要素上，伴随而来的是以下三个安全发展空间，包括大数据用于安全、对抗大数据级威胁以及保护大数据。

（7）新热点融入大数据多样化处理模式。

大数据的处理模式越来越多样化，主要有交互式计算、批量处理和流式计算等。构建大数据平台时不仅可选择 Hadoop，也可以选择其他平台。

（8）在互联网、金融、健康方面保持热度，智慧城市、企业数据化、工业大数据是新增长点。

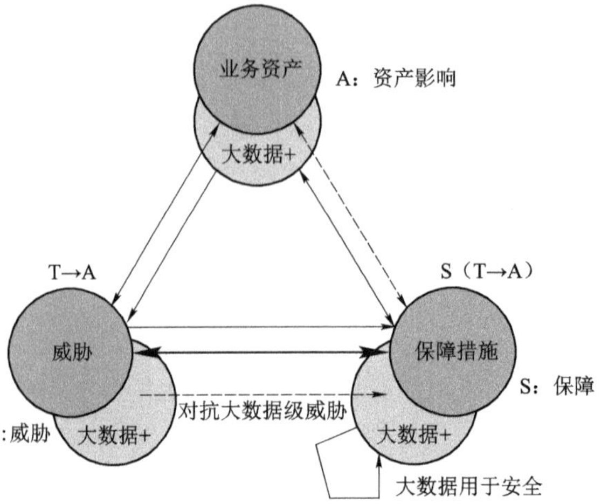

图 1-3 大数据技术在业务资产、威胁、保障措施上的应用

大数据在互联网领域中取得的应用成果是最早的，当然，也有在其他领域的重点关注，如金融、健康方面。而企业数据化、工业大数据和智慧城市是现在的新关注点。

从表 1-1 和表 1-2 可以看出，“最令人瞩目的应用领域”和“将取得应用和技术突破的数据类型”与上面分析一致。

表 1-1 2013—2016 年最令人瞩目的应用领域投票结果

（按照票数多少从上到下排序）

年份	2013 年	2014 年	2015 年	2016 年
应用领域	医疗	互联网：电子商务	互联网：电子商务	互联网：电子商务
	金融	金融	金融	金融
	电子商务	健康医疗	健康医疗	健康医疗
	城市管理	舆情分析：情报分析	城镇化：智慧城市	城镇化：智慧城市
			社会安全：犯罪侦查	舆情分析：情报分析

表 1-2　将取得应用和技术突破的数据类型投票结果

（按照票数多少从上到下排序）

年份	2015 年	2016 年
数据类型	社会化媒体数据	城市数据
	视频数据	互联网交易相关数据
	互联网日志与电商交易数据	企业数据
	语音数据、图形图像 设备测量和控制数据 图形图像数据	视频数据
	人体数据、宏观经济	人体数据

1.5 大数据发展面临的挑战与机遇

1.5.1 大数据发展面临的挑战

（1）数据存储。

与传统数据存储不同，由于大数据来源于不同的地方，存放的标准也不同，所以具有结构形式多样化、数据量大，以及实时性的特征，从而根本无法使用基于文件和块的存储系统来存储数据。

（2）数据获取。

大数据时代的今天，到处都充斥着海量信息。从中获取有利数据，成为一大难题。同时获取数据质量的好坏对数据分析有着十分重要的影响。在数据分析过程中，允许出现少量的错误数据，但是错误数据过多，可能使得分析结果截然相反。因此提高数据获取技术是急需解决的问题。

（3）数据分析。

大数据处理流程中的关键就是数据分析。大数据处理后的研究结论都是从对大数据分析的过程中得到的，但也带来了很大的挑战。数据量大，从中获取有利数据的可能性也越大，当然也带来很多烦恼，如更多的数据噪声；数据量小，从中可能获取不到需要的数据。所以在数据分析中要适当选取分析粒度，如果粒度过细，避免不了的是有用数据可能被过滤掉，但粒度过粗，就根本达不到对数据清理的效果，因此必须要对数据的质和量进行综合权衡。

（4）数据显示。

数据显示是用户比较关心的因素，传统的数据会直接显示在电脑屏幕上或者以文本、图表输出，但这对大数据却是不可行的，因为大数据有海量的信息。可视化技术对于大数据的显示是个不错的选择，另外，用户可以更好地理解基于数据起源技术或人机交互技术所描述的数据分析结果，以及能够充分地理解其结果的由来。

（5）数据安全。

随着数据量的不断增长，数据的安全问题也逐渐受到关注，这也是大数据更易遭攻击的原因之一。数据的安全能否得到保障是用户所关心的，大数据中含有许多个人信息，信息一旦泄露，个人安全也遭到了威胁。

（6）人才问题。

无论是数据存储、数据获取、数据分析、数据显示，还是数据安全的问题，归根结底都是需要大数据专业人才来解决。现在，我国大数据市场上人才的储备和人才的需求存在较大的缺口，并且这个缺口在近几年仍将存在。

1.5.2 大数据发展带来的机遇

（1）大数据的挖掘和实际应用。

大数据的发展使其在许多领域的应用是其最大的机遇体现，它影响着当下的商业模式，是具有高额利润的市场，大数据的应用能为企业或单位节省大量资金。据麦肯锡预算，大数据应用可为美国医疗健康业节省 3 000 亿美元，为欧洲政府节省 1 000 亿美元。因此大数据应用前景可谓一片光明。

（2）使云计算、商业智能、信息安全成为“潜力股”。

按产品形态，大数据产业链可分为基础软件、应用软件和硬件三个领域。云计算、商业智能和信息安全横跨了这三个领域，未来可能推动产业链迅速发展，大数据的发展必将使商业智能向更高级别发展；在大数据时代，数据安全性标准非常高，由此大数据的应用为信息安全带来了发展机遇。

1.6 大数据应用

大数据的应用极为广泛，应用到了社会经济发展的各个领域并以惊人的速度进行扩展，虽说大数据技术在未来会给每个行业带来颠覆性的机遇，但是现在真正的大数据应用仍然处于刚刚起步阶段。下面对大数据应用进行简单的介绍。

（1）大数据在政府治理上的应用。

如今，处于大数据时代，在所收集的海量的大数据中，政府可获取其中有价值的信息。这样不仅能提高国家运行的透明度、效率、公共事务的参与度和民众福利，还可以保证我国的安全和经济的持续增长。

政府由数据采集者转变为数据分析者。政府已经不是简简单单地收集数据，而是将数据进行汇总，并整理，再进行深度的挖掘分析，从而为政府的决策提供支持。

政府由数据的管理者转化为数据的提供者。人民对一些政务的透明度要求越来越高，大数据可以提高政府信息资源的开放程度，能够使各部门相互协调，以及提高政府与人民的互动性。比如，一些政府官方论坛、官方微博、微信公众号等，这些都能使得一些政务信息公开透明。

政府治理具体化、责任具体化。社会数据来源是每个个体，政府发现问题、提出问题、解决问题、预测问题都源于这些数据。个体的多样化，说明数据和数据之间存在着明显的差异。政府要从这些具体数据里挖掘公共问题，然后制定具体策略，因此说政府责任越来越具体化。

（2）大数据在金融领域的应用。

从本质性上说，金融本质就是数据的生产、创新、挖掘、传输、分析以及集成，所以大数据对金融业的影响是不可低估的。

大数据金融不同于传统金融，它可以重树银行的完善信用机制以及信用体系，使一个个体或一个团体的信用触手可及。数据的轨迹就是个体或者团体的真实证明，传统的信用评审是靠人的因素来确定的，自然而然，信用度看着清晰实际上却是模糊的。相反，大数据金融的信用是建立在过去及现状的庞大的数据证明真实可信的基础上，不需要个人或单位进行评审。

在道德和法律许可的范围内，大数据金融可捕获信用评估所需的个人或团体的行为信息，这些信息由大数据处理系统处理，进而实现对对象的信用价值的认定，促进金融服务业管理方式由粗放转变为精细，促进风险管理方式由模糊、难控转化为量化、可控。

大数据在金融行业的应用已经一步一步地推进，并形成了比较典型的业务类型。

例如，小额信贷和高额金额交易等。其中，高额金额交易的实时性要求比较高，数据规模要求比较庞大。小额贷款一直以来都是大银行对小企业贷款的瓶颈，如果小企业无物可以抵押，那么就很难从银行贷到款，但是小企业在中国分布密集，且具有很大的贷款市场。在2007年，中国建设银行和阿里巴巴推出e贷通，e贷通是针对小企业的贷款计划，阿里巴巴利用其拥有大量用户信息和详细信用记录的优势，然后通过大数据技术来分析是否给予某些小企业贷款。截至2012年年底，该贷款的坏账率只有0.3%左右，而同年商业银行的坏账率却远高于0.3%。

大数据在金融业的应用还有另外一个成果——精准营销。中国招商银行利用数据分析技术发现持有该行信用卡的高价值客户会常常出现在某些固定的服务场所，如星巴克、麦当劳等，招行通过一些优惠活动来吸引一些优质的客户。

（3）大数据在网络通信业的应用。

大数据的智能应用为通信运营商带来了机遇和利润。例如：

第一，从事电信行业的人员通过千万的客户资料，可分析出若干使用者的动态，并将这些有价值的信息出售给一些有需求的企业，这可称为全新的资料经济。

第二，中国移动利用大数据分析，对运营业务进行有针对性的监控、预警、跟踪，系统可迅速掌握市场动态，然后再传递给负责人，这样负责人可在短时间内了解市场情况。

（4）大数据在物联网的应用。

物联网使大数据的概念内涵和外延都有了巨大的扩展，实现了由通信设备相连到用于生产的物物相连，给人们的生活带来了非常大的变革。

例如，物流企业应该对大数据在物联网上的应用深有感悟，UPS 快递的目的是总部能够在车晚点时追踪到车辆位置和预防引擎故障，在其货车上装有 GPS 和传感器，与此同时这些安装的设备可优化行车路线和监督员工。UPS 可根据以往的具体行车情况进行数据分析从而确定最佳的行驶路线。

（5）大数据在医学方面的应用。

医疗数据是持续、复杂、海量的数据，信息价值极高且丰富。大数据在医学上的应用可以优化临床决策支持系统，帮助主治医生更好地判断病人的情况，并采取正确的治疗方式；大数据的应用也可催生新的医疗服务模式，来满足患者个性化的需求。

第一，临床预测。通过大量临床数据分析可以为临床决策提供支持。通过对现有的数据分析，对临床现有的疾病预测模型及方法提出更高的要求来建立效率更高、更精简的模型，以更准确地预测疾病发生率。

第二，流行病学监测。基于大量流行病学数据的病种分析，预测流行性疾病暴发对于控制其蔓延至关重要，尤其对于那些既没疫苗预防，也没有有效方法治疗的疫情更加有效。

第二，临床检验。以大量临床检验、检查数据为基础，对病种的检验、检查项目进行分类整理，综合分析比较各种疾病检验、检查项目的必要性，通过数据以及临床医生经验的验证，以减少现有的所谓必要的检验、检查项目，进而降低患者医疗费用，减少检验科的患者量，减轻医生负担。

第四，临床治疗。通过对大量现有临床诊疗数据分析，比较同病种但采用不同治疗措施的有效性，医生能够选择更优的与病症信息相匹配的治疗方案。

第五，药品和医疗器械研发。通过对大量医疗器械、临床数据、流行病学资料等医学数据的分析，可以对现有的医疗器械和药品研发进行改进，研制出更低磨损度、更精简、更低成本、更快速以及更有针对性的产品，以提高诊断和治疗的准确性。

（6）大数据在能源行业的应用。

该行业的企业对大数据解决方案的需求主要体现在高宽带、可扩展性以及可处理不同格式的数据的分析方案。

例如，智能电网是将传统能源网络和现代的信息科技相融合而构成新的电网，通过对电网的数据分析可预测出哪些电路可能会出现故障。利用大数据有利于电网的维护、改造甚至升级。电网每隔 5 min 或 10 min 会收集一次数据，这些数据可用来预测每个家庭的用电习惯，从而可预测整个电网在未来几个月的用电量是多少。电像期货一样，若提前购买则相对来说会便宜许多，通过预测可以降低一些成本。

（7）大数据在零售行业的应用。

从商业价值的角度考虑，大数据能够在什么方面挖掘出潜在的商业价值呢？麦肯锡和 IDC 的大数据研究结果表明，大数据主要从对顾客群体的细分、运用大数据模拟实境、进行商业模式和服务创新以及提高管理链条和产业链条的投入回报率这四个方面来挖掘其巨大的商业价值。

例如，北京华联集团通过部署 Oracle 零售应用解决方案，优化了运营管理、提高了商业敏捷性、提升了交易流程的管理和实施。全力支持其旗下每项业务的不断增长，包括综合超市、大卖场、商业地产以及百货公司等。

1.7 本章小结

本章对大数据概况进行了简明扼要的介绍，主要包括研究背景、国内外研究概况、大数据的定义和特点、发展情况、面临的机遇和挑战以及在现实中的具体应用等，本章的主要目的是让读者对大数据有一个整体了解，方便对下文的理解。谈到大数据避免不了就要提起云计算，那云计算是什么？它和大数据的关系又是怎样的？我们将在下章揭晓。

2 云计算概述

2.1 传统数据中心

2.1.1 数据中心的概念

数据中心最初被称为计算机中心，是用于容纳计算机系统及其配套组件的虚拟或物理设施，用来在基础设施上加速、传递、计算、存储和展示数据信息。数据中心由很多部分组成，其中有计算机系统、存储系统、通信系统、冗余的数据通信连接、监控设备等各种安全装置。

2.1.2 传统数据中心的构建

数据中心的总体结构如图 2-1 所示。

数据中心的构建主要有以下方面。

（1）网站建设。

数据中心为客户提供服务是依靠高性能的网络，网络建设主要包括：

第一，WAN 的建设，也就是数据中心的各个分支机构之间相互连接的广域网的建设；

第二，用户接入系统的建设；

第三，LAN 的建设；

第四，网络管理的建设；

第五，与 Internet 互联的建设。

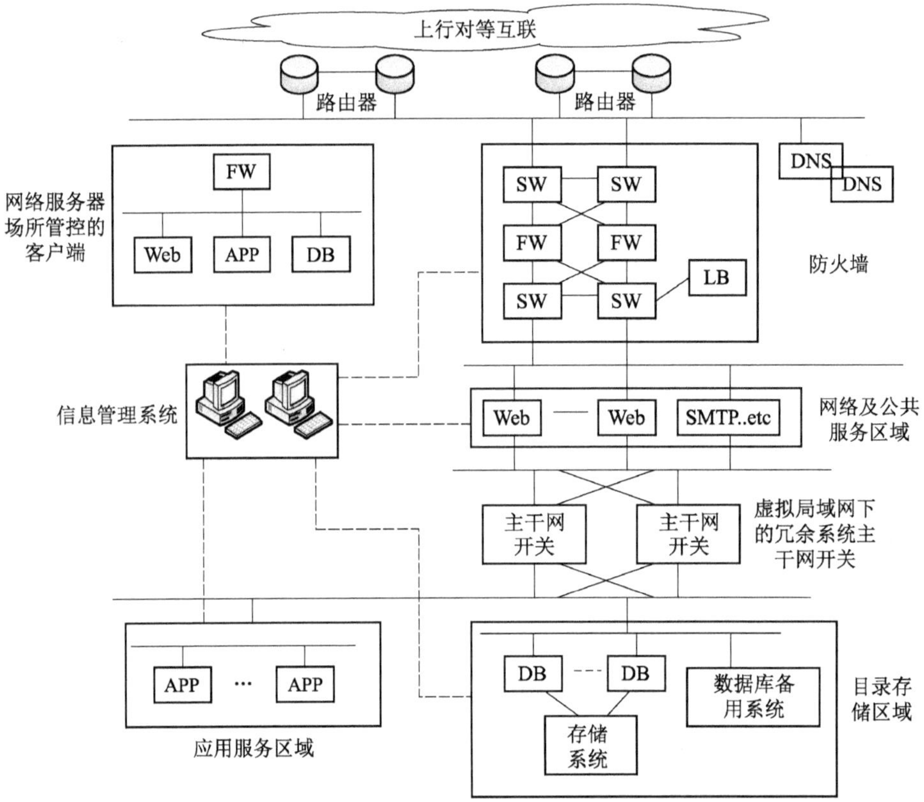

图 2–1　数据中心的总体结构

（2）服务器建设。

服务器的建设有很多种，主要分为应用服务服务器、基础服务服务器、数据库服务器和数据备份服务器。

（3）存储系统的建设。

数据中心的存储系统是非常巨大的，存储系统的建设是重中之重。当下企业中数据的容量已经急速增长，这些数据需要一个安全且可靠的存储系统去存储，为了满足需求，该存储系统还应具备极强的扩展性。

（4）软件系统的建设。

软件系统的建设是以网络建设、服务器建设、存储系统建设为基础的。现在的软件系统建设主要包括 Web 系统、电子邮件系统、数据库备份系统、数据库系统、安全系统和应用开发系统。

（5）机房场地的建设。

数据中心前期建设的侧重点是机房场地的建设，因为部分客户把重要的应用和数据都放在机房中，所以机房的环境必须是非常好的。机房建设的时候主要考虑的方面包括机房装修、供电系统、安全系统、空调系统、通信系统和布线系统。

2.1.3 传统数据中心存在的问题

传统数据中心主要存在以下问题：

（1）传统数据中心的构建部署方式会使得各业务系统比较“孤立”。

（2）资源利用率低，一般只有 10% ~ 20%。

（3）横向信息沟通比较复杂，使得管理维护有难度。

（4）随着业务量的增长，资源配置不能随之改变，根本无法满足业务的需求。

（5）软硬件成本不断增长，一旦配置新的应用系统则需购置操作系统软件和服务器，系统变得复杂。

为解决上述问题，构建规模大、成本低、起点高、节能的数据中心实属必然。

2.2 云数据中心的构建

借助云数据中心的构建来搭成基础架构共享、资源共享且集中管理的信息系统，以满足需求，降低成本，提高竞争力。

从传统数据中心到云数据中心需要分为三步走：

第一，虚拟化；

第二，资源池化；

第三，自动化。

2.2.1 虚拟化

1. 虚拟化概述

虚拟化并没有一个标准统一的定义，它是资源的逻辑表示，指的是计算元件并非在真实的基础上运行，而是在虚拟的基础上运行。随着虚拟化技术的出现，全新的数据中心构建和管理方式也发生了改变。虚拟化操作系统与物理硬件是分开的，从而资源的利用率和使用性能大大提高。虚拟化技术有很多种，主要包括以下三种。

（1）服务器虚拟化。

图 2-2 为服务器虚拟化的原理，被抽象为标准化的虚拟硬件（处理器、存储、网络内存）与应用系统以及操作程序在内的运行环境一起封装到独立于硬件的虚拟机中，虚拟机可以最快的速度对其进行复制、保存和部署等操作，其保存形式是文件。

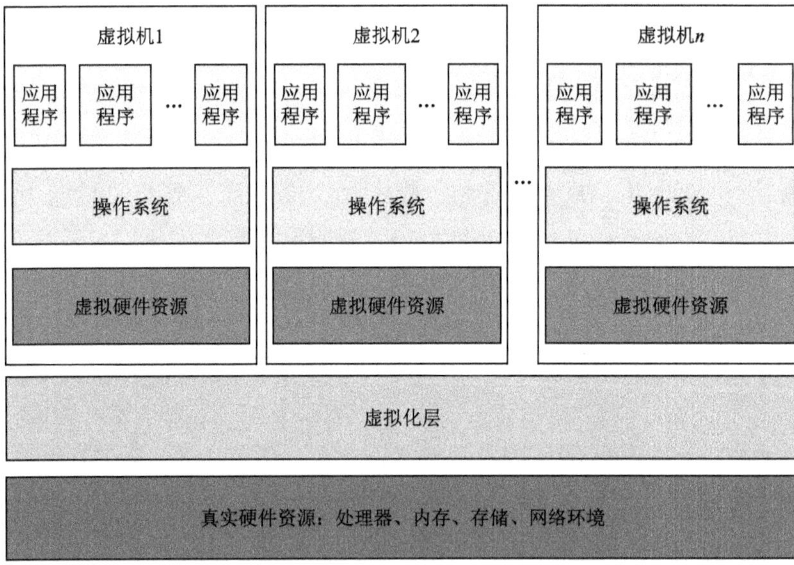

图 2-2 服务器虚拟化的原理

（2）存储虚拟化。

该技术是通过在存储数据和操作系统两者之间建一个虚拟抽象层的方式来实现正常工作。本质上是将存储系统进行虚拟化的技术。把分散且不同的产品放入比较大的逻辑存储空间，用户使用的空间就是从这个大的逻辑存储空间中划分的。

（3）网络虚拟化。

该技术指的是在底层物理网络和用户两者之间添加一个抽象层，降低了数据复杂性，提高了数据安全性。网络虚拟化是一种覆盖结构，目标是让使用者在不必对网络进行重新配置的条件下，将虚拟机以独立于现有基础设施之外的方式进行迁移。网络虚拟化具有低运营费用和低复杂性的特点。网络虚拟化原理如图 2-3 所示。

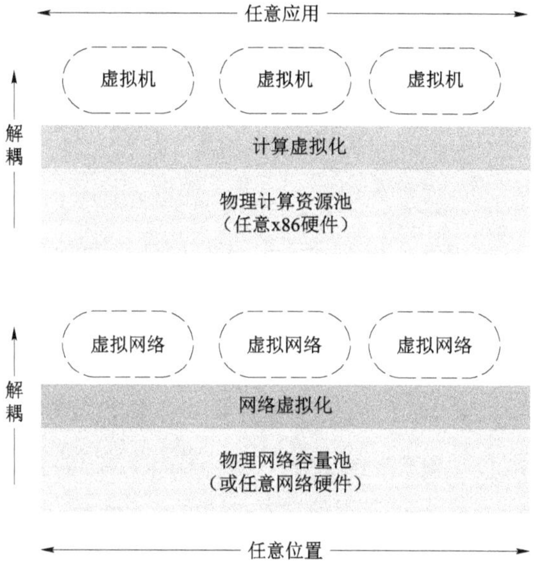

图 2–3　网络虚拟化原理

构建云数据中心的前提是这几类资源的虚拟化，虚拟化可实现统一调度和共享，从而提高了信息资源的利用率。数据中心虚拟化提高了资源的利用率以及异构存储平台资源的利用率，降低了管理异构存储平台的难度，打破了物理的局限性。

2. 虚拟化的特点

虚拟化的主要特点有以下方面。

（1）隔离运行：不同虚拟机彼此之间隔离，不会产生影响。

（2）广泛兼容：可支持若干种操作系统平台，多个硬件平台之间相互兼容。

（3）软件实现：通过软件方式来实现逻辑切分服务器资源、通过软件方式来模拟硬件，从而形成统一的虚拟资源池，并建立独立的运行环境。

（4）封装抽象：虚拟机具有自由迁移能力的基础就是封装，应用和操作系统被封装成了虚拟机。

（5）硬件独立：虚拟机和硬件是独立的关系，虚拟机可方便地移动。

（6）安全性：虚拟化可实现隔离和划分，对服务和数据进行安全访问，而这些是简单共享机制无法实现的。

（7）高可扩展性：允许在不改变物理资源配置的前提下对资源进行调整。

（8）高利用率：资源池和物理资源动态共享，因此资源的利用率大幅度提升。

（9）低管理成本：虚拟化可实现自动化管理，提高了工作效率。

3. 虚拟化的业界动态

主要讲一下业界在虚拟化方面做得比较好的典型案例。

（1）VMware。

VMware 于 1998 年成立，主要在主机和服务器虚拟化技术等方面进行研究，全球多达一半以上的虚拟化应用是基于 VMware 的技术而运行的，是虚拟技术的领导者。

VMware 虚拟化技术的工作原理是在计算机主机操作系统或者硬件上插入一个软件层，该软件层包括虚拟机监视器。多个操作系统可在同一时间内运行在一台物理机上，共享彼此的资源。虚拟化技术在 x86 架构的个人电脑领域的应用也是 VMWare 的功劳。

其主要目标就是整合数据中心的基础设施、提供数据中心操作系统。下面举两个 VMware 应用的实例：

第一，在硬件上花 1 美元，公司就要花费三倍的金额对其进行管理，虚拟化技术解决了桌面管理所带来的难题，VMware 将硬件和软件分离，转换物理桌面成为数据中心控制的资产。

第二，现在大部分的办公方式是利用计算机，每台计算机上需要安装的一些软件和一些客户端、一些重要的数据也不集中，分散在各个计算机上，不能集中管理。如今客户端和软件存在安全隐患，数据存在被泄露的危险，业务存在被攻击的危险。一旦计算机出现故障，工作人员无法正常工作，只能等待 IT 人员来修复，这样使工作效率低下。

在这种情况下，用户需要区别对待桌面分配方式、灵活地应用部署方式、安全方面要求更高和考虑子网网络的设计以及对原来网络的影响。基于上述需求，解决办法分别为在集群中划分两个资源池、应用部署的三种方式、配置View的Event事件数据库和部署单独的AD/DHCP以及DNS服务。图2-4所示为VMware View环境的高级示例。

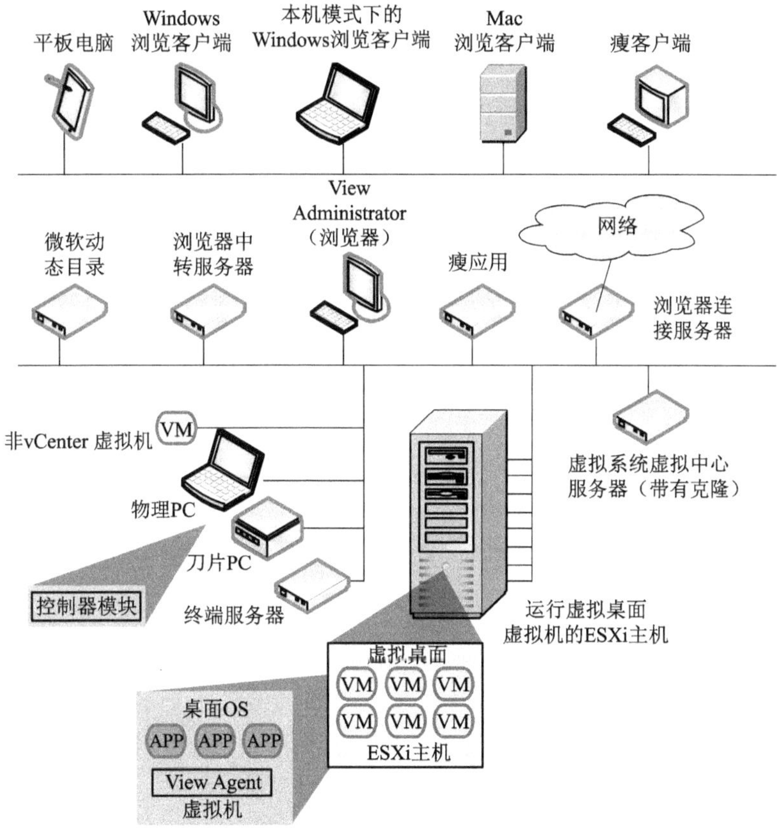

图2-4 VMware View环境的高级示例

（2）微软。

微软在应用虚拟化、服务器虚拟化、桌面虚拟化等方面都有研究，借助System Center实现综合的管理。微软虚拟化是基于Windows界面，并使用Windows技术操作，使用微软虚拟化技术，企业成本可大幅降低。

（3）IBM。

IBM 的虚拟化技术，实现了一切资源的虚拟化，其中包括数据中心互联网资源的虚拟化、管理和整合虚拟资源、实现元数据和操作流程的标准化。

40 多年前，第一个在大型机器上使用虚拟化技术的公司是 IBM，率先将虚拟技术嵌入公司的全部服务器和存储产品系列中。IBM 的虚拟化技术可应用在平台、跨操作系统和中间件上。

2.2.2 资源池化

资源池化的过程可以理解为资源标准化的过程，在提供给客户的过程中，对资源进行了逻辑的分组以及分类。包括三个资源池，分别为存储资源池、服务资源池、网络资源池，可将这几个资源池分成不同的资源池组，并按照不同的业务需求提供给不同的客户。

资源池化解决了虚拟化在 I/O 遇到的瓶颈，图 2–5 给出了服务器 I/O 系统机构图：每台服务器的硬件被分成两部分，其中 CPU 和内存保留在服务器机箱中，分离出来并统一归置的 I/O 设备与“简化版”的服务器连接，为任意设备到任意服务器的访问提供数据通路基础。

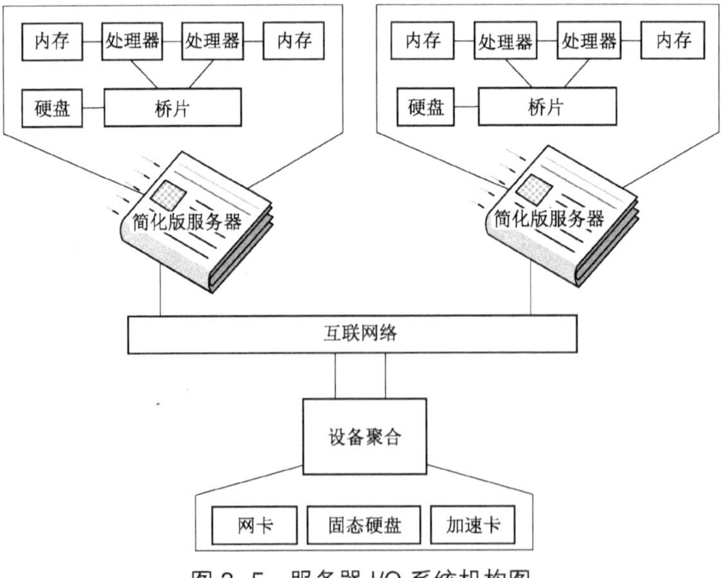

图 2–5　服务器 I/O 系统机构图

（1）存储资源池，主要考虑到 IP 网络所需网卡的端口数量是否满足业务需求、FCSAN 网络所需的 HBA 卡的端口数量以及存储容量。

（2）服务资源池，主要是基于 x86 服务器的资源池。

（3）网络资源池，主要考虑进、出口链路的带宽是否满足需求，IP 网卡及端口数量、HBA 卡及端口数量、宽带及安全设备的端口数量是否够用。

2.2.3 自动化

在信息资源标准化和逻辑化之后，就可按照预定的程序开始处理。数据中心的所有任务都可使用 SOA 流程管理工具，服务自动化变得方便可行。

传统数据中心经过虚拟化、资源池化、自动化后，转变为云数据中心，如图 2-6 所示。

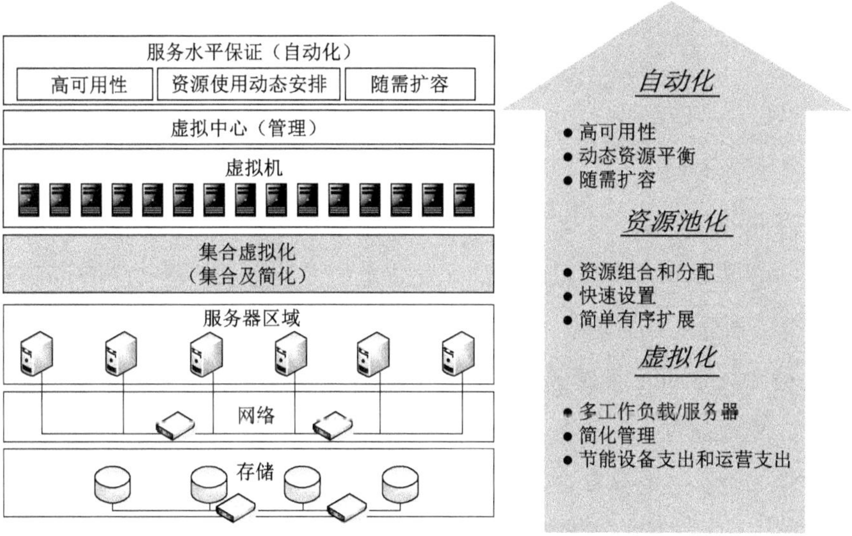

图 2-6　传统数据中心到云数据中心的飞跃

2.3 数据中心的管理

数据中心是信息系统的中心，它利用网络向用户提供信息服务。信息系统之所以有可靠、稳定的基础设施和运行环境都是数据中心的功劳。数据中心中的数据通常包含机密等，所以维护数据中心非常重要。

数据中心管理平台的设计思想是面向服务架构，通过需求装配相应的硬件设备以及功能设备，对业务、资源、运维这些数据中心组成部分进行统一管理，形成面向客户需求的一套解决方案，以便支持数据中心的关键业务系统，如图 2–7 所示。

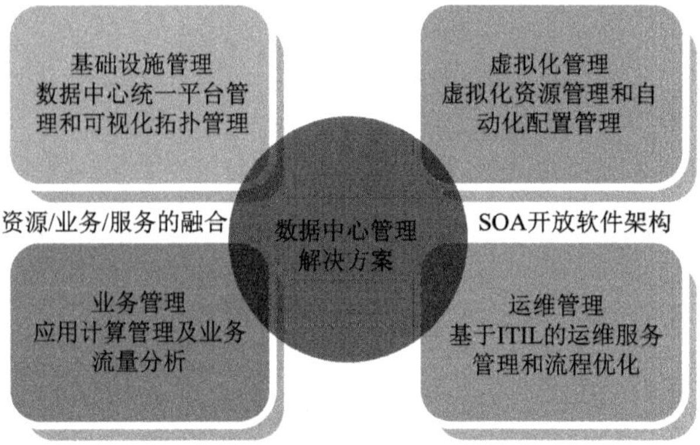

图 2–7　数据中心管理解决方案模型

（1）需提供大容量、可视化、端到端的基础设施整合的管理方案。

数据中心要对基础设施整合管理，必须重新设计常见的网管功能包括托盘、性能、警告、配置、面板等。

在底层协议方面，需要将传统的简单网络管理协议以及 JMX、WMI 等协议进行整合，并支持 IT、IP 设备的管理。

在架构方面，要用分布式的架构设计软件，管理平台可在同一时间内运行在多个服务器上，从而可分担负载。

也需要对数据中心所在的机房和机架进行管理，为了让管理员方便查看楼层视图、机房视图、分区视图等，可以增加新的可视化托盘管理功能，从而管理员可高效地对数据中心的资源进行全方位的管理。

（2）需提供自动化、虚拟化的管理方案。

虚拟资源的部署、迁移、监控等可促进数据中心管理平台的发展，传统的管理平台根本无法对虚拟机和虚拟网络等虚拟资源进行识别。

（3）需提供针对业务的流量分析和应用管理方案。

数据中心有很多关键业务和应用，应遵循高效可靠的原则对业务系统进行合理化管理，采用的监控方式为无监控代理。

在可视化方面，需将业务管理和网络管理的功能进行对接，这样才能更好地对 IT 和 IP 进行综合管理。有些业务比如 1:N、N:1、N:M（见图 2-8），可冲击数据中心的流量，进一步影响业务的正常运行，所以可改进流量分析软件，最终满足用户的需求。

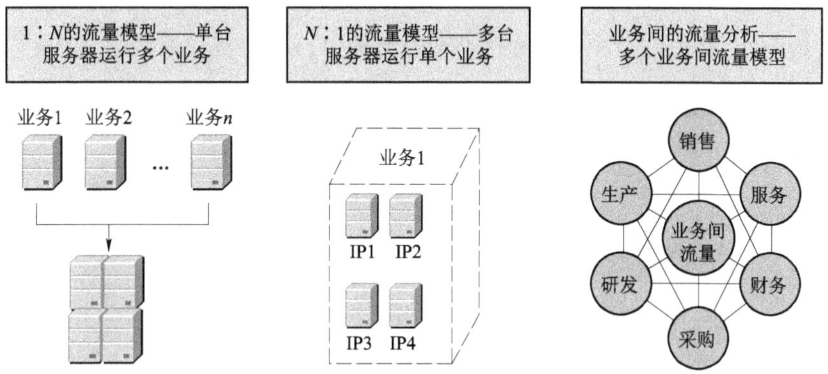

图 2-8　数据中心业务流量模型

（4）需提供可度量的运维管理方案。

高效运维管理是数据中心与传统数据中心的最大区别，数据中心运维管理的目标对象包括机房环境基础设施、提供 IT 服务过程中所应用的各种设备、管理工具和数据中心的相关人员以及系统软件与数据。

传统数据中心的运维方案根本不适用于云数据中心的运维管理，用传统的方法根本不可能统一管理数据中心的资源，也无法实现没用资源的回收以及资源池的合理分配。

图 2-9 所示的运维管理框架，是利用 4P 来管理云数据中心，与传统数据中心的不同是增加了持续改进和 SLA/ 合同这两项，明确了服务度量指标，是一个比较好的管理框架。相对来说，服务器数量增加了，自动化程度提高了，运维人员减少了。通过实施运维管理，不仅明显降低了工作人员的工作量，还提高了运维人员的工作效率，整体管理效率得到了提升。

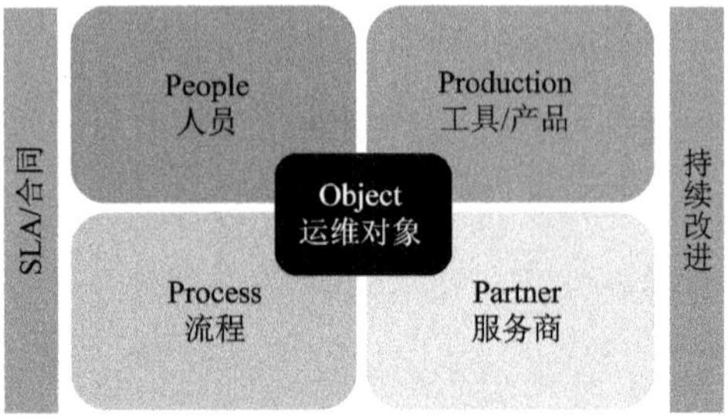

图 2-9 基于 ITIL 的运维管理框架

对数据中心的管理需要考虑到技术趋势、基础设施、运维管理和业务运行等诸多管理要素，建立一个标准化的智能管理平台，从而实现精细化管理。

2.4 云计算概论

2.4.1 国内外研究发展现状

云计算在全球迅速兴起，在数据日益成为战略资源的社会，云计算可高效、快速、方便地挖掘数据潜在的价值，从而获取知识和决策信息，给社会发展带来巨大的影响。世界各国和企业都推动云计算技术高速发展。我国的云计算也达到了国家战略的高度，云计算将给我们人类的社会和生活带来巨大的变革。所以，对国内外云计算的研究发展状况进行了解是很有必要的。

1. 国外研究发展状况

世界上的云计算中心主要是以美国为主，其中包含政府和企业这两大部分，美国有自己的政务云，主要目的是借助云计算技术来减少在信息技术上的支出。2009 年 9 月，奥巴马政府宣布，美国开始实行云计算策略，之后又启动了 Apps.gov，这一策略使得管理和运营成本大幅度降低，推动了各领域的创新。2011 年，美国发布了《美国联邦云计算策略》指导各地政府部门向云平台迁移，主要目的是让政府营造云计算的社会环境，从而带动云计算的发展。调查结果表明，美国政府机构中的三分之一机构已制定好了云计算技术的具体方案，就现在来看，美国政府在云计算上的投资会越来越多，截至 2016 年年底，美国用于计算机的投资占到了总投资的 23% 以上。美国主导的云计算发展企业包括谷歌、微软、亚马逊、IBM等。2006年，谷歌提出了云计算概念，从此云计算的概念就出现在了大家面前，谷歌由于长年累月在搜索引擎技术上的成就而在云计算技术上居于领先的位置，因为谷歌借助了云计算技术，竞争对手的计算成本竟是其计算成本的100倍，存储成本是谷歌的30倍。谷歌目前在世界各地拥有许多数据中心且服务器数量多达上百台，谷歌对云计算的发展做了很大贡献，其中最重要的是提出了MapReduce模型，减少了程序员的开发负担；2007年11月，IBM推出“蓝云”计算平台，为用户带来即买即用便利的云计算平台服务；2008年，微软推出了Windows Azure操作系统，Azure试图通过在互联网架构上构建新云计算平台，让Windows由计算机延伸到“蓝天”上；亚马逊被认为是目前云计算商业应用推广最为成功的服务提供商之一。它推出的云计算服务包括弹性云计算、弹性MapReduce、Amazon DynamoDB、简单存储服务和虚拟私有云等近十种云服务。2009年，EMC和英特尔公司合作研发了Atmos云存储系统。2010年，英特尔提出开放式数据中心构想，推出数据中心策略，其中有Cloud Builder软件计划等。

云计算出现至今，发展前景一直很好，随着在“云”上的资源不断增加，计算模式的应用也在不断完善，未来云计算可能会成为各国重要的开发项目，云计算具有无限的发展潜力。

2. 国内研究发展状况

2008年，国内的云计算才开始发展，2009年，才开始有了建设。现在国内云计算软件架构技术以及云计算服务模式大部分是借鉴和参考国外经验，云计算对我国的科技发展起到了推动作用，国内因此比较重视云计算的发展和相关产业的培育。国家在“坚持科技创新与实现产业化相结合”的基本原则下，提出促进云计算的研发和示范应用，并明确了发展方向。2012年6月，国家科技部推出的《中国云科技发展“十二五”专项规划》中明确指出，要加强云计算平台的建设。2013年，国家重点支持云计算关键技术的研究。现在，国内云计算的发展情况是科研在前，政府促进，企业参与。

中科院计算技术研究所在基于虚拟机架构的可信计算环境等方面有很多成果。中科院软件技术研究所深入研究了云计算的安全问题；清华大学基于分布式文件系统设计开发了云存储服务，主要用于数据的共享和存储，并且在云存储方面取得了喜人的成绩；中国科技大学在云计算环境下远程数据完善性和认证技术方面，设计了保护用户隐私的数据完善性验证协议；北京航空航天大学开展了面向云计算的控制理论自含式数据安全控制理论方法研究以提高云计算的安全性等，这些研究成果将对我国云计算的事业发展具有很大的推动作用。

国内主导的云计算发展企业，有电信运营商、互联网公司等。2007 年，中国移动启动了“大云”，建设了公众云、业务云和 IT 支撑云。中国联通搭建公有云和虚拟专用云，建设数据仓库，打造承载应用的云计算平台；2011 年，中国电信发布了“天翼”云计算战略。阿里巴巴成立了新公司“阿里云”，该公司主要从事云计算业务。2009 年，阿里巴巴建设了第一个云计算中心，构建互联网上的分布式存储和计算服务，降低计算成本。腾讯、百度、浪潮、联想、用友等企业，纷纷转型为云服务商。

政府部门、学术界、企业界的密切协作，促进了国内云计算的发展与应用。

2.4.2 云计算发展历程

云计算的发展是基于并行计算、分布式计算、网格计算和效用计算的基础之上的，并经过不断的发展和改进才有了现在的云计算模型。

（1）并行计算。

在单核多线程的设计中，采用的是串行计算的算法，串行计算旨在将任务分解成一串彼此独立的命令执行流，并按着顺序依次执行所有的命令。串行计算的算法效率极低，影响数据的处理和分析，然而并行计算可以克服这一缺点，旨在提高计算的速度并解决大量而且复杂的问题。

并行计算不仅指的是时间上的并行，也指空间上的并行，一般我们只研究空间上的并行，图 2-10 所示为并行计算模型。空间上的并行指的是，可调用若干个计算资源来解决一个大任务，将大任务分解为不同的小任务，这些独立的小任务同时执行命令。这些计算资源或是多台独立的计算机通过互连而构成的集群，或是有多个处理器的超级计算机。

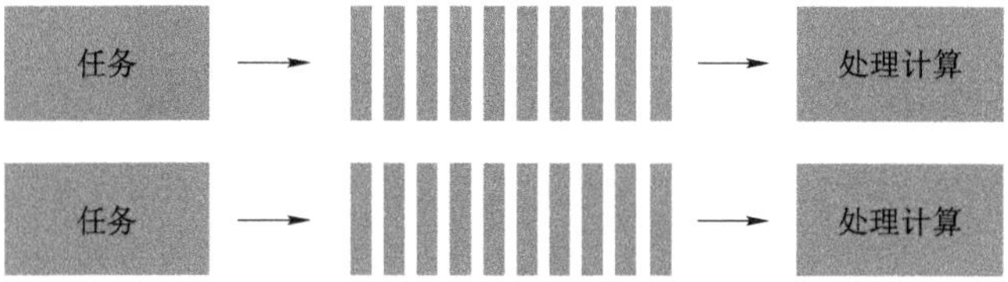

图 2-10　并行计算模型

（2）分布式计算。

分布式计算主要研究的是把一个问题分成许多小的部分（这个问题是需要有巨大计算能力才能处理的），接下来把这些小部分分给若干个计算机进行处理，最终结合所有计算得出的结果，形成最后的结果。图 2-11 所示为分布式计算模型。

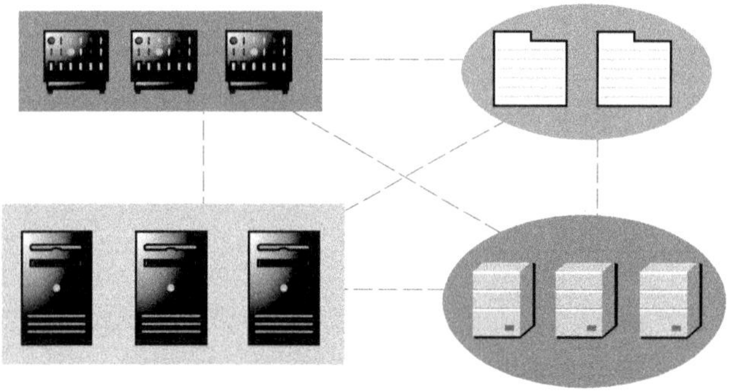

图 2-11　分布式计算模型

虽然分布式计算与并行计算看着相似，但是并行计算是无法和分布式计算相媲美的。分布式计算可汇集千万台计算机资源，而并行计算只能调动网内的有限计算机资源。

（3）网格计算。

网格计算吸收分布式计算的精华，致力于实现互联网上所有的资源共享，把整个网视为一台超级计算机，用户可以享受“即连即用”的便捷服务。图 2-12 所示为网格计算模型。

网格资源的特征在于消除信息孤岛，能够在不买任何其他新设备的情况下，充分利用已有的资源，最大限度地发挥其作用。

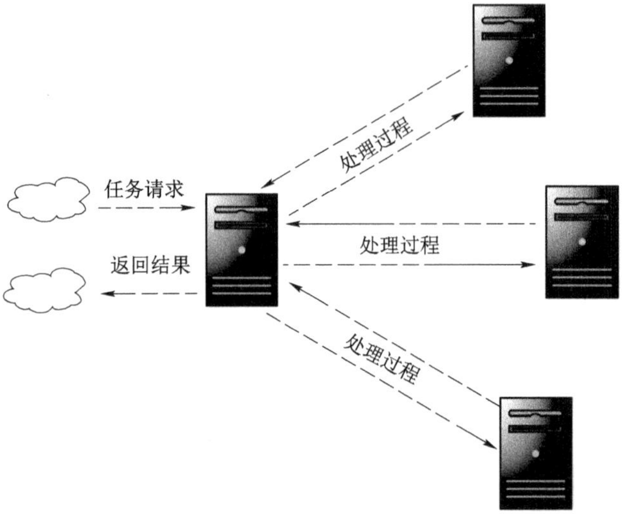

图 2-12　网格计算模型

（4）效用计算。

效用计算是建立在网格计算基础之上的，网格计算将闲置的资源发布到网格平台执行，将存储、计算以及分析能力分割。该计算模式是通过实用模型服务高效利用现有的资源，从而降低成本。

效用计算是云计算的前身，使用大量的分布式计算机来代替远程服务器或本地计算机是效用计算的计算原理，用来帮助完成大量的计算任务。效用计算对租用的服务要缴纳费用，引入了按需服务的服务理念。

（5）云计算。

云计算的发展并非一蹴而就，是经过不同计算模式的不断发展和演变而来的，图 2-13 所示为云计算的发展历程。云计算的全部资源和行为都是以服务的形态出现的。云计算的发展符合当今的计算模型，将成为未来高技术服务业的主角。

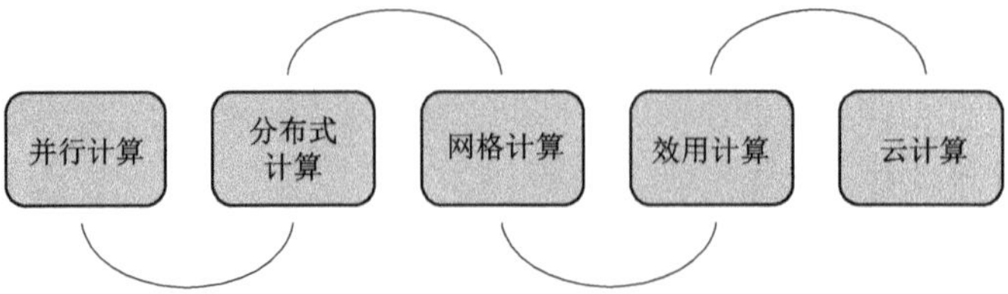

图 2-13　云计算的发展历程

2.4.3 云计算的概念

1. 什么是云计算

云计算这一名词早在 2007 年就诞生了，但是对其概念仍没有公认的定义，现在本书给出云计算的一种定义，仅供参考。

云计算是一种特殊的计算模式，它将计算任务分布在资源池上，池中的资源包括计算服务器、存储服务器、宽带资源，使用户能够按需获取各种服务。

本质上讲，云计算并非一种新技术，它是计算模式的演进，是分布式计算模型的商业实现。通俗地讲，云计算是一种基于互联网的超级计算模式，把存储服务器、计算机以及其他设备上的大量存储器容器和处理器集中在一起，统一进行管理并协同工作。

“云”就是所谓的资源池，是提供资源的网络，“云”中的资源可以随取随用、随时扩展、按需使用、按用付费。云计算将计算资源统一集中，利用某些软件实现无人参与的自动管理，从而提高了效率，降低了成本。

从狭义上讲，云计算是指厂商通过虚拟化技术以及分布式计算搭建数据中心或超级计算机，并向客户或者开发者提供数据计算、存储以及分析等服务，客户只需对服务按需租用即可。

云计算是网格计算、分布式计算和并行处理的发展，旨在利用网络把若干成本较低的计算实体整合成一个拥有强大计算能力的系统，并借助基础设施即服务 IaaS、平台即服务 PaaS 和软件即服务 SaaS，将比较强大的计算能力分布到终端用户手中。

2. 云计算的特征

本书将云计算几个特点进行了归纳整理，具体如下。

（1）服务资源池化。

利用虚拟化技术，优化计算、网络、存储、内存等资源，并按需对资源进行分配。

（2）服务虚拟化。

无论用户在什么位置、使用什么终端，云计算都可以让用户获取服务。用户所请求的资源以及服务都是来自云端的，而且应用在“云”中某个地方运行，用户根本就不必知道位置。用户只需要一台笔记本电脑就可以通过互联网来获取服务。

（3）可扩展性（快速弹性部署）。

用户可弹性地购买和请求资源，以满足需求。

（4）宽带网络调用。

用户只需网络和客户端就可以调用云计算资源。

（5）高可靠性。

云计算可以自动检测失效节点，并通过数据冗余能够正常运行，使云计算更加可靠。

（6）按需服务。

可动态地对资源进行调动，用户可根据自己的需求订购自己想要的资源或者服务，可像水、电那样计费。

（7）通用性。

无针对性，一个“云”可在同一时间内支持不同的应用运行。

（8）成本低廉。

因为“云”可以采用价格低廉的节点来构成，可自动化集中式进行管理，所以企业不需要负担天价的数据管理成本。云计算让用户节省了运维费、购置费等许多费用，资金的利用率被大幅度提高。

（9）超强的计算、存储能力。

用户可以通过 Internet 在任何时间任何地点以各种终端使用（从几台服务器资源到几百万台）。

本书将以上特征划分为三大类型，分别是业务特征、经济特征以及技术特征。在进行技术平台要素设计和研究时，主要关注技术特征以及经济特征。在进行服务模式内容设计与研究时，主要关注业务特征。具体的特征分类见表 2-1。

表 2-1　云计算的特征分类

特征类型	云计算特征
业务类型	可扩展性、高可靠性、通用性、按需服务
经济类型	成本低廉
技术类型	服务资源池化、服务虚拟化、 超强的计算能力和存储能力、宽带网络调用

2.4.4 云计算的服务交付模式

云计算的服务交付模式可划分为三种，包括基础设施即服务交付模式、平台即服务交付模式和软件即服务交付模式，如图 2-14 所示。

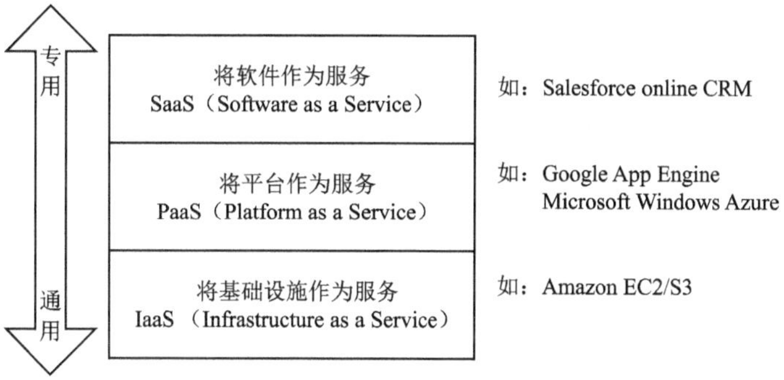

图 2-14　云计算服务类型

从商业发展角度来看，如今 SaaS 慢慢成熟，PaaS 处于新兴的发展阶段，而 IaaS 正处于刚起步阶段。

1. 基础设施即服务（IaaS）

该服务接近物理硬件资源，是最底层的服务，可利用虚拟化技术为客户提供处理、存储或其他方面的服务。把硬件设备等资源封装成服务，以供用户使用，方便运行软件和部署操作系统。该层比较著名的服务有 Apache 的开源项目 Hadoop 和 Amazon 的 EC2 等。

2. 平台即服务（PaaS）

该服务是在 IaaS 之上的服务，是一种应用程序交付模型，是指把开发环境或服务器平台当成一种服务模式。用户可通过该服务提供开发语言和软件工具，部署用户需求的软件运行环境以及配置，给用户带来高效能、个性化服务。用户不需要控制底层的技术问题，对于用户来说底层服务是透明的，是软件的开发和运行环境，是一个开发、托管网络应用程序的平台。这一经典的服务如 Microsoft Azure 和 Google App Engine。

3. 软件即服务（SaaS）

该服务是 IaaS 和 PaaS 所开发的软件应用，是将应用程序作为一种服务的模型。用户可根据自身需求，借助网络向 SaaS 提供商制定所需的应用软件及硬件运作平台，提供商会负责前期实施、后期维护等服务。用户支付费用的方式就像购买水电一样，根据实际需要，按需付费。这一典型的服务如 Salesforce 公司的客户关系管理系统（CRM）。

4. 三种云服务的对比

三种云服务的对比见表 2–2。

表 2–2　三种云服务的对比

服务类型	应用特点	优势
SaaS	在中小企业盛行	简单
	无须管理软硬件	成本低、免费试用
	服务主要通过浏览器实现	无须管理与维护
PaaS	复杂多租户应用	开发简单
	已有应用兼容	部署简单
	构建复合应用	维护简单
IaaS	完全操作系统接入	随时扩展和收缩资源
	云存储	专注核心业务
	有限权限网络组建的控制	节省费用

2.4.5 云计算的原理

1. 云计算的构成

云计算系统主要由前端和后端两大部分构成，两者由网络进行连接。后端指的是不同的计算机、数据存储系统和服务器。前端指用户的客户端或计算机，其中包括计算机和计算机系统的登录程序。

如图 2–15 所示，云计算的体系结构主要包括以下四层。

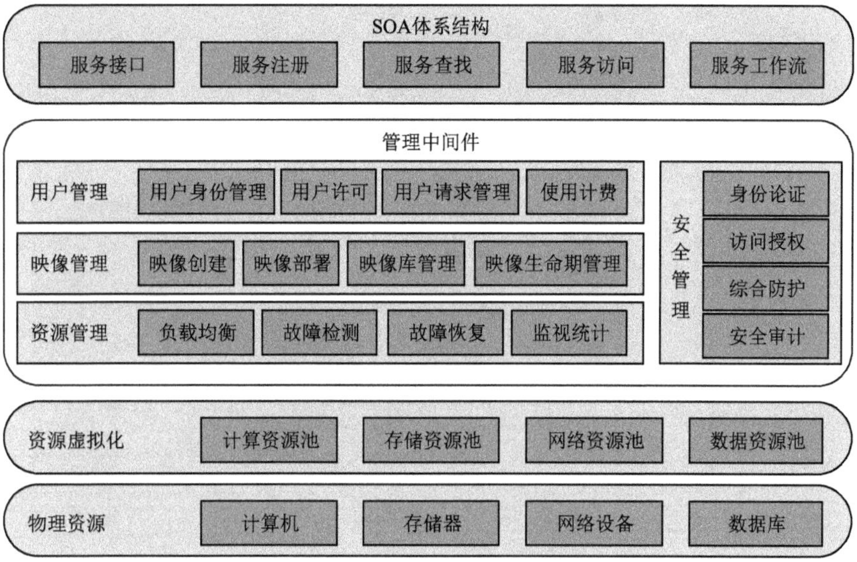

图 2–15　云计算体系结构图

（1）物理资源层：包括数据库、存储器、计算机和网络设备等。

（2）资源虚拟化层：包括数据资源池、存储资源池、计算资源池和网络资源池。

（3）管理中间件层：包括安全管理、映像管理、用户管理和资源管理。负责对应用任务进行调度，以及对资源进行高效的管理，使资源可以安全高效地提供服务。其中用户管理的作用是提供用户交互接口、对用户进行计费、管理和识别用户身份、创建程序的执行环境等操作。映像管理负责的任务是执行应用或者用户的提交。资源管理主要负责协调使用节点、监测节点的故障并修复。安全管理主要负责设施安全。

（4）SOA 体系结构层：包括服务注册、服务接口、服务查找、服务工作流和服务访问。该层将云计算能力封装成标准的 Web 服务，并进行管理和使用。

2. 云计算的实现机制

图 2-16 为云计算的实现机制，包括以下内容。

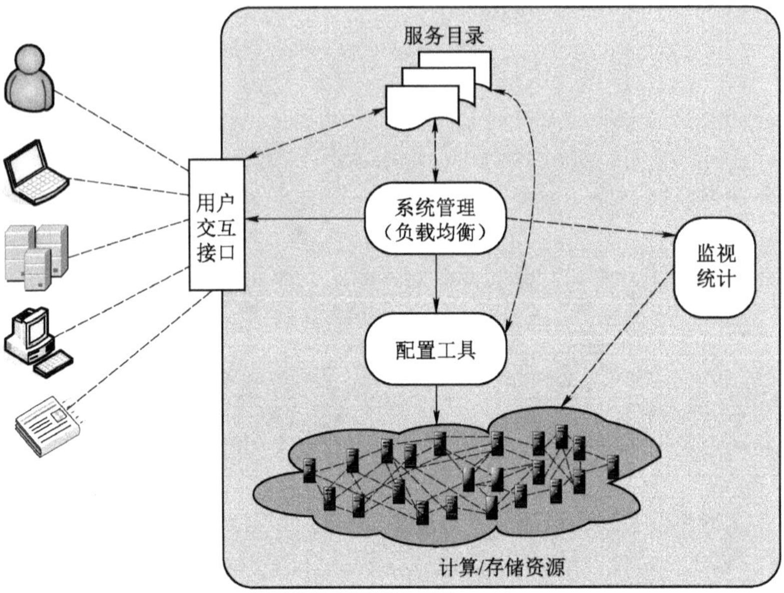

图 2-16　云计算的实现机制

用户交互接口：指的是云和用户的交互界面，主要作用是以 Web 服务方式向应用提供访问接口，并获得用户的服务需求。

服务目录：主要实现用户的自助服务，为用户提供服务清单，并根据服务清单来制定所需的服务或者退订相关的服务。

配置工具：主要负责的任务就是在分配的节点上配置好运行环境，以使任务能够顺利完成。

系统管理（负载均衡）：主要负责对可用资源进行动态的分配和管理，系统管理的核心是负载均衡。

计算 / 存储资源：主要负责为服务器集群完成用户请求处理，下载、上传大容量的数据。

监视统计：主要负责监视以及统计节点的运行状态，并向管理系统提供有用信息。

2.4.6 云计算的核心技术

（1）编程模式。

云计算的核心理念是快速、简捷、高效，借助网络把服务器计算资源快速地发放至用户手中，在整个过程中，最重要的就是编程的模式选择。

分布式并行编程模式可以高效地利用资源，便捷用户的使用服务和应用。MapReduce 就是典型的并行模式。MapReduce 处理问题的思想是将问题分成多个子问题，首先通过 Map 程序将数据分为互不相干、互不影响的区块，然后分配给计算机进行处理，最终的结果通过 Reduce 程序输出。

（2）云计算平台管理技术。

云计算的服务器数量多且分布在各不相同的地方，其资源规模巨大并且上百种应用可以在同一时间运行。因此，面临的巨大挑战就是怎样才能高效地管理这些服务器。云计算平台管理技术的关键就是方便业务部署、快速发现并修复故障，借助智能化、自动化技术实现大规模系统运营。

（3）海量数据分布存储技术。

该技术就是在不同的物理设备中存储数据，这种存储模式的系统结构是可扩展的，分担存储负荷是通过多台存储服务器来进行的，从而保证了数据的高可靠性和更好的扩展性，满足了用户日益变化的需求。

如今，由 Google 开发的 GFS 和由 Hadoop 开发的 HDFS 是用得比较多的。

GFS 是一个可扩展的分布式文件，可为用户提供服务，满足用户需求。许多的块服务器和一个主服务器可构成一个 GFS 集群。HDFS 具有比较高的容错性，是审核运行在通用硬件上的系统。现在，许多企业的“云”都是基于 HDFS 的数据存储技术实现的，如雅虎。

（4）海量数据管理技术。

高效地处理海量数据是云计算的必备核心技术之一，云计算既要对数据进行存储及访问操作，又要对其进行分析。

现在业界比较典型的大规模数据管理技术是 Google 的 BT 数据管理技术和 Hadoop 开发的 HBase 数据管理模块。

BT 是非关系的数据库，把全部的数据都视为对象进行处理，形成一个大型的表格来分布存储大规模结构化数据。BT 设计之初是为了将 PB 级别的数据部署到千万台机器上。

HBase 是用于非结构化数据存储的数据库，与传统数据库不同，HBase 不是基于行的模式而是基于列的模式，并在可伸缩方面和性能方面有着独特的优势。

（5）虚拟化技术。

该技术为云计算服务提供了基础架构层面的支撑。虚拟化是虚拟资源给用户提供服务的一种计算形式，主要目的是通过合理分配资源，使服务效率更加高效。虚拟化可增强系统的灵活性和弹性，可提高资源利用率，降低成本。该技术是云计算服务中的核心技术之一。

虚拟化技术根据对象可划分为网络虚拟化、存储虚拟化、计算虚拟化等。

从表 2–3 中可明显地看出，使用云计算虚拟化后成本明显在很大程度上降低。

表 2–3　使用虚拟化前后的对比

成本	虚拟化前	虚拟化后	效益
硬件使用率	5% ~ 15%	60% ~ 80%	硬件支出减少 50%
硬件合并		合并比例 （4 ~ 16）：1	
降低空间、电力等运维成本		服务器节省 约 ￥3 000/ 年	电力支出减少 75%
简化和自动化 IT 降低人力成本	10 ~ 30 台服务器 /IT 管理员	30 ~ 100 台服务器 /IT 管理员	管理维护成本减少 50%

在业务发生变化需求时，虚拟机就迁至另一台计算机上，以保证业务的连续性和高可用性。在故障维修时，虚拟机也可迁至另一台计算机上，从而保证了业务的连续性。虚拟机的使用无须复杂的集群或者专用的硬件。

（6）分布式资源管理。

云计算引入了分布式资源管理技术。多节点并发执行使得在单个节点出现故障的环境下，系统可以继续正常运作而不受其他节点的任何影响。

2.4.7 云计算部署方式

云计算按其部署方式可分为公有云、社区云、私有云以及混合云。

1. 公有云

公有云是指由第三方云计算服务提供商在全球范围内建立许多数据中心，为所有企业和用户提供的云服务。公有云在一般情况下可通过 Internet 使用，可能是成本低的，也可能是免费的，通常需要按需付费。这种部署模型应用比较广泛，主要特点是可扩展性强、弹性高。

公有云的优点自然有很多，如应用程序、数据和服务放在公有云的提供者处，自己并不需要为此投资。当然也有缺点，如数据的安全存在风险、使用者不能控制其可用性。

2. 社区云

社区云是由利益相关者组成的社区，社区成员共同享有云服务的数据。也就是说，许多组织通过共享云基础设施为有相同关注点的某个社区提供支持，社区云既可由第三方进行管理，也可由构成社区的组织来进行管理，并且可在社区的内外部进行管理。

3. 私有云

私有云是封闭的且具有专属性质，使用网络和用户都会受到限制，目的是降低企业或组织的运行及开发成本。在私有云内部，如果企业或者组织成员有权限则可以访问并共享该云中的资源，但是外部用户不能访问该服务。私有云的最大特点就是专有资源，通过组织内部进行管理，不受法律规定、网络宽带的影响，当然安全问题还是要自己负责的。

私有云的计算模式最大的优点就是用户可以高度掌握和监管私有云基础设施的安全。私有云的高透明度和高可控性，有助于企业或组织达到安全标准。但是由于企业或组织得自己购买、创建和管理自己的“云”，成本高以及需要花费较多精力去维护管理。

4. 混合云

混合云是指私有云与公有云两者的相互结合，一般情况下在公有云上处理非核心且安全要求不特别高的数据，在私有云上处理安全要求较高的核心数据。“公”“私”不分割，它们之间相互协调工作。相比之下，混合云的部署方式要好些。

5. 四种云的比较

四种云的比较如表 2–4 所示。

表 2–4 四种云的比较

属性 云类型	数据安全性（对数据的掌握能力）	功能拓展性（系统集成便捷性）	服务质量	成本	核心属性	适合行业及客户
公有云	低	低	中	数据风险成本较高	共享	游戏、视频和教育等
社区云	中	低	中	成本高	共享	政府主导、企业、社团、志愿者和个人
私有云	高	高	强	维护成本较高	专有	金融、医疗和政务中的大客户
混合云	高	中	差	学习成本较高	个性化配置	金融、医疗等

2.4.8 云计算面临的问题和机遇

1. 云计算面临的问题

（1）信息技术基础设施不能满足云计算的发展。

云计算发展需要稳定性较高、宽带较大的网络。国内的网速与发达国家比起来还是比较落后，大数据的远距离传输所导致的延时比较长，满足不了云计算高速发展的需求。此外，云计算需要许多种资源部署在网络中，需要比较稳定的数据中心来承载多个应用服务平台。

（2）云计算安全问题。

① 平台的安全性：虽然云平台被黑客进攻的可能性比较小，但他们可使用阻塞访问通道的方式进攻云平台，导致企业对云平台不能进行实时的访问。

② 数据的安全性：虽然云平台提供商承诺，不会泄露用户信息，但是用户信息泄露事件屡见不鲜。例如，诈骗团伙通过某种手段获取人们的信息，对其进行诈骗，从而获得非法钱财。

（3）云计算服务的市场需求尚未完全释放。

数据显示，美国已经有一半以上的企业利用云计算技术为其创造财富，政府也在不断地使用云计算。而国内使用云计算不广泛的原因在于，对云计算安全性、可靠性、迁移性有一定的怀疑。一些比较大的行业在采购云计算服务时，受到了标准以及政策等方面的限制。

（4）技术有待提高。

大数据是云计算发展的催化剂，云计算也为大数据发展创造了机遇。如阿尔法狗（AlphaGo）人工智能与云计算、大数据密不可分。但是这个领域仍有大量尚待解决的难题，云计算在有关系统能力、可靠性、安全性等技术方面需要加强。

（5）云计算服务的迁移。

目前，尽管不同的云平台可以利用 Web 技术等手段调用对方平台上的服务，或者将一个云平台的数据迁移到另一个云平台，但是现有技术仍会出现各种问题，如数据不兼容，导致云计算服务的迁移工作很难进行。

2. 云计算面临的机遇

（1）国家高度重视云计算。

政府部门联手促进云计算发展。在 2011 年的时候设立了 5 个云计算的试点城市；2014 年，由 5 个城市扩展到了 31 个省区；2015 年，国务院发布了《关于促进云计算创新发展培育信息产业新业态的意见》，进一步促进了云计算的发展。

（2）应用驱动是云计算发展的关键。

中国有世界上应用最复杂、规模最大、需求最有特点的市场。正是这种市场培育出了许多类型的云计算应用，也为我国发展云计算带来了良机。

（3）软件技术架构正发生变革。

以云计算、物联网、大数据为代表的技术的迅速发展以及广泛应用，导致传统软件架构已经不再符合世界的潮流，新的架构和应用正在成为新的发展趋势。

新事物的发展往往是机遇与挑战并存，把握机遇，迎接挑战。应准确把握云计算的发展规律，积极促进我国云计算产业快速发展。

2.4.9 云计算的应用

云计算在我国的主要行业应用还很少，但是随着云计算技术的发展，云计算将成为未来国内行业领域的主要应用模式。目前，许多行业领域已经应用云计算技术并取得很好成效。主要有以下几大领域。

（1）医疗领域。

① 动态扩展。云计算可以为医疗领域的动态扩展提供值得借鉴的数据，资源限制的问题可以在一定程度上缓解。云计算可以促进网络技术的应用，可增加投入来满足客户的需求，从而实现动态扩展，并获得相应的利益。

② 分布共享。云计算可实现医疗数据的分布式共享。在医疗系统中计算机技术发挥着越来越重要的作用，可实现不同区域信息资源共享，可提高医疗服务能力以及管理效率。

③ 系统的医疗卫生信息。云计算能够根据不同的医疗机构特点对信息系统进行有效的整合，从而形成完善的医疗卫生信息基础设施，在整合服务标准上将会发挥卫生信息的作用，更好地指导救治工作的开展。

④ 记录服务。云计算将会构建医疗服务平台，创新服务模式，对医疗资源进行集中式管理，丰富健康档案，能够将专家看诊记录进行整理。

⑤ 合理利用医疗资源。利用云计算对医疗行业分布状况进行整体分析，形成的医疗服务网络将会实现信息资源共享，使各地区医疗资源得到合理分配和使用，通过应用渠道将医疗资源快速传递到各个地区中。

（2）制造领域。

借助云计算平台，可随时了解供应商的市场行情和库存，以调整方案。飞机、机械、汽车等工业，是由不同厂商进行合作的现代产业链，所以，网上的信息共享和协作是必要的。“制造云”可以有效缩短生产时间，可以有效规划路径等。

（3）金融领域。

金融领域对信息安全比较重视，但是国内尚未形成比较成熟的云应用体系。云计算在金融领域的应用主要是数据中心的容灾备份以及优化整合等。当应用在运行时出现突发故障，管控单元可以重新启动一个新的服务器资源，也可以会把出故障的应用迁移到其他服务器上，从而保证了应用的正常运作。在金融领域云计算应用比较全面。

（4）教育科研领域。

云计算将为科研单位、高校教育提供良好的研发平台。云计算将每个地区、每个时期、每种资源，进行整合、优化、传播以及普及，促进资源合理分配使用，从而使整体教育达到更高水平。云计算可实现科研资源的共享，成为科研中举足轻重的平台。例如，云计算在清华大学教学中的应用。

（5）电子政务领域。

基础设施的建设是电子政务发展的催化剂，基础设施建设包括服务器、资源、网络等软硬件基础设施建设。传统的基础设施建设已经满足不了当下新时代电子政务发展的需求。云计算作为一种新的服务模式、计算模式和架构平台，可以解决电子政务发展中遇到的许多难题。例如，广州某市区政府单位应用电子政务云计算技术在电子政务中取得了很好的成效。使用 IaaS 云平台有效整合，通过统一规则、标准、平台，对内实现信息共享、业务协调办理、无纸化办公，推进该区科技和信息化局信息对称、高效运行的精准管理，最终实现信息中心基础平台节能减排、高效共享的目的。

（6）电信领域。

电信系统的IT系统的之前状况为：数据中心运维管理自动化水平低；基础设施使用率低，能耗大；业务平台大部分会采用烟囱式独立建设，资源严重浪费；缺少产品开发、测试和部署的综合环境；大规模数据处理时效性不高；桌面系统由每个部门自行采购并维护，管理比较混乱。考虑云计算的适用性，将其适用于电信行业的领域，此领域可划分为内部领域和外部领域。

① 内部云。内部云的主要目标对象是电信的内部客户及系统。总体来说，适用于支持系统和EDC系统。

② 外部云。外部云的主要目标对象是电信的外部客户和系统。总体来说，适用于各种产品业务领域与数据中心。

2.5 云计算平台架构

2.5.1 云计算平台架构简介

近几年，云计算架构研究引起了业界、学术界和政府部门的广泛关注，它是有形的计算模式和服务模式。云计算的架构主要由应用层、中间层、基础架构层和管理层组成，如图2–17所示。

（1）应用层。

应用层的主要作用是给用户提供各种服务和各种应用软件。它是直接面向客户的，可以向客户提供许多企业应用，如ERP。

（2）中间层。

中间层为用户提供的服务主要是在基础架构层所提供资源的基础之上，主要包括负载均衡、访问控制、工作流、服务总线、中间件和数据库等集群，也可以在集成应用程序编程接口的基础上为用户提供定制的开发接口。

（3）基础架构层。

基础架构层的主要作用是为用户和中间层提供其所需的资源，还可以在虚拟化技术的基础上将资源池化，便于实现资源的快速部署和资源的按需分配。

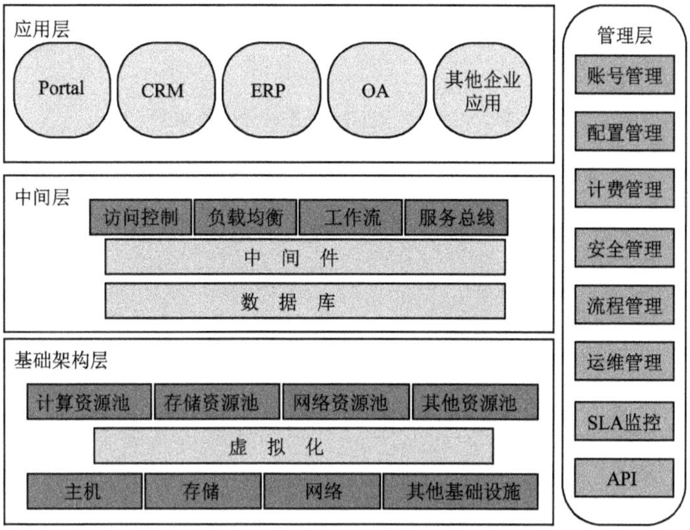

图 2–17　云计算基础架构模型

（4）管理层。

管理层的主要作用是管理和维护应用程序、中间层和基础架构层，并为这三层提供一系列的服务（图 2–17 中有体现）。便于为用户提供定制化开发以及二次开发的支持。

在云计算架构中应用层、中间层和基础架构层是横向的，管理层是纵向的。

2.5.2 云计算平台架构的设计

在设计云计算平台时，希望能考虑以下因素。

（1）适用性。

在搭建云计算平台时，适用性是需要首先考虑的，因为云计算平台通常会运行许多个或许多类应用。比如：

第一，在运行复杂应用的时候，对稳定性和安全性要求都比较高，通常选择基于光纤的 SAN 存储方式，采用非 x86 架构的 UNIX 服务器。

第二，在运行简单应用时，一般采用开放式架构的 x86 服务器，因为这样会更具有适用性。

这样考虑会有助于云计算平台实现计算资源和能力的优化。

（2）开放性。

云计算平台对应用是开放的，这是不同于传统数据中心的显著特征。也就是说，在云计算平台运行的时候，不可避免地会接入各种类型的服务和应用，此时选择相对开放的架构对被接入的新的应用是有必要的。

（3）兼容性。

判断云计算平台兼容性的好与坏，主要考虑的两个方面分别是业务系统和硬件系统。

① 业务系统，在系统的迁移过程中不需要对系统大动干戈，就可降低系统迁移的成本和在一定程度上保证关键业务的连续性。

② 硬件系统，其兼容性主要在芯片种类、服务器接口、存储接口和架构等方面体现。

（4）高密度。

要想构建一个高效的云计算平台，就需要综合考虑环境布置以及空间布置，从而提高部署的密度。

（5）绿色。

绿色信息技术一直是我们所追求的，要在硬件产品、供电系统、冷却系统、出风方式、规划风道等方面进行充分的规划和合理的管理。

2.6 云计算的业界动态

2.6.1 IBM

IBM 利用公有云、私有云、混合云为各企业提供服务，包括用于特定行业的业务咨询服务、技术咨询设计和实现服务、云安全性。

1. 咨询服务

IBM 借助经济建模来评估构建咨询服务。IBM 公司可以通过使用公有云和私有云来吸纳业务目标。云计算技术咨询服务的目的是利用云计算模型来帮助用户提高运营效率、提高投资回报、降低总成本。

例如，云计算 6+1 方案是 IBM 经过长时间的研究和实践开发的基础架构管理平台，如图 2–18 所示。该方案在全球已经有许多成功的客户案例，帮助企业实现了云计算理念，使企业软硬件资源实现了统一管理、部署、分配、备份和监控。

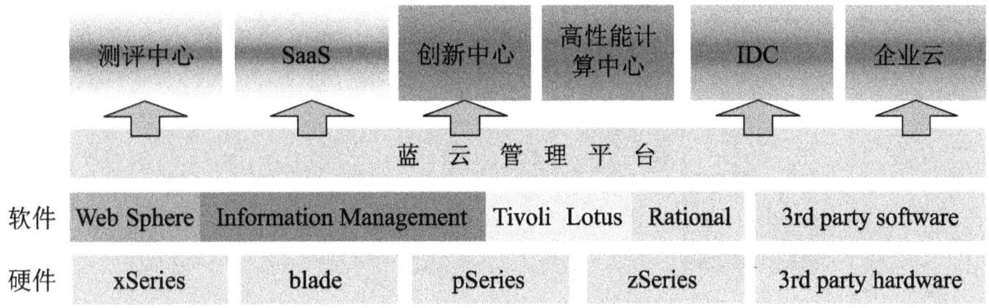

图 2–18 IBM 云计算架构图

IBM 云计算以 6+1 的方式给用户提供解决方案。面向 6+1 的业务应用场景，各个都拥有不同的软硬件组合和组件配置。

（1）测评中心。

采用云计算的形式可以集合现有的资源，并按项目进度时间表实现动态分配和释放资源。构建统一的工作环境、模式和平台，这样各个企业的软件开发工作人员就可以通过网络接入“云”环境进行开发测试。如图 2–19 所示为云计算模式的测评中心图。

（2）SaaS 平台。

基于云计算模式的 SaaS 平台（见图 2–20）使应用开发商能够为各种应用提供统一的开发和运行平台，根据应用访问量动态扩展资源，在不改变代码及应用架构的前提下实现从 Web 应用过渡到 SaaS 应用。

（3）创新中心。

创新中心（见图 2–21）旨在促进创新过程的参与性和科学性，主要包括创新孵化平台、创新管理平台、市场推广及反馈。企业可以获得一个既提供计算资源也提供创新孵化过程优化的解决方案。

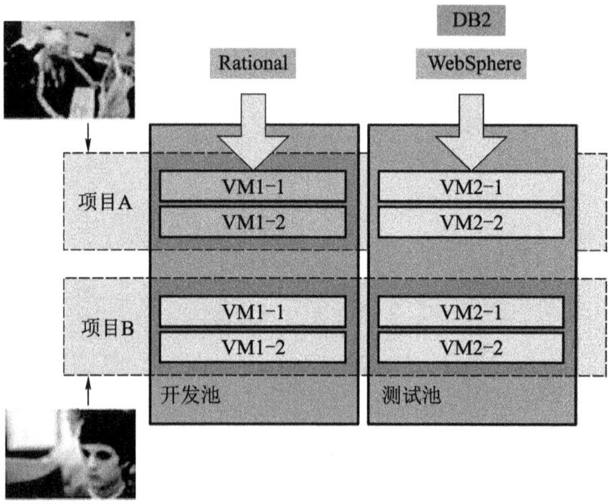

图 2-19 云计算模式的测评中心图

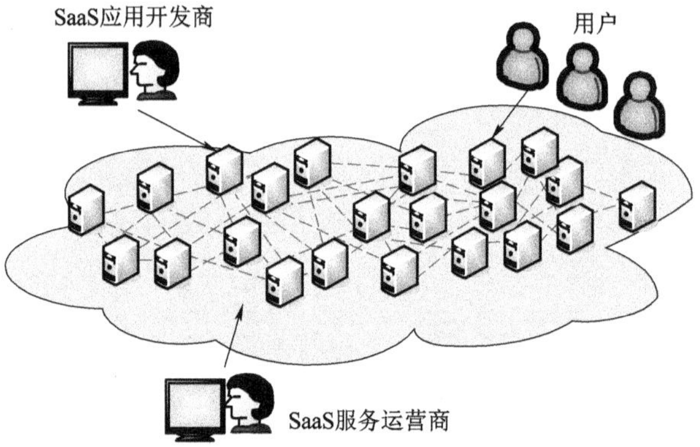

图 2-20 基于云计算模式的 SaaS 平台

（4）高性能计算中心。

采用基于云计算模式的高性能计算中心（见图 2-22），能够动态优化、快速高效地计算资源分配模式。当项目结束时，高性能计算中心可自动回收有用资源以充分发挥计算能力。

（5）IDC。

基于云计算模式的 IDC（互联网数据中心），可对各类企业提供弹性的基础架构服务。可以为不同的互联网应用提供存储、服务器、网络资源等服务。

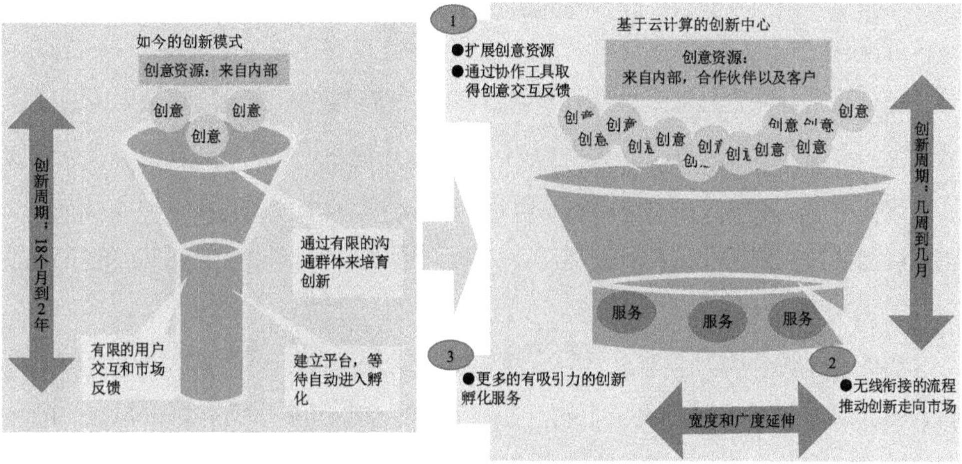

图 2-21　基于云计算的创新中心

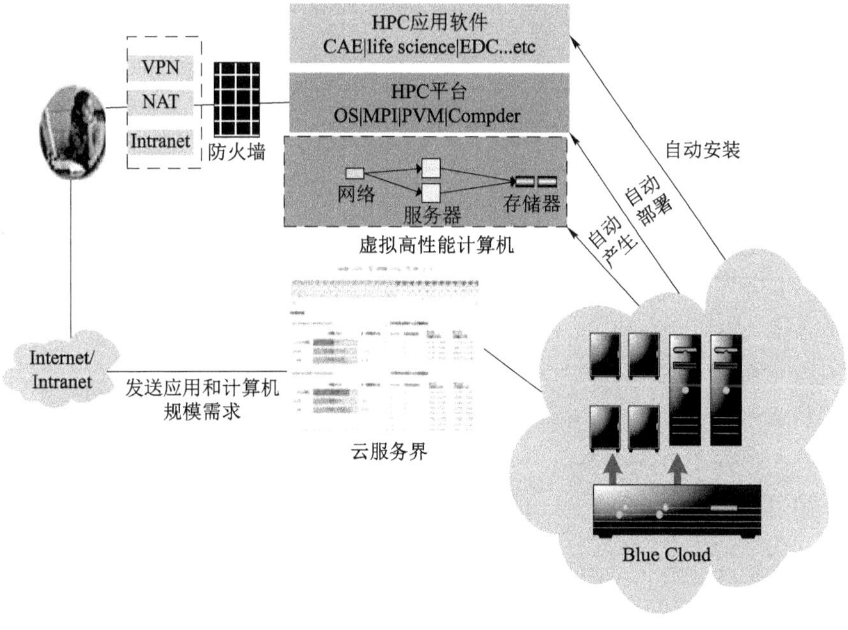

图 2-22　基于云计算模式的高性能计算中心

（6）企业数据中心。

基于云计算的企业数据中心可以将资源从独占方式转变成共享方式，对资源进行自动的部署、分配。IBM 的“企业云”数据中心是基于业务的自动化管理、服务集中和资源共享的。

2. 迁移到云

IBM 除了有咨询服务外，还会帮助新客户迁移到云中。例如，IBM Research 引领开发一种新的云计算平台，名字为 Project Yun，目的是使选择和实现云服务就如同下拉菜单中选择一个项目那样轻松简单。Project Yun 平台不需要任何人力的投入就可以为客户应用程序分配服务器、存储器和网络资源，最终实现较高的可用性。

3. 安全性

IBM 为了确保云计算服务能够安全地被广泛使用而启动了一个项目，该项目旨在重新设计技术流程和重新架构，并将安全性注入其中做到对漏洞与威胁的屏蔽，给企业客户提供了高安全性并且简化了安全性管理。

4. 影响

表 2-5 为 IBM 云计算对企业现有 IT 环境的影响。

表 2-5 IBM 云计算对企业现有 IT 环境的影响

IT 环境	蓝云云计算模式	现有模式
应用资源分配	从统一资源池中分配 虚拟资源给应用	购置服务器，为每个 应用单独部署服务器
应用运行环境	虚拟化环境	物理机
应用扩展	从资源池中 为应用增加资源	为应用购置新的服务器
应用监控	应用采用统一监控系统	为每个应用部署 一套监控系统
OS，应用部署与升级	通过自服务界面 自动化完成	手动进行
资源使用率	高	低

2.6.2 Amazon

亚马逊也是早批进入云计算领域的企业，并处于领先地位，现在亚马逊的云服务包括弹性计算云 EC2、简单队列服务 SQS、内容推送服务 CloudFront、简单存储服务 S3 等。图 2-23 所示为 AWS 整体架构。

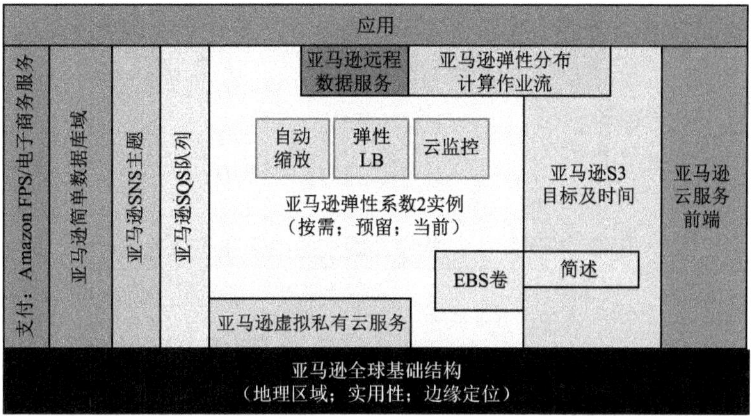

图 2-23　AWS 整体架构

1. Amazon 平台基础存储架构：Dynamo

Dynamo 是以 Key/Value 方式对数据进行存储，它可处理所有的数据类型，但不支持复杂的查询。图 2-24 是亚马逊面向服务的 Amazon 平台基础架构，从图

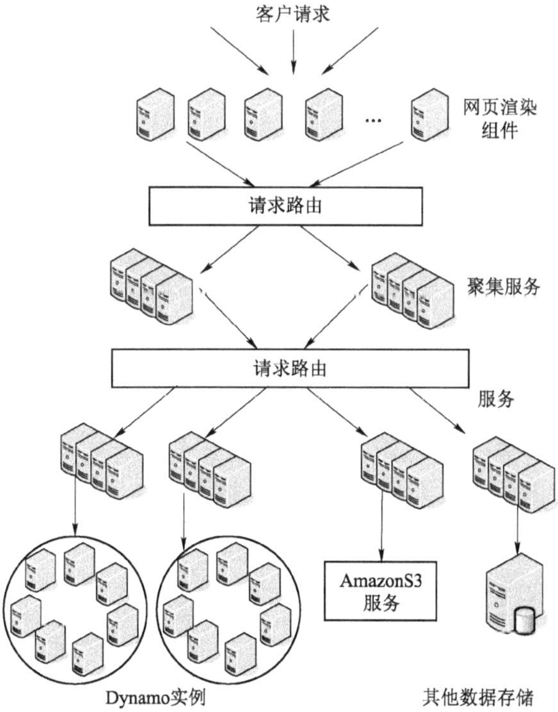

图 2-24　亚马逊面向服务的 Amazon 平台基础架构

中可以看出亚马逊平台架构是完全去中心化、完全分布式的，处于底层位置的Dynamo也不例外，目前Dynamo不直接向公众提供任何服务，但Dynamo中存储着海量的用户服务数据。

Dynamo架构主要面临的问题和采取的技术见表2–6。

表2–6 Dynamo架构主要面临的问题和采取的技术

问题	采取的相关技术
数据均衡分布	改进的一致性哈希算法，数据备份
数据冲突处理	向量时钟（Vector Clock）
临时故障处理	Hinted Handoff（数据回传机制）， 参数（W，R，N）可调用的弱Quorum机制
永久故障后的恢复	Merkle哈希树
成员资格以及错误检测	基于Gossip的成员资格协议和错误检测

（1）数据均衡分布。

只有均匀分布数据方可保证系统优良的扩展性和负载平衡，所以最关键的问题就是怎样在各个节点上分布数据。Dynamo采用的方法是使用改进后的一致性哈希算法，同时备份数据。

现在我们来考虑一下数据的备份，在现实中只对实际的物理节点进行存储，而不存储虚拟的节点。如图2–25所示，键K对应的数据存储在虚拟节点A中，它的数据副本存储在节点B、C上，是按着顺时针的方向备份存储的。也就是说，键值区间实际存储的数据是它和它的前n–1个前驱键值区间的数据。

（2）数据冲突处理。

数据不可避免地会发生冲突，Dynamo采用最终一致性来解决数据冲突的问题。最终一致性的意思是不在乎数据在更新过程中是怎样的，只需最终的所有数据副本保持一致就可以了。但是还有一个问题需要解决，就是在一些特殊情况下不同的数据副本产生了不同版本，此时根本无法确保所有的副本最后都会被正确无误地更新。数据副本得到的结果可能是不同顺序的，然而如果这样继续更新，极可能导致数据的不一致。Dynamo解决这个问题所采用的技术是向量时钟，向量时钟的原理如图2–26所示。

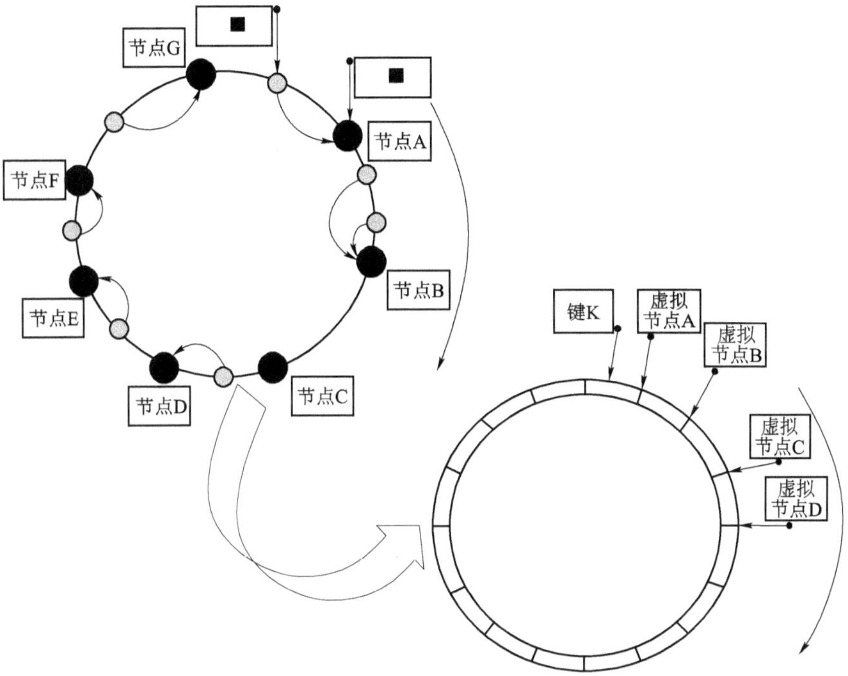

图 2-25　Dynamo 节点划分方式示意图

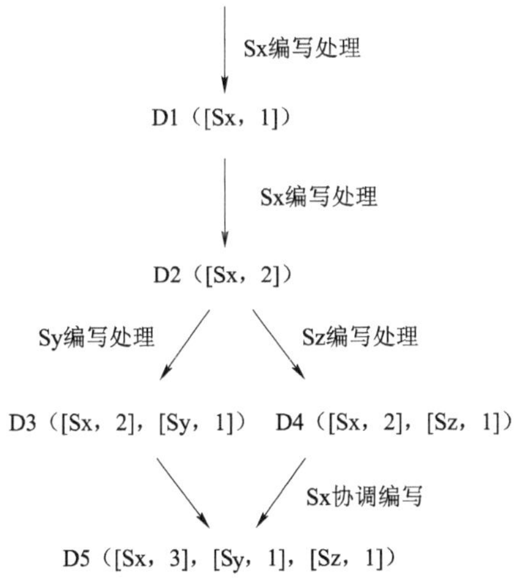

图 2-26　向量时钟的原理图

该向量时钟用一对（nodes，counter）来表示，nodes 指的是节点，counter 指的是计数器。其初始值赋予的是 0，随着事件发生次数的增加，计数器就会加 1。

顺序如下：

① Sx 对一个对象进行一次写操作，产生 D1（[Sx，1]）对象版本。

② Sx 对其第二次操作，产生 D2（[Sx，2]）对象版本，此时 counter 的值为 2。

③ Sy、Sz 同时对其进行操作，产生 D3（[Sx，2]，[Sy，1]）和 D4（[Sx，2]，[Sz，1]）两个对象版本，这两个对象版本中分别加入了自身的信息。

④ Sx 对其进行又一次的操作，此时它会得到两个不同版本的数据，用户可根据版本信息再次计算重新获得新对象 D5（[Sx，3]，[Sy，1]，[Sz，1]），将最终结果保存到系统中。

（3）临时故障处理。

Dynamo 在数据读写的过程中采用了弱 Quorum 机制。该机制有 3 个比较重要的参数，分别为 W、R、N。其中 N 指的是系统中每条记录的副本数，W 指的是每次记录成功写操作需要写入的副本数，R 指的是每次记录读请求最少需要读取的副本数。在满足 $R+W>N$ 时，用户可自己配置 R 和 W，以实现容错和可用性之间的平衡。

（4）永久故障后的恢复。

Dynamo 在处理永久性故障时采用的方法是反熵协议，使用 Merkle 哈希树技术。图 2-27 为两种不同的 Merkle 哈希树。

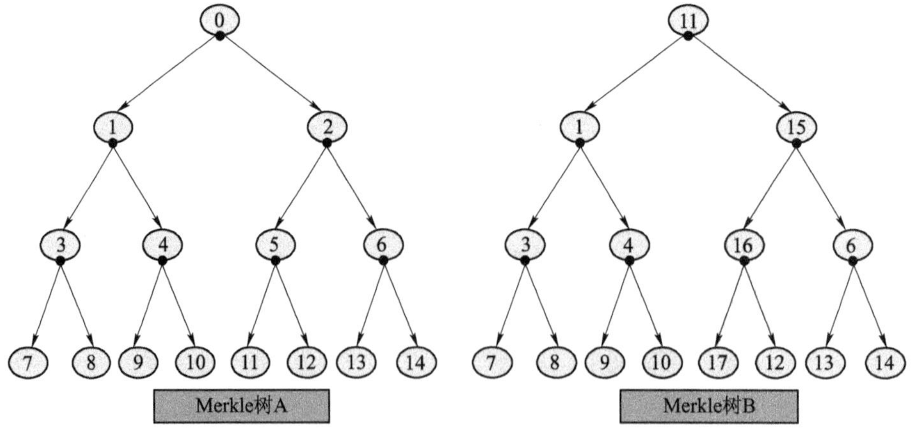

图 2-27 Merkle 哈希树

Dynamo 中 Merkle 哈希树的叶子节点用来存储数据所对应的哈希值，子节点的哈希值就是其父节点。以图 2–27 为例来说明一下具体的工作步骤：

① 查看树 A、B 根节点，分别为 0 和 11。

② 查看树 A、B 的子节点，我们发现右子树的根节点分别为 2 和 15 不等。

③ 查看树 A、B 右子树的子节点，发现为 5 和 16 不等。

④ 继续查看，发现为 11 和 17 不等，此时找到了需要同步数据的位置。

采用该技术可以减少数据同步检查中需传输的数据量，只要比较某个子树就可定位以完成数据同步。

（5）成员资格以及错误检测。

系统经常会出现节点的撤离或者加入，为保证每一个节点所保存的信息都是最新节点（每个节点都需要保存其他节点的路由信息），每隔一定的时间就会利用 Gossip 协议，随意选取一个节点与之通信，若连接中没有出现异常，则彼此交换双方所保存的信息，如图 2–28 所示。

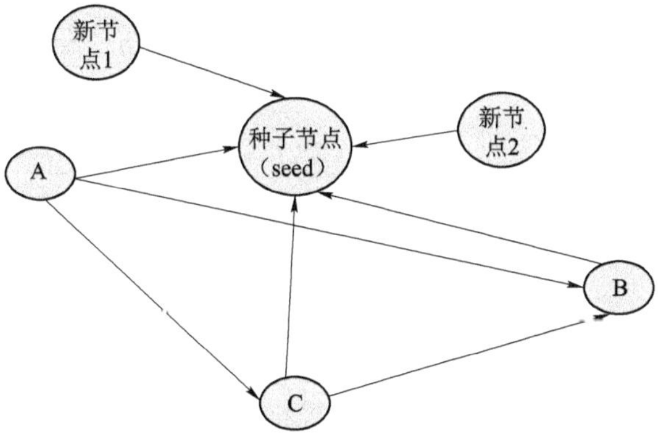

图 2–28　基于 Gossip 协议的成员检测机制

2. 弹性计算云 EC2

EC2 是 Web 服务中的一种，该服务能在云中提供可变的计算容量。它提供一个简单的 Web 接口，允许用户控制自己的计算资源，可轻而易举地获得和配置容量，也就是说 EC2 是一台虚拟计算机并具有无限的采集能力。主要特性是具有较强的灵活性、容错性，成本较低、较安全，易用。

图 2-29 所示为 EC2 的基本架构，下面解释图 2-29 中的一些重要概念：

（1）亚马逊机器映像（AMI）：组成部分主要有两个，一个是操作系统、另一个是当虚拟机启动时用户想要预先载入的应用程序。用户要想使用 EC2 服务首先要做的就是创建一个 AMI，因为它是整个云计算平台运行的基础。AMI 主要包括公共 AMI、共享 AMI、付费 AMI、私有 AMI。

（2）EC2 实例：指的是当用户创建好 AMI 之后，实际运行的系统。

（3）弹性块存储（EBS）：可让用户创建卷，卷和移动硬盘的功能相似，但是每一个 EBS 创建的卷数极限是 20 个。EBS 有快照的功能，该功能可以捕捉当前卷的状态。

（4）弹性负载均衡：允许 EC2 实例自动分发应用流量。

（5）弹性 IP 机制（自动调制）：用户账号和外网 IP 地址相关联，在任何时间可绑定到任何一个实例，这样就可有效避免修改域名系统而带来的不可控的延时。

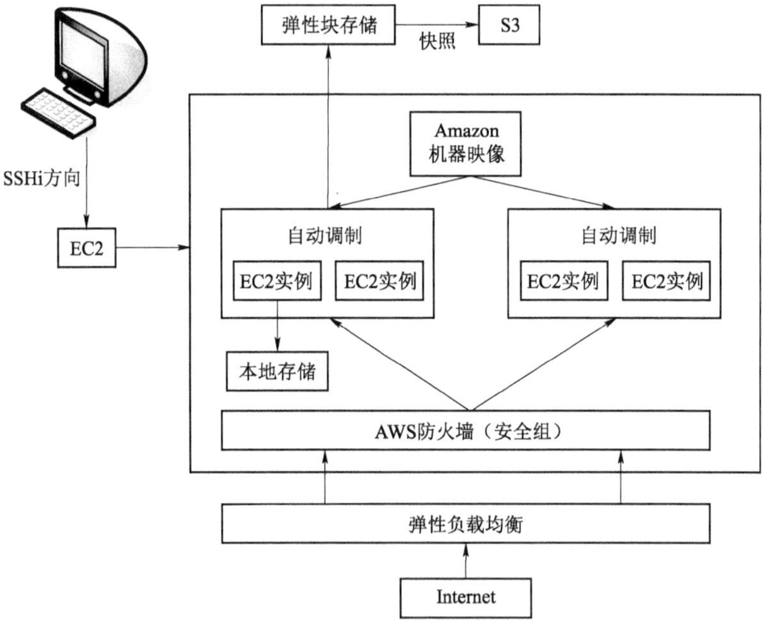

图 2-29　EC2 的基本架构

3. 简单数据库服务 Simple DB

Simple DB 类似 Redis，是简单结构化存储，轻量级的 NoSQL 风格数据库，面向小数据集，在性能上要求不高，提供了数据库索引和查询的核心数据库功能，可与 EC2 和 S3 相互协作，其基本结构如图 2-30 所示。

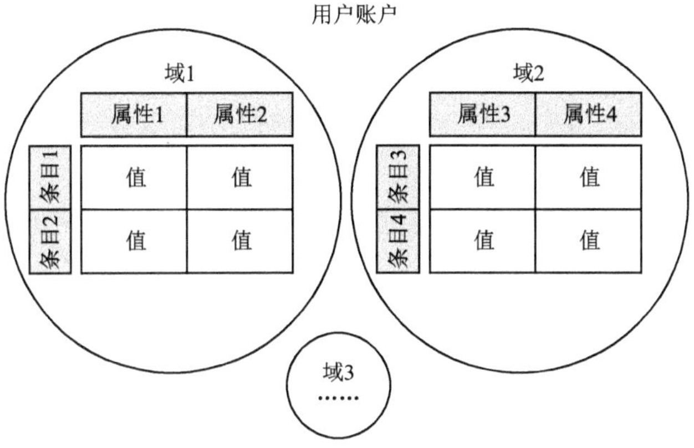

图 2-30　Simple DB 的基本结构

4. 简单存储服务 S3

简单存储服务 S3 的目的是让开发人员更容易执行 Web 规模计算，是在互联网的存储解决方案，无论什么类型的文件 S3 都可提供永久存储服务或者临时存储服务。S3 向用户提供访问控制列表和身份认证。S3 旨在易用、可靠和低成本。其基本结构如图 2-31 所示。

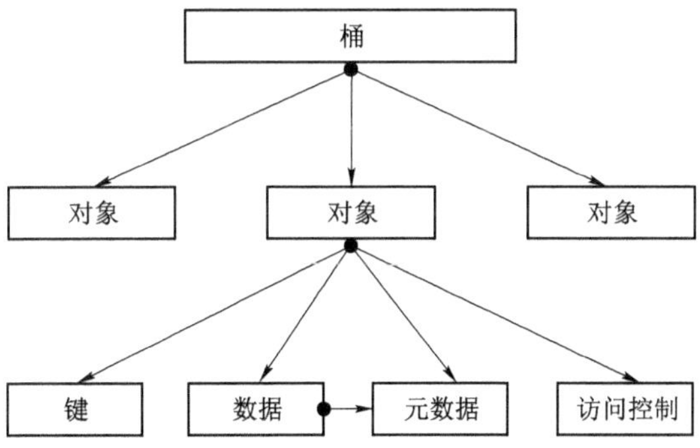

图 2-31　S3 的基本结构

其中：

桶：存储对象的容器。

键：对象的唯一标识符。

对象：S3 的基本存储单元。

5. 简单队列服务 SQS

简单队列服务设计之初是为了解决云计算平台之间不同组件的通信问题，支持分布式计算机系统之间的工作流。允许创建自动化的工作流，并且与其他的 Amazon Web 服务密切协作。图 2-32 为 SQS 基本模型。

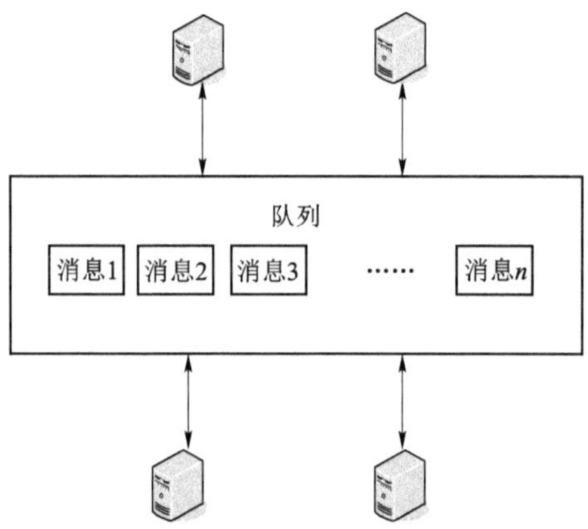

图 2-32 SQS 基本模型

SQS 共由三部分组成，分别为消息、队列和系统组件。组件既可以是消息的接收者也可以是消息的发送者。当组件不接收消息时会被存放在队列之中。

队列：存放消息的容器，其数目是任意的，但账户名称是唯一的。

消息：消息虽然没有数量的限制，但是最大为 8 KB。消息是发送者创建的文本数据，接收对象的组件数量没有任何限制。

SQS 组件可单独运行，不需要利用相同的技术开发，不需要同时运行，也不需要放在相同的网格上。

6. 内容推送服务 CloudFront

内容推送服务 CloudFront 是基于亚马逊云计算平台实现的内容分发网络，用于内容递送，方便企业和开发人员将内容分发给客户，该服务通过部署在全球每个地方的边缘节点，对象请求会自动地被路由到最近的边缘位置，能最大限度地充分利用资源。

从图 2–33 可以看出，用户是与 CloudFront 进行服务，并不是直接与 S3 中的文件进行交互。由此保证了 S3 与 CloulдFront 之间的相互独立性。

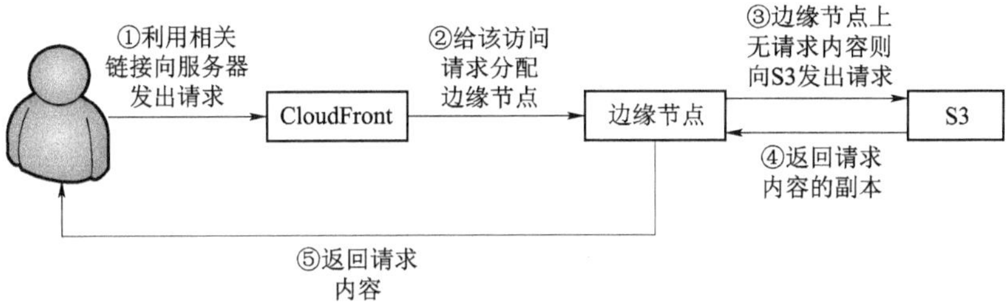

图 2–33　CloudFront 基本架构

2.6.3 Salesforce

Salesforce.com 的旗舰服务是一套 CRM 工具，如今，该公司有三个重要的领域，分别是 Service Cloud（用于顾客服务的平台）、Sales Cloud（云计算销售应用程序）和 Your Cloud（可在该平台上开发定义功能强大的应用程序）。

1. Force.com

Force.com 被 Salesforce.com 称为是世界上的第一种 PaaS，Force.com 平台为用户界面、数据库和应用程序等交换提供了全球性的服务和基础设施。其核心技术是 Visualforce，用来创建新的界面设计。Force.com 平台可在同一个 Salesforce.com 内运行若干个应用程序。

其中 Visualforce 的能力主要包括页面、逻辑控制器、组件。

2. Salesforce.com

Salesforce.com 是 CRM 应用程序中的佼佼者，其 CRM 产品主要包括 Sales Cloud 和 Service Cloud，其核心应用包括销售、市场营销、服务、协作、分析和自定义的应用程序。

3. AppExchange

AppExchange 是在 2005 年推出的应用程序目录，代表着一套全面的开发和部署技术。通过 AppExchange 公司可以轻松地把新应用程序添加到它们现有的 Salesforce.com 部署中。

2.6.4 Microsoft

1. 微软云的来历

在网络时代的威胁下，微软推出了自己的云计算平台。在 2008 年，宣布了“云 + 端”模式 & S+S(软件 + 服务) 战略，帮助开发可运行在 PC 上的应用程序、云服务器、数据中心、Web，为开发者提供了一个很好的开发平台。微软云计算平台 Windows Azure 属于 PaaS 模式。

2. Azure Services Platform

Azure Services Platform 的架构如图 2–34 所示。

图 2–34　Azure Services Platform 架构

（1）Windows Azure。

该操作系统由三部分进行相互协作，分别为 Worker Role、Web Role 和 VM Role，如图 2–35 所示。

① Web Role 可使应用创建变得很简单。

② Worker Role 的作用是运行不同类型的基于 Windows 代码。

③ VM Role 运行系统提供的 Windows Server 2008 R2 镜像。

（2）.NET Services。

.NET Services 的作用如下：

① 把本地的服务和云平台进行整合。

② 穿过防火墙和各种网络界限的安全数据。

③ 管理各种应用程序和服务的权限。

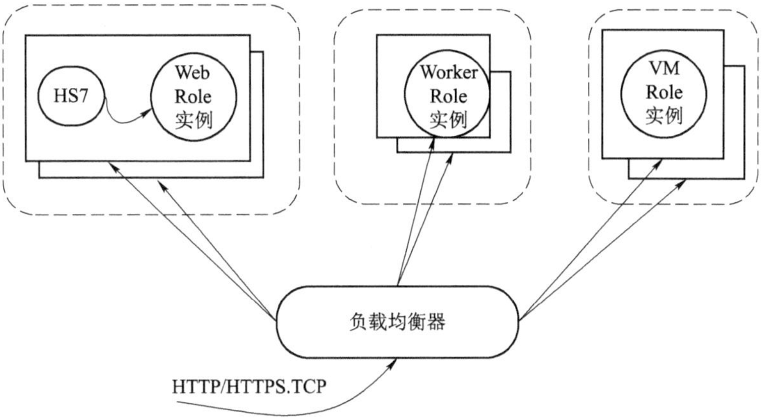

图 2-35　Windows Azure 应用程序运行机制

④ 已有用户跨应用程序使用。

⑤ 提供 Ruby 和 java 版本的 SDK。

（3）SQL Services。

SQL Services 被扩展到了云，允许存储各种数据类型的数据。

（4）Live Services。

Live Services 是用于 Azure Services 和 Windows Live 平台的软件开发工具包的提供商和开发中心。

3. Windows Live

Windows Live 可以使用户轻而易举地与其他人共享信息。用户可创建在线内容，并跨 Web 在若干位置共享它。Windows Live 可使用户方便地管理自己的数字生活并与自身保持同步。

4. Exchange Oline

Exchange Oline 可以方便用户在云环境中进行消息的传递，旨在通过消除部署、监控、配置和升级电子邮件解决方案的需要来减轻 IT 管理的职责。该服务器在地理位置上是分散的。

5. SharePoint Services

SharePoint Services 提供了一个社区，可用于团队协作，用户可以很容易地在各个信息中协调工作。允许管理者自定义站点的布局和内容，这样站点内的每一个成员可访问和处理相关信息，同时管理者也可对每一个成员的活动进行控制和监视。

2.7 云计算的安全风险分析

2.7.1 云计算平台安全风险

（1）针对系统可靠性的隐患。

在云中存有海量的有用数据和隐私数据，很易被攻击，当所受到的攻击严重时，后果不堪设想，云计算系统可能崩溃。因此云的可靠性有待提高。

（2）安全边界不清晰。

云计算中有一个关键技术——虚拟化技术，该技术可实现无边界性的共享数据，数据的存放也不像传统数据那样清晰，无法清楚地定义保护措施和安全边界。

2.7.2 数据安全风险

（1）数据隐私。

数据在云计算环境中进行存储和传输时，用户对自己放入云中的数据没有实际的操控能力，而服务商有对数据的操控权限，倘若服务商对数据的操控存在疏忽，那数据就很容易被泄露。所以，保证数据的机密性、安全性变得十分重要。

（2）数据传输。

数据中心存储着海量的机密数据，而这些机密数据在一定程度上代表了企业的竞争力。企业将数据传到云中进行处理时，会面临诸多问题：

① 在传输过程中数据有被窃取的风险。

② 服务商得到数据后有泄露出去的风险。

③ 服务商存储数据时，是否能保证访问的用户是合法的。

④ 企业是否在任何时候都可以访问自身的数据。

（3）数据存储。

① 数据存储到云中，用户根本不知道自己的数据放在了哪个服务器上。

② 服务商是否对数据进行了备份，以避免出现意外情况使数据无法恢复。

③ 提供商需要保证系统内的数据所在的存储空间是空的。因为数据残留可能会泄露信息。

（4）数据隔离。

若用户利用非法手段获取合法虚拟机权限，可能对同台物理服务器上的其他虚拟机进行配置损坏，致使系统不可对外正常提供服务。此时，需进行数据隔离。

2.7.3 虚拟机引发的新安全风险

（1）虚拟应用程序的安全漏洞。

虚拟机应用程序包括各种中间件应用程序、Web 前端的应用程序及数据库程序等。当网络环境比较安全时，也可能因为编程技术的不足或疏漏而导致多个安全漏洞。比如，回话劫持漏洞。

（2）虚拟机流量交换的安全风险。

一个物理服务器上可虚拟化出若干相互独立的虚拟机并且运行不同的应用程序、操作系统。在每个虚拟机之间存在直接二层流量交换的情况下，这种二层交换无须经过外置的二层交换机，管理员对这部分流量看不到也控制不了。

（3）虚拟服务器的安全风险。

虚拟服务器面临诸多风险和威胁，包括攻击未打补丁、接入和管理主机的密钥被盗、在脆弱的服务端口侦听等。

2.7.4 其他安全风险

（1）用户不能安全交付。

服务商在整个维护过程中，需对服务器存储网络资源进行管理。在整个过程中，都不能出现任何问题，若出现任何问题可能对用户的应用形成不必要的损坏，最终致使用户对外的业务交付出现问题。

（2）用户身份认证的安全。

服务商在对外提供服务的过程中，同时要应对若干用户的运行环境，为了保证每个用户只能访问自己的信息等，运营商需使用非常严格的身份认证机制。若服务商的身份认证机制存在漏洞有可能导致用户的账号密码被窃取。

（3）服务商是否提供持久的服务。

用户高度依赖服务商，若服务商出现突然破产等情况，用户该怎样应对数据存储问题。

2.8 本章小结

本章首先整体介绍了传统数据中心与云数据中心，接下来对云计算进行了详细的阐述，并对云计算平台架构以及业界动态等进行了简单介绍。从本章中我们可以得知云计算其实就是硬件资源的虚拟化，或者说云计算就相当于我们的计算机和操作系统将大量的硬件资源虚拟化后进行分配使用。云计算与大数据密不可分，大数据必须采用分布式计算的架构，大数据的处理需要云计算作为平台。Hadoop 是一个能够对大数据进行分布式处理的框架，下一章我们会对 Hadoop 做详细的介绍。

3 Hadoop 概况

3.1 Hadoop 的简介

Hadoop 是 Apache 项目基金会开发的 Java 完全开源的顶级项目——可以部署在廉价机器上的处理海量文件存储与并行计算的云计算开发平台。Hadoop 是一个软件框架，对数据进行处理是高效的、可伸缩的、可靠的，由 HDFS、MapReduce、HBase、Hive、Zookeeper、Avro、Pig、Ambari、Sqoop 等组成，其主要部分是用于分布式存储的 HDFS 文件系统和用于分布式计算的 MapReduce 计算架构，如图 3-1 所示。

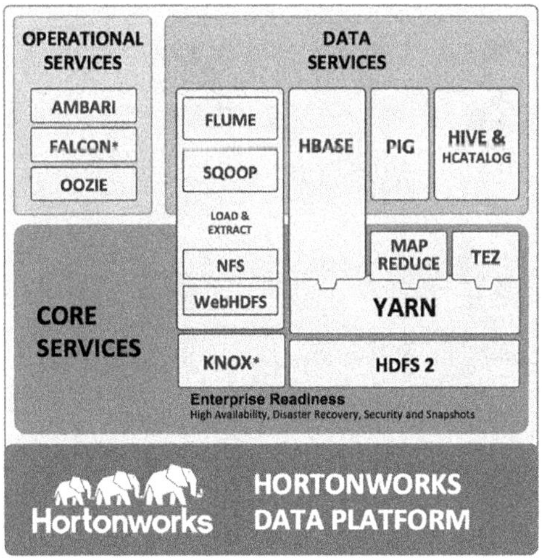

图 3-1　Hadoop 的组成

3.2 Hadoop 的特点

Hadoop 的组成都是为了解决现在计算机领域面临的大数据问题，它的主要特点包括：

（1）扩展能力：可存储、处理超过千兆字节的数据。

（2）成本低：可由一般的机器组成的服务器群来分发、处理数据。

（3）高效率：可快速分发数据，在数据所在的节点上并行地进行快速处理。

（4）可靠性：可自动地维护数据的多份副本，当任务失败的时候 Hadoop 可自动将这些任务进行重新处理。

3.3 HDFS 分布式文件系统

很多人将 HDFS 看成是 GFS 的 Java 开源实现，是构建在价位比较低的 PC 服务器上的高度容错性的分布式文件系统。HDFS 的目的是为 TB 级以上的数据服务，用于海量数据的处理；HDFS 最初也是为搜索引擎服务的，是面向比较大的文件，现在存储的数据达到了 PB 级的规模（1 PB=1 024 TB）；HDFS 中的 NameNode 里存在着一个和树结构的文件系统相似的文件系统，很大程度上提高了文件的操作效率。

3.3.1 HDFS 的架构

HDFS 的架构形式是主从架构，如图 3–2 所示。HDFS 的元数据服务器和数据块服务器命名为 NameNode 和 DataNode，其运行方式分别为管理者和工作者。在 HDFS 文件中，NameNode 可以管理多个 DataNode。

NameNode 是一个中心服务器，是 HDFS 的核心结构，负责客户端对文件的访问以及管理文件系统的名字空间，存储 HDFS 分布式文件系统的元数据信息，包括单个文件所在的目录、单个文件的备份因子以及存储在 HDFS 中所有的文件名等。

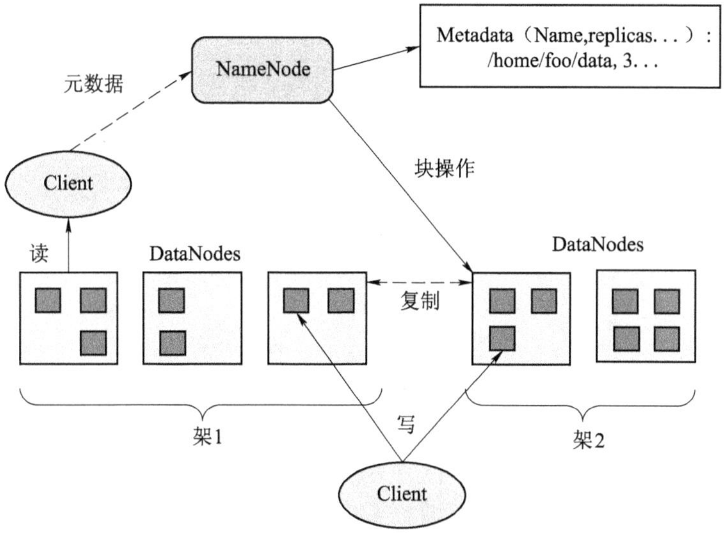

图 3-2　HDFS 架构图

NameNode 可判断 DataNode 是否处在工作状态，并管理着 DataNode 上的分块信息。因为 HDFS 认为 64 MB 为一个数据块，所以单个文件很可能被分成若干数据块，并且每个数据块都需要备份 3 次，放入 NameNode 节点中进行存储。在没有 NameNode 的情况下，整个文件系统将会崩溃。所以维护 NameNode 的有效性是非常重要的。

DataNode 负责管理其所在节点上所有的数据，包括进行数据块的增、删、复制。能够根据用户的请求来查询数据，周期性地与 NameNode 通信来告知自己保存的数据块信息。若一个文件没有超过默认的 64 MB，那么它并不会占据 DataNode 的一整块空间，而是会将这个空间分块存储一些小的文件。这样的好处有很多，如将比较大的文件进行分块处理，分别存储在不同的 DataNode 中；HDFS 只需要和块进行交互，这样既能方便文件和元数据的管理，也可以提高系统的可靠性。

Client 主要用来发起 HDFS 的请求，是 HDFS 集群的外部操作入口，需要指定 HDFS 工作的端口号信息和集群的 NameNode 节点地址等来连接集群，进而对集群发起操作请求。

3.3.2 HDFS 的数据组织方式

1. 本地数据块的组织

在 HDFS 中，全部的数据信息都存储在 dfs/data 中。

图 3-3 中 storage 是文件出错信息，接下来是三个目录，分别为 current、detach 和 tmp，功能分别为存储当前有效数据块、存储快照以及存储操作需要的临时数据块。

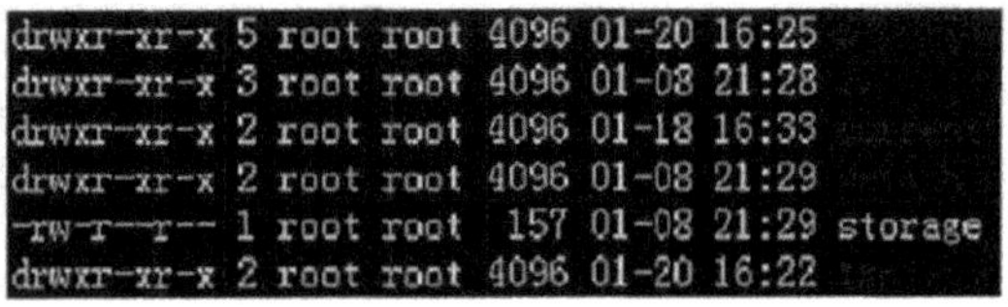

图 3-3 HDFS 的数据存储

在 current 目录中，有很多数据块文件和数据块元文件，当数据比较多的时候会在 current 目录下自动创建子目录，由于 HDFS 规定了每一个目录所存储数据块文件的多少。在 current 目录中也会有一些其他文件用来存放文件系统的元信息，这些所有的文件都是为了实现 HDFS 其他功能而保存的。

2. HDFS 的数据组织层次

如图 3-4 所示，FSDataSet 类是数据服务器管理文件的数据结构；FSVolumeSet 目录可用来作为数据存储的地方，它维护着数据节点上所有的 FSVolume，其重要的功能就是存放 HDFS 的数据块和校验信息。

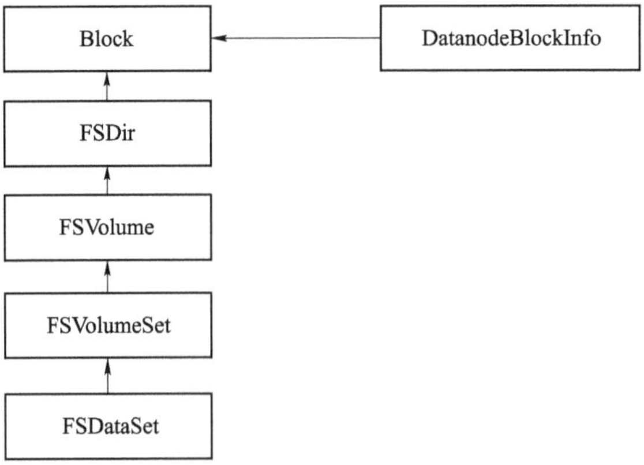

图 3-4 HDFS 的数据组织层次

在 HDFS 中 Block 类表示数据块，一个数据块由唯一的 ID 表示（因为它是最小的数据单元）。

DatanodeBlockInfo 用于保存 detach 属性和数据块所在位置的文件名称。通过 DatanodeBlockInfo 维护了一个文件到组织块的映射。

3.3.3 HDFS 文件读写分析

1. HDFS 文件写入分析

图 3–5 描述的是 HDFS 文件写入流程。当文件写入的时候，首先，客户端（Client）与 NameNode 连接，在 NameNode 中创建文件的元数据信息。接着，实际数据被写入 DataNode 中。NameNode 分配写入的主 DataNode 及副本 DataNode 并返回给客户端，然后客户端向主 DataNode 请求写入文件，主 DataNode 再与其他副本 DataNode 建立连接，为文件创建副本。以此类推直到所有副本节点中全部传输完毕。

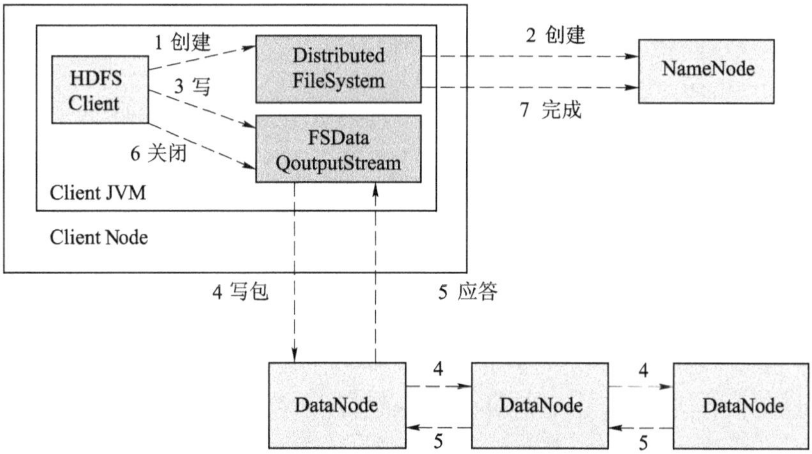

图 3–5　HDFS 文件写入流程

2. HDFS 文件读取分析

如图 3–6 所示，描述的是文件的读取流程，首先，客户端（Client）向 Name Node 请求元数据，在 NameNode 中查找文件所对应的元数据信息。接着，客户端向 NameNode 请求文件数据。通过 RPC 通信返回文件信息，然后 Client 选取 DataNode

列表中距离 Client 最近的节点进行数据下载，读取数据。若数据被成功读取，则进行下一个。

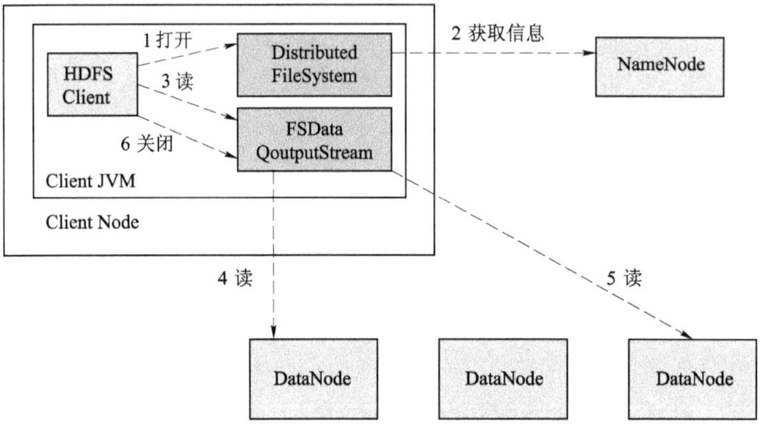

图 3-6 HDFS 文件读取流程

3.3.4 HDFS 的缺点

HDFS 在存储超大规模文件、流式访问数据等方面表现出了它的优势，但仍存在以下三方面缺点。

（1）低延时访问。

HDFS 不适合要求低延时访问的应用程序，原因在于 HDFS 的对象是吞吐量大的数据，所以肯定会产生延时。另外，HDFS 是 Master/Slave 分布结构，所有的对文件的请求都要经过 NameNode，一旦请求过多，必然会造成延时。

（2）不支持多用户写以及任意文件修改。

虽然可以利用 Append 操作在文件末尾添加数据，但不支持在文件的任意位置进行修改，现在 Hadoop 还未能实现并发多用户写功能。

（3）不适合大量小文件。

集群中的所有文件的信息都是在 NameNode 中存储。首先，通常情况下，无论文件夹、Block 还是文件都要占用大约 150 B 的空间，当文件夹的个数增加到几十亿的时候，现在的硬件水平根本无法实现。其次，Splits 决定了 MapTask 的数量，当 MapReduce 处理比较小的文件的时候，过多的 MapTask 就会生成，不但影响了计算效率，而且使内存消耗过大以及增加管理开销。

3.4 MapReduce 分布式计算框架

MapReduce 设计之初是为了处理一些互联网数据，因为 MapReduce 有简单的接口和透明的编程环境，极大地节省了开发周期，所以深受程序员的热爱。MapReduce 通过处理大量数据来精简和优化数据集，以便将数据集载入数据库管理系统中。无论在业界还是学术界，近几年 MapReduce 在数据分析、机器学习等方面的应用极为广泛。

MapReduce 也采用了主从架构，在图 3-7 中，Client 提交的任何一个计算称为 Job，任何一个 Job 会分成若干 Tasks。JobTracker 代表 Master，是用户任务的发布者，负责 Tasks 和 Job 的调度；TaskTracker 代表 Slave，是用户任务的执行者，负责 Tasks 的执行。图 3-7 为 MapReduce 的原理架构图。

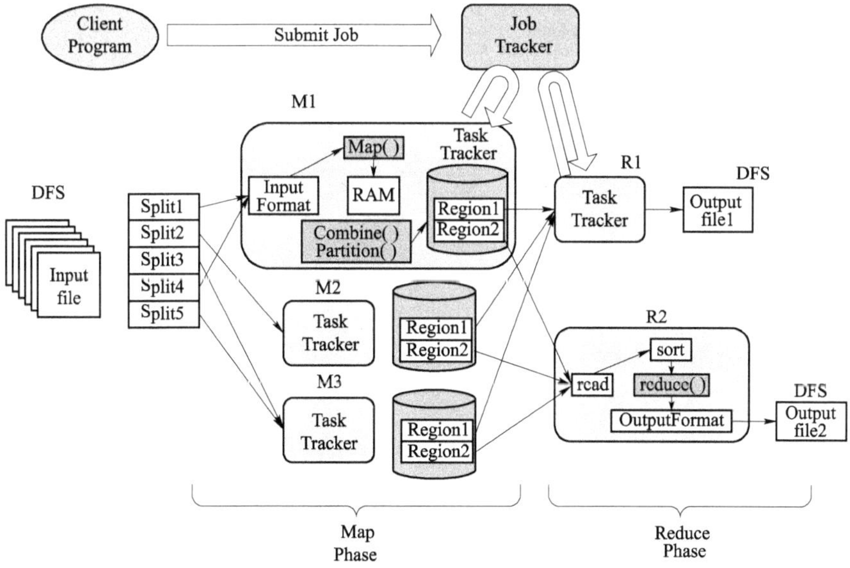

图 3-7　MapReduce 的原理架构图

MapReduce 将数据处理任务分为两大过程，分别为：Map 过程和 Reduce 过程。Map 过程的任务主要为数据的过滤处理，Reduce 过程的任务主要为数据的聚集处理。也可以将这两个任务看作是映射和规约的过程。在 Map 过程中，第一，要将输入的数据集分成若干数据块，再为每一个数据块分配一个 Map 小任务；第二，将这些任务分配到集群中的各个节点上，此时在计算过程中会出现一个数据集合（中间结果）；第三，将这些数据集合进行排序再产生一个新的数据集合，此时新的数据集合中的数据都具有相同的键值；第四，进入 Reduce 过程。在 Reduce 过程中，第一，规约 Map 阶段所产生的中间结果；第二，产生最终结果，并输出到 HDFS 中。

3.4.1 MapReduce 的执行流程

图 3-8 为 MapReduce 的处理流程图，在这个流程图中可以清楚地了解到 MapReduce 的程序执行流程。

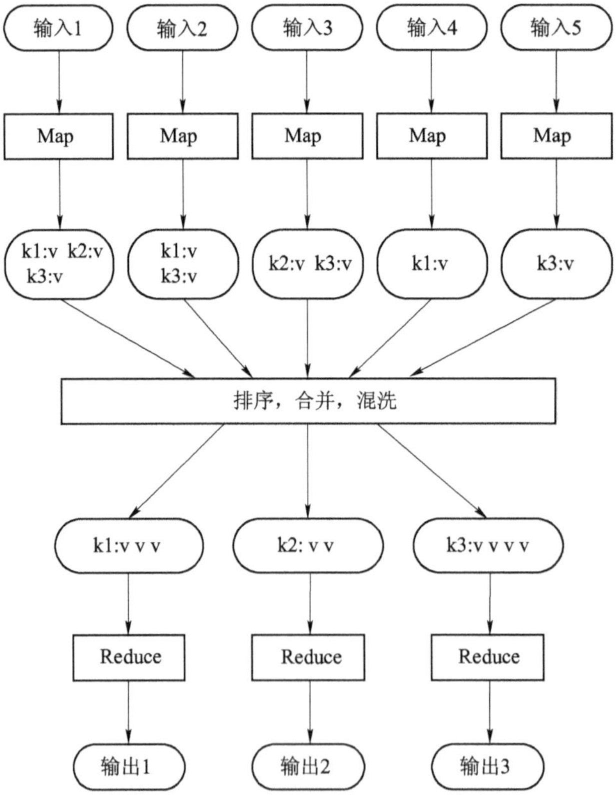

图 3-8 MapReduce 的处理流程图

（1）第一，JobTracker 用来分析所提交的代码程序，从而解析出任务命令行参数、输入输出的 HDFS 路径、任务的名称、输出格式等；第二，设置 Reduce 函数与 Map 函数；第三，将代码程序以及全局配置对象发送到每个 TaskTracker 所在的节点。

（2）第一，每个节点中的 TaskTracker 读取 HDFS 对应的目录数据；第二，Map 函数对分割好的数据进行处理，将结果放入 TaskTracker 所在节点的 Map 输出收集器中。

（3）第一，将这些数据进行合并以及排序；第二，将操作后的数据传入执行 Reduce 操作的 TaskTracker 所在的节点。

（4）第一，规约具有相同键不同值的所有数据；第二，将所得结果送入收集器内。

（5）根据用户设定的具体要求，将结果输出并保存到 HDFS 中。

3.4.2 MapReduce 的调度机制与容错机制

1. MapReduce 的调度机制

（1）Master 会选择非工作状态的 worker，然后各自分配它们一个任务，该任务可能是 Map 任务或者是 Reduce 任务。

（2）在 Map 任务中：第一，Map worker 从输入的数据中解析出相应的键 / 值对；第二，调用 Map 函数产生中间键 / 值对的集合；第三，将中间的键 / 值对写入本地的磁盘中并将它们分布在分割函数指定的 R 区域中；第四，将位置信息返回给 Master。

（3）在 Reduce 任务中：第一，Reduce worker 从 Master 中获得中间键 / 值对的位置信息；第二，利用远程调用技术从 Map worker 中读取数据信息；第三，Reduce worker 对数据按照中间键排序；第四，用户自定义的 Reduce 对键和值进行处理并把结果输出到最终输出文件中。

（4）当所有的 Map 和 Reduce 执行完毕后，第一，Master 就会唤醒用户程序；第二，MapReduce 调用返回到用户代码。

2. MapReduce 的容错机制

在处理海量的数据工具中 MapReduce 是优秀的，但是在运行程序过程中用户避免不了会遇到代码错误、机器宕机以及进程崩溃等情况，使用 Hadoop 的好处就是能自己处理这些失败。

（1）worker 节点失效。

Master 节点每隔一定时间会向每个 worker 节点发一个 ping 命令，如果在一定的时间段内没有收到任何响应，那么 Master 会默认该 worker 节点失效，在该节点上运行的任务会被设置成空闲的状态，等待之后的重新调度。由于 Map 任务运行的结果是产生在 Map 任务工作节点的本地磁盘上的，如果该节点失效那么数据会无法访问，所以已经完成的 Map 任务需要安排到其他节点重新执行。和 Map 任务不同，Reduce 任务完成后其产生的结果是存储在全局的文件系统中的，所以已经完成的 Reduce 任务就不需要重新执行了。

（2）Master 节点失效。

需要把节点信息写进检查点里，在失效的情况下，会重新执行。若 Master 节点已经失效，那么就可以从存储的检查点中恢复。但是，如果只有一个 Master 节点，那么处理的方式就会完全不同，此时当 Master 节点失效就得终止 MapReduce 的任务。

（3）管理机失效。

管理机会定期地存储，记录下它的数据结构作为一个新的检查点，如果一个管理机任务执行失败，那么一个新的任务的拷贝将被启动。

3.4.3 MapReduce 的性能

1. MapReduce 与网格计算的比较

（1）MapReduce 采用的方式为数据节点中进行数据处理的操作，而网格计算的方式为消息传递接口在机器集群之间进行通信来处理数据。当集群中访问的数据量很大的时候，网格计算显然是没有优势的。

（2）MapReduce 允许程序员用封装好的键值作为操作对象，数据流式是隐含的。而网格计算的编程对程序员有很高要求，要求显示控制数据流机制，使用 C

语言来实现。

（3）MapReduce 可以使程序员不必非得考虑任务失败的情况。但是在网格计算中对程序员提出了较高的要求。

2. MapReduce 与关系型数据库的比较

MapReduce 与关系型数据库两种方式的区别见表 3-1。

表 3-1　MapReduce 与关系型数据库两种方式的区别

比较项	MapReduce	关系型数据库
数据大小	PB	GB
访问	批处理	交互式批处理
更新	一次写入多次读取	多次读写
结构	动态模式	静态模式
完整性	低	高
伸缩性	线性	非线性
处理	在靠近数据的地方处理	必须在非本地操作
数据访问模式	不受磁盘寻址的限制	受磁盘寻址的限制

未来，关系型数据库和 MapReduce 两者的差异变得越来越小，因为关系型数据库逐渐引入 MapReduce 的优点。

3.5 HBase 分布式存储查询系统

HBase 是 Apache 开源组织开发的分布式存储查询系统，实现了 BigTable 描述的绝大部分功能。HBase 由 Mike Cafarella 发布了实验性的代码。2010 年，HBase 成为顶级项目，备受关注。HDFS 作为 HBase 的底层存储系统，HBase 采用 MapReduce 作为海量数据分析的工具，通过 Zookeeper 来对数据进行一致性的管理。HBase 设计之初是用于服务海量数据的存储以及快速读写的，HBase 是非关系型数据库，它可以通过添加节点来进行线性的扩展，但是不支持向后扩展。

图 3-9 所示为 HBase 位置信息图。

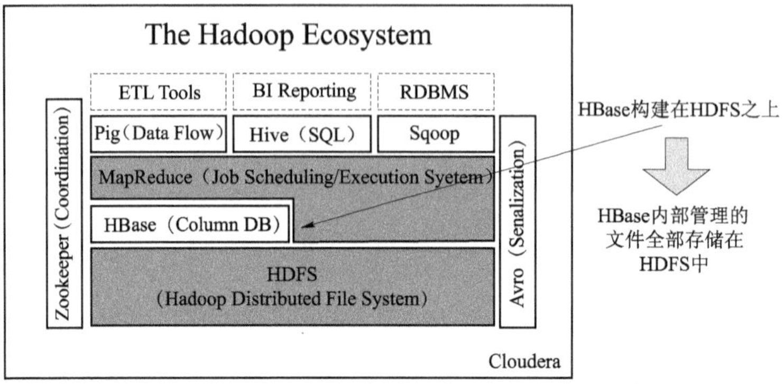

图 3-9　HBase 位置信息图

3.5.1 HBase 架构

从图 3-10、图 3-11 中我们可以看出，HBase 主要包括以下方面。

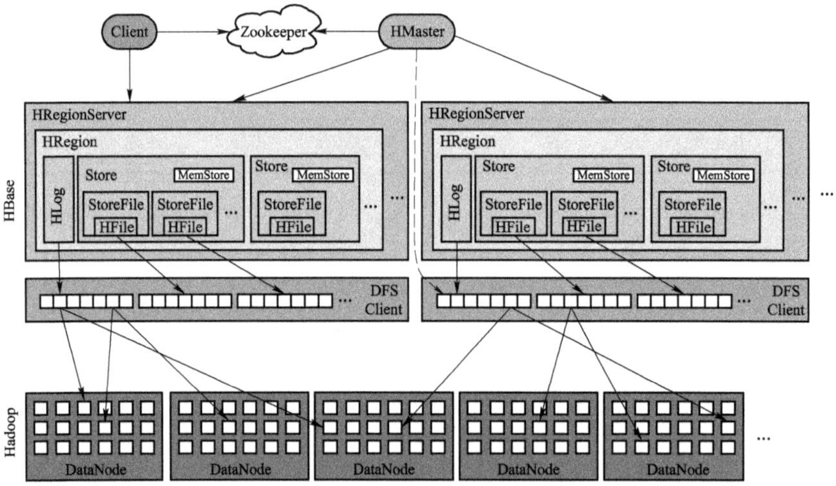

图 3-10　HBase 架构图

（1）底层文件系统 HDFS。

一般情况下底层存储文件系统采用 HDFS，但是也有其他的。使用 HDFS 的优点在于冗余性和容错性较好以及可靠性比较高。

（2）客户端 Client。

主要用于提交读写数据请求，Client 通过 RPC 协议（远程过程调用协议）与

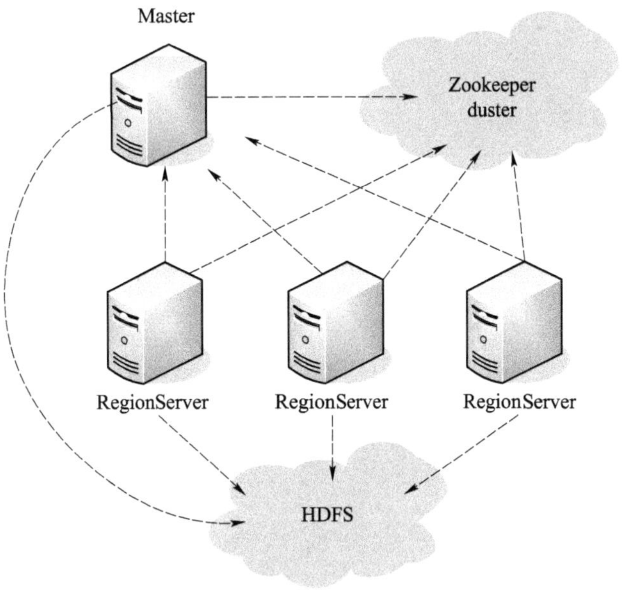

图 3-11　HBase 组成部分关系图

HMaster 和 HRegionServer 通信，完成数据的读写操作。

（3）Zookeeper。

保证了集群的持续性，若在通信的过程中发生故障，Zookeeper 可以采取措施进行处理，使客户端连接到集群另外的一台机器上。帮助解决了 HMaster 单点的难题。Zookeeper 存储 HBase 的 schema 和 table 元数据以及所有 Region 的寻址入口；实时监控 RegionServer 的上下线信息，随后及时通知给 Master。

（4）Master。

HBase 与 Master 一一对应，但是一个 HBase 可以同时启动若干个 Master，只是在运行的时候选择一个 Master 来运行，剩余的 Master 处于备选状态；在 Master 宕机后，可从备用的服务器中选择一个作为新的 Master。

（5）RegionServer。

它是 HBase 的核心模块，从图 3-10 中可看出它是由多个 HLog 和多个 HRegion 组成，HLog 是一个记录相关任务行为的日志，起到修复功能。RegionServer 负责相应用户的输入 / 输出请求，维护 Region，在 Region 比较大的情况下，RegionServer 会把

Region 进行切分。

3.5.2 HBase 的存储

HBase 所有生成的数据文件放入 HDFS 中存储，这些数据一般会被分割成小块然后进行存储。主要有 HLog File 和 HFile 两种文件类型，其中主要的存储格式为二进制格式的文件 HFile。从图 3-10 可看出，StoreFile 的底层是 HFile。而 HBase 中 HLog File 的存储格式为 WAL。HRegionServer 负责管理这两种文件。

文件存储的主要流程为（参照图 3-10）：

首先：

（1）Client 联系 Zookeeper 集群查找到行键，进一步可以得知管理 -ROOT-Region 的是哪个 Server。

（2）Client 访问管理 -ROOT- 的 Server，进一步可以得知哪个服务器管理 .META. 表。

（3）通过 .META. 服务器来获取客户端查询的行键数据所在 Region 的服务器名。

（4）得知数据所在的位置后，客户端缓存相应的查询信息，有了这些信息之后就可以定位所需数据而不再需要查找 .META. 表。

（5）HRegionServer 打开 Region，并创建相应的 HRegion 实例。

其次：

（1）HRegionServer 打开 Region 同时创建一个 HRegion 对象。

（2）打开 HRegion 后，给每个 HColumnFamily 创建一个 Store 实例。图中的 StoreFile 实际上是对 HFile 的简单包装。

最后：

（1）由客户端 Client 给 HRegionServer 发送一个请求，接下来 HRegionServer 将这个请求分配给具体的 HRegion。

（2）操作时是否写 WAL log（一个标准的 SequenceFile）。

（3）数据将保存到 MemStore 中，若 MemStore 中没有空间存储数据，则会触发一个请求将数据写成HFile的形式，然后将其存到HDFS上。

创建HFile的主要目标就是提高HBase数据的存储效率。当存储的数据超过设定的额定容量时，HBase会调用FlushHandler（刷新数据库线程）将数据写入HFile中去。下面可以通过图3-12来了解文件的结构。

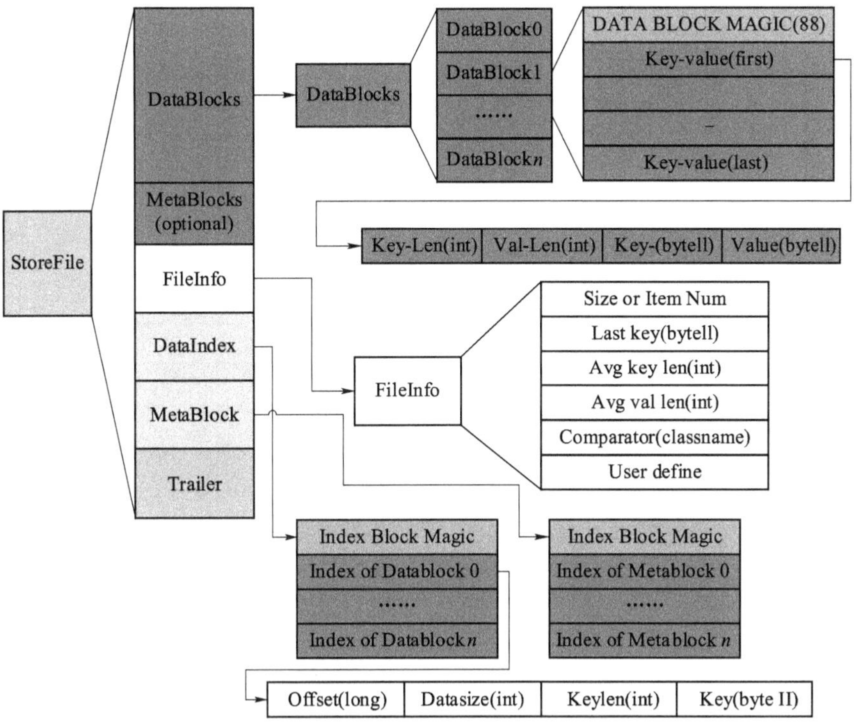

图3-12　文件结构

如图3-13（a）所示为HFile存储格式，主要由数据、数据起始位置、数据附加信息、索引文件信息、文件尾验证信息等组成。HFile文件的长度是不固定的，唯一定长的就是Trailer、FileInfo，从图中我们可以清楚地看到Trailer中有指针指向了其他的数据块。其中Index数据块的作用是记录Meta和Data的起始点。文件中第一部分KeyValue对中开头为Magic，后面部分由若干个KeyValue拼接而成。第二部分为Trailer块的内容。第三部分为FileInfo块的内容。

KeyValue是一组数据，如图3-13（b）所示，起始的位置是Key Length和Value Length，接下来是Key，最后是Value。

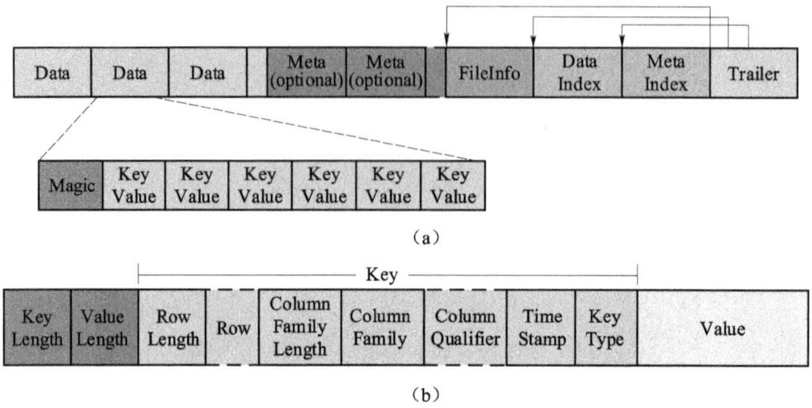

图 3-13 HFile 和 KeyValue 存储格式

(a) HFile 存储格式;(b) KeyValue 存储格式

3.5.3 HBase 的数据模型

1. HBase 的逻辑模型

简单地说 HBase 就是一个很大很大的稀疏的表,之所以说它稀疏是因为表中并不是所有的行和列都存储数据。HBase 的表可以记录不一样的列,这是与传统关系数据类型所不同的(由图 3-14 HBase 的逻辑视图可以看出)。HBase 的基本单位是列,行可以由大于或等于一列构成,每一行都会有唯一一个行键,如果对某一行键进行操作,那么就是对该行的操作。

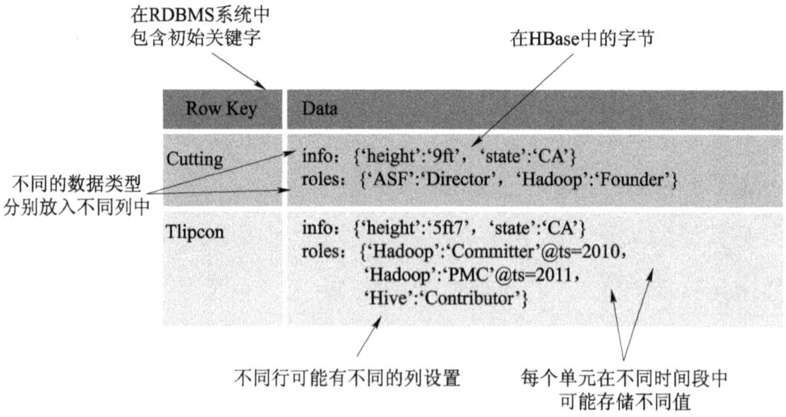

图 3-14 HBase 的逻辑视图

其中：

（1）Row Key：是表中每条记录的“主键”，当使用者需要检索 HBase Table 时，可以借助 Row Key。

（2）列族，可能包含一个也可能包含若干个相关的列，因为 Column Family（列族）支持动态扩展，所以用户根本不用提前定义列的类型和数量。

（3）时间段，在插入数据同时可由 HBase 自动生成。

（4）列，属于某一个列族，每条记录可动态添加。

2. HBase 的物理模型

其实在物理上 HBase 并不是一个集合，每个表都进行分开存储，HBase 的分组是按照列族进行的，一个列族中的数据可以存在多个 HFile 中，一个 Region 可对一个列族的数据进行管理，如图 3-15 所示。

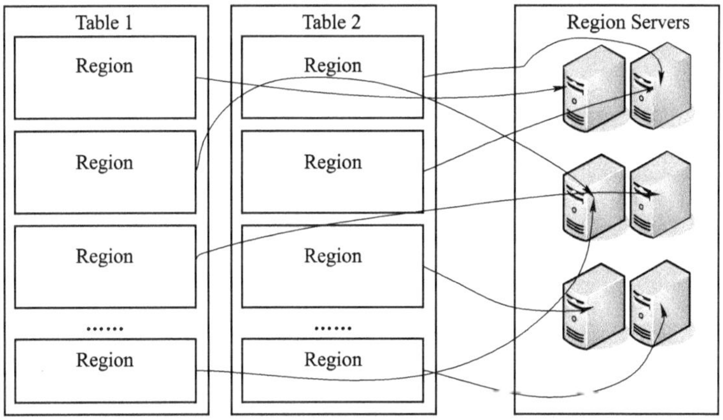

图 3-15　HBase 的物理模型

（1）Table 中的行会按照 Row Key 排序，并且在行上由若干个 Region 组成。

（2）刚开始一个表格中只有一个 Region，当数据增多，一个 Region 被分成两个 Region，Region 的数量随着数据的不断增加而增加。

（3）Region 是 HBase 中最小的分布式存储单元，不同的 Region 与不同的 Region Server 相对应。需要明确一点，Region 不是最小的存储单元，Region 由许多 Store 组成（见图 3-16），每个 Store 由若干 StoreFile 组成。StoreFile 存储在 HDFS 上，而 memStore 存储在内存之中。

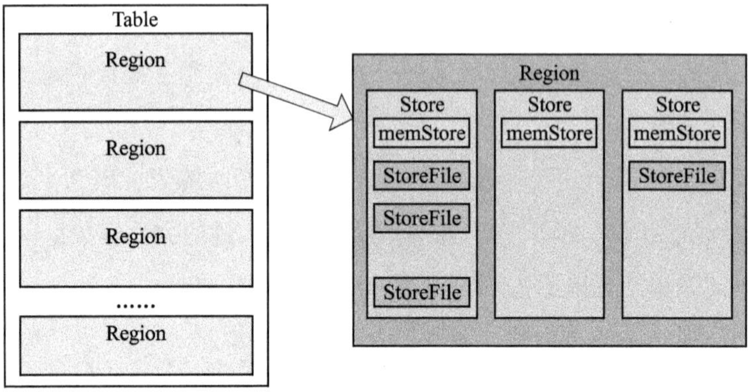

图 3-16 Region 的构成

3.6 Hive 数据仓库基础架构

Hive 是构建在 Hadoop 之上的数据仓库基础架构。可实现数据的提取、转化、加载等功能。允许我们使用类似 SQL 的查询语句（HQL）来查询和分析数据。HQL 熟悉 MapReduce 开发自定义的 Mapper 和 Reducer 来处理复杂的分析工作。因为 Hadoop 是一个批量处理的系统，所以就算 Hive 涉及非常小量的数据查询时，也会有很严重的延迟现象。

3.6.1 Hive 的架构

如图 3-17 所示，Hive 的架构主要可分为以下几个部分。

（1）用户的 Service 主要有：CLI、HWI 和 HiveServer。其中 CLI 为命令工具，是默认的服务，Web 的接口是 HWI，HiveServer 是通过 Thrift 来对外提供服务的。每个 Service 之间是相互独立的。

（2）Driver 的功能：解释、编译、优化、执行 HQL 语句，其中 Driver 与 Service 彼此独立。

（3）在同一时间内，一个 HiveServer 可以连接若干个 JDBC，所有会话都将共享一份配置。

（4）MetaData 存储：Hive 将数据信息存储在传统的关系型数据库中。

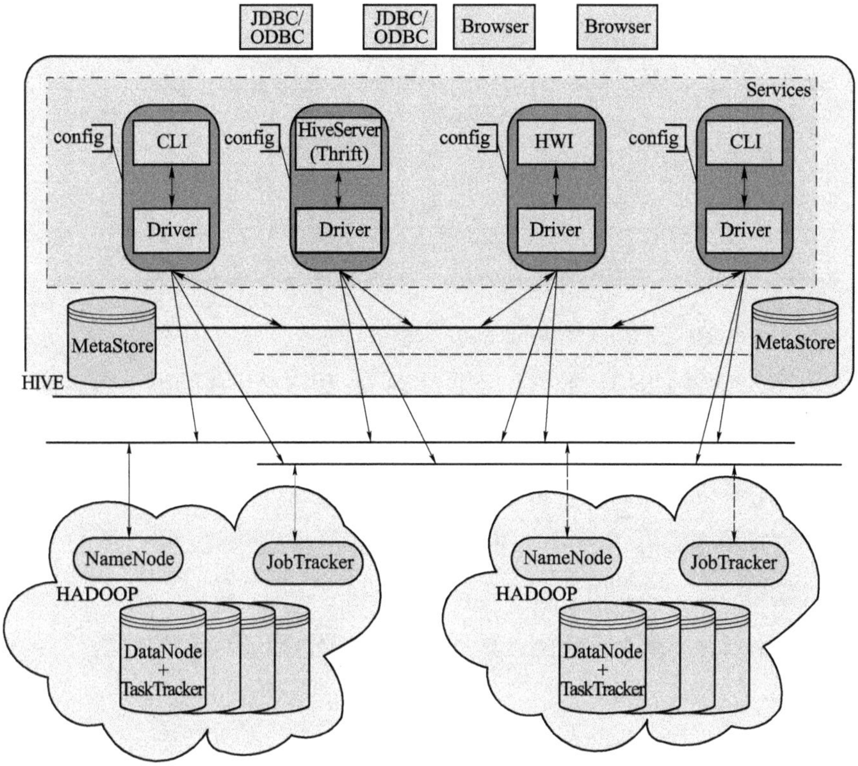

图 3-17　Hive 的架构图

3.6.2 Hive 与传统数据库的比较

Hive 在很多情况下被认为是类似 SQL，但是在实际操作过程中二者却有很大的区别，由表 3-2 可得知 Hive 与传统数据库的异同。Hive 的主要优点有：

表 3-2　Hive 与传统数据库的比较

查询语言	HQL	SQL
数据存储位置	HDFS	local FS 或者 Raw device
数据格式	用户定义	系统决定
数据更新	支持	不支持
索引	无	有

续表

查询语言	HQL	SQL
执行	Map/Reduce	Executor
执行延迟	高	低
可扩展性	高	低
数据规模	大	小

（1）支持其他类型的数据库如 Map、Struct 等。

（2）对于复杂的结构化数据，可通过 DeSer 程序来解析数据，然后将最终数据导入 HDFS。

（3）提供命令行接口界面和 Web 用户界面进行数据查询，方便了初学者。

（4）任何程序都可以和 Hive 相交互，因为其中的 Thrift 服务器支持 ODBC、JDBC 等的连接。

（5）利用划分提高查询性能，并且可以跳出我们不感兴趣的数据。

3.7 Zookeeper 分布式协调服务

Zookeeper 是 Hadoop 的一个子项目，是由谷歌设计开发实现的，整个 Zookeeper 是由许多服务器节点组成的，Zookeeper 设计的主要目标是将那些复杂、容易出错的分布式一致性服务封装起来，并且构成一个可靠的源语集。

Zookeeper 并没有采用 Master/Slave 模式，这就是与其他分布式系统最大的不同，Zookeeper 定义了 Leader、Observer、Follower 以及 Learner，其中 Leader 与其他的 Server 不同，它主要管理投票的发起和决议，而不接受客户端的请求；Follower 主要接收请求，然后再将处理的最终结果进行反馈（参加投票）；Observer 主要用于接收客户端的连接，并将请求发给 Leader（不参加投票）。其中 Observer 和 Follower 都是 Learner，都进行状态同步。

图 3-18 所示为 Zookeeper 的系统模型图：

（1）客户端可以连接到每个 Server，每个 Server 中的数据是完全相同的。

（2）任何一个 Follower 和 Leader 都有连接，并接受 Leader 的数据更新。

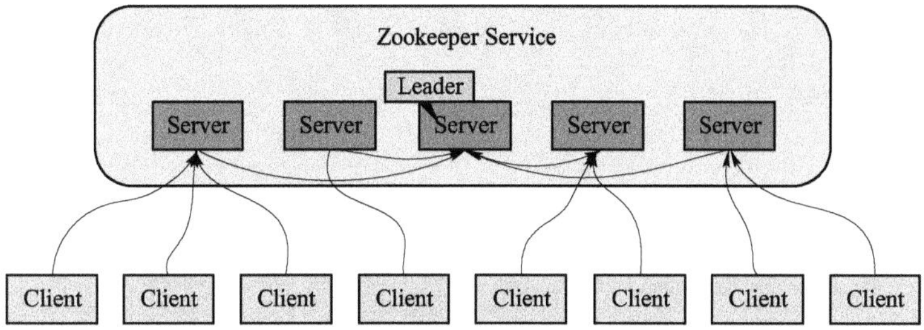

图 3-18　Zookeeper 的系统模型图

3.8 Hadoop 的其他子项目

3.8.1 Avro 数据序列化的系统

Avro 是用于数据传输的中间件，支持数据密集型应用，适合大数据的交换与存储。Avro 依赖 Schema 实现数据结构的定义，当读取或者写数据的时候都需要 Schema 的指导；Avro 存储数据的时候也会把 Schema 的数据存储起来。

3.8.2 Pig

Pig 可为用户提供多种接口，用于查询大型半结构化的数据集，为大型数据提供了一个高层次的抽象，是大数据分析平台。当 Pig 进行数据处理时，Pig 就会在后台生成 MapReduce 操作来执行要完成的任务。

3.8.3 Ambari

Ambari 是一个基于 Web 的管理工具，可快速地部署、监控以及管理集群，主要优点有：

（1）安装简单、部署简单。

（2）预先配置好了相关的运维指标，可以直接查看性格项目是否健康。

（3）支持作业和任务执行的可视化分析，可以很好地查看依赖和性能。

（4）界面简单，用户可高效率地查看信息并控制集群。

（5）通过单个完整的 RESTful API 可将监控信息展现出来。

从图 3-19 可看出 Ambari 主要分为五大组件，分别为 Server、Agent、Web、Collector 和 Monitor。

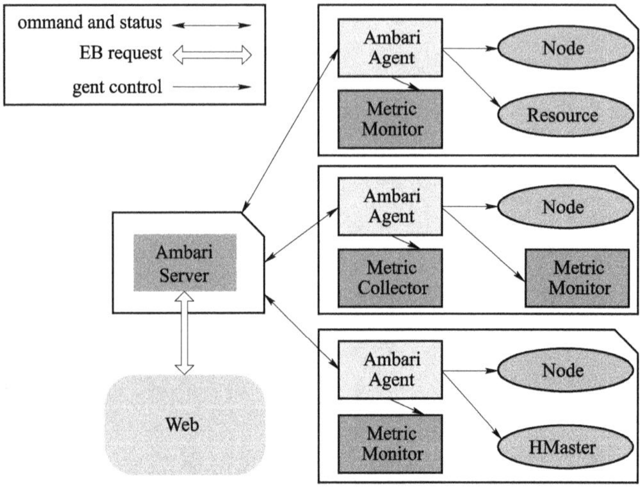

图 3-19 Ambari 总体框架

（1）Agent 主要负责处理 Server 端的命令。

（2）Web 是 Ambari 的重要组成部分，系统中已安装的软件状态，在 Web 界面呈现。

（3）Collector 和 Monitor 收集集群组件 metrics 的模块。

图 3-20 主要描述了 Ambari 的工作原理，其中 Ganglia 用来收集度量信息以及监控系统性能并且进行可视化的显示。Nagios 主要负责集群和各个服务器组件的运行状态以及网络信息的检测。

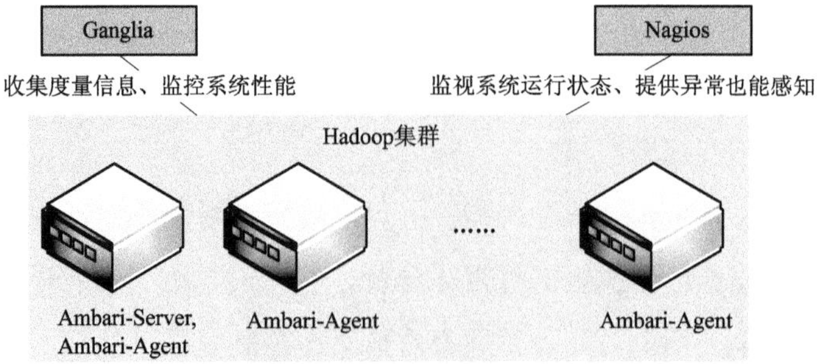

图 3-20 Ambari 的工作原理

3.8.4 Sqoop

Sqoop 设计之初就是用于在关系数据库与 Hadoop 之间交换数据。它是基于 MapReduce 来对数据进行处理和操作的。现在，Sqoop 主要有两个互不兼容的版本，分别为 Sqoop1、Sqoop2。其中 Sqoop2 主要负责对每一个数据库连接进行处理，在安全性方面做得很好。而 Sqoop1 负责关系型数据库与 Hadoop 之间的转换（命令时要显性指定密码以及用户名），安全性很低。从图 3-21、图 3-22 可以明显地看出 Sqoop2 更复杂些，访问方式更加多样化。

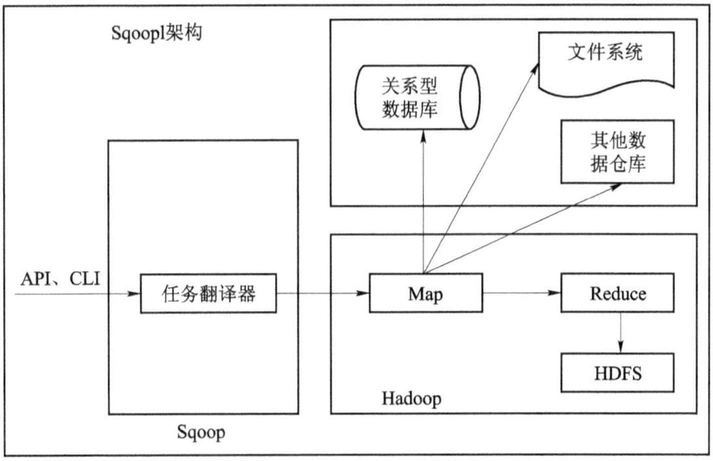

图 3-21 Sqoop1 的架构图

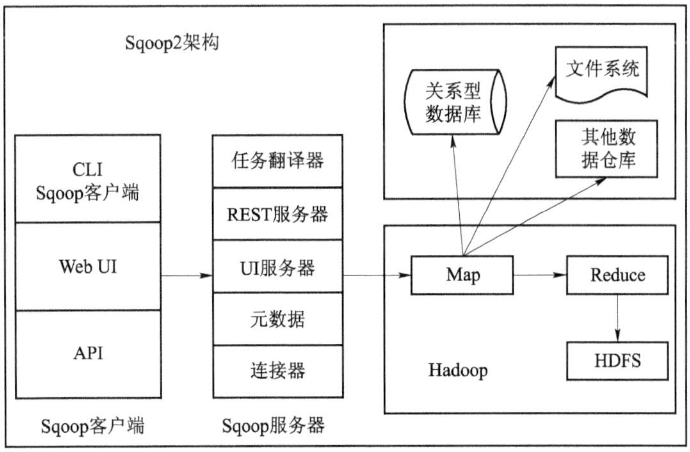

图 3-22 Sqoop2 的架构图

3.9 Hadoop 的应用现状

Hadoop 擅长存储和处理海量的数据，应用 Hadoop 就是为了分析处理大规模数据集，Hadoop 在国内外以较快的速度发展，Hadoop 的技术越来越成熟，Hadoop 在分布式系统兼容性方面表现得很卓越。Hadoop 在互联网、医学、通信、交通、快递、旅游等方面有突出的应用。

（1）互联网领域。

在国外，雅虎是 Hadoop 应用的领先者，运行着世界上最大的 Hadoop 集群，集群规模在 4 000 个节点左右，通过集群来运行应用；在全球运行着第二大 Hadoop 集群的是 Facebook，Hadoop 的使用满足了 Facebook 的需求，随着其网站的使用率不断增加，需要存储和处理的文件也在迅速增长，从而需要一个能够支持系统扩展并能够快速处理海量数据的系统平台，集群规模在 2 000 个节点左右。

在国内，淘宝是 Hadoop 最大的运营商之一，有一千多台机器的集群规模，大约 10 PB 的容量。阿里巴巴利用 Hadoop 实现了自己的分布式计算平台，实现了商业数据的分析处理以及搜索引擎优化，集群规模为十几台机器。“双十一”的成交量高达几百亿，这些数据所带来的冲击可以平稳度过，而不会因数据爆炸式增长发生宕机的情况。百度基于 Hadoop 应用在日志分析、商业分析以及在线数据的反馈等方面，同时也用来做网页数据库的挖掘，集群规模大概为 500 个节点。

（2）医学领域。

利用 Hadoop 平台可以实现语义分析服务，从而把病人的健康状况信息提供给相应的医生、护士等，让她们更好地了解病人，了解病人的相关病史，从而“对症下药”，救死扶伤。利用 Hadoop 的海量数据处理，开发一个海量数据医学图像检索系统，将图像特征库存放于 HDFS 中，接下来再采用 MapReduce 将示例图与特征图进行对比与匹配，最终找出最优的检索结果。Hadoop 的应用提高了图像检索的效率。现在我国医保行业发展迅速，对病情的诊断及患病预测有几大提高，但是带来的不利也随之增多，如不法分子骗保。通过 Hadoop 技术对数据进行处理分析，从而预测不法分子的行为，可以有效缓解这类问题的再次发生。

（3）通信领域。

现在在通信领域产生的数据在急速增长，因此对电信运营商提出了更高的要求。因此可利用 Hadoop 低成本、高效处理数据的优势来分析和处理海量的电信数据。例如，广东移动利用 Hadoop，主要用于计费系统的存储和处理。

（4）交通领域。

智能交通已经是一个必然趋势，在北上广这样的大城市堵车也是习以为常的事情了，利用 Hadoop 来处理蜂窝基站中存在的大量用户位置数据，来分析每个用户的日常出行轨迹，最后得出结论：哪个时间段内哪段路最拥挤，这对交通的疏散有很大的帮助。此外交通异常事故逐年增加，传统的视频处理根本满足不了人们的需求，通过 Hadoop 可以存储大量的视频信息，从这部分视频信息中找出可疑事件，最后通过 HBase 进行分析。这样在交通异常事故中可以很快地对监控中的历史数据进行处理，然后提取车辆信息，对车辆进行追踪、从而可以很快地找到肇事者。应用大数据技术可以为交通领域提供很多方便，如数据集中化、成本可控化、决策智能化和系统可靠化。

（5）快递领域。

快递行业随着电子商务的发展而发展，在“双十一”中，如果处理不当，快递将会变成慢递。华胜天成和星环科技强强联手为国内 EMS 物流打造了大数据 Hadoop 系统，Hadoop 有实时处理数据的能力，快递效率明显提高。如图 3–23 所示为星环 Hadoop 方案实施效果。

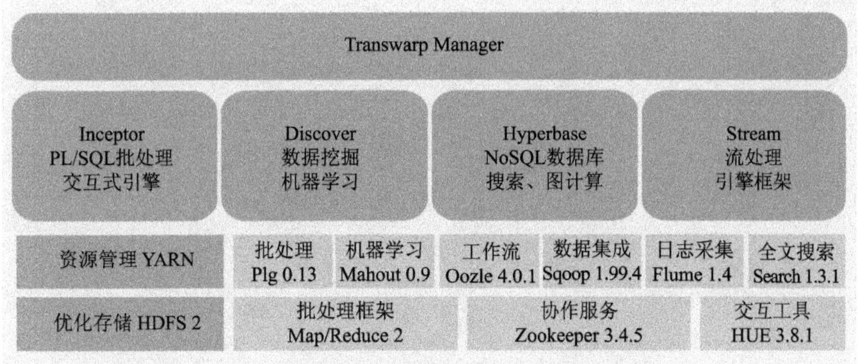

图 3–23 星环 Hadoop 方案实施效果

（6）国家电网。

智能电网是国家一直提倡的，由于目前信息种类繁多以及用户需求不断增多等，国家电网公司据此提出了基于 Hadoop 技术的智能电网状态监测平台的解决方案，最终完成了对大量数据的高效存储和快速处理。

（7）其他。

能源开采：Chevron——全美第二大石油公司，基于 Hadoop 进行海洋数据的收集、处理，方便寻找油矿的具体位置。

诈骗检测：通过 Hadoop 来存储客户的一些交易信息，可以帮助金融服务或者政府机构发现客户的不正常或非法活动，将诈骗防患于未然。

节能：利用 Hadoop 对用户的用电行为进行预测分析，以便对消费者提供节电服务。

安全：Hadoop 可以通过处理数据来判别网络、恶意软件等的攻击。

旅游：可以利用 Hadoop 实现景点推荐算法，对景点推荐、酒店推荐、线路推荐，以最快的速度为游客做出最佳推荐。

3.10 本章小结

本章对 Hadoop 的各个子项目以及在各个领域的广泛应用情况进行了阐述，其中主要对其核心子项目 HDFS 和 MapReduce 进行了详细的介绍，为本书第五章 Hadoop 案例实战打下良好的理论基础。

4 网络舆情的理论基础

4.1 研究背景

互联网在近几年迅猛发展，从笨重的台式机到人手一部的智能手机，其覆盖面之广，内容之丰富令人咋舌。其所蕴含的力量，正在以潜移默化的方式影响着人们的生产、生活以及工作，并逐渐扮演着举足轻重的角色。同时，随着时间的碎片化和 BBS 的演化，微博、贴吧、论坛等一系列的信息交互渠道开始流行。人们，尤其是年轻人，越来越热衷于在上下班路上及日常中通过这些渠道发表看法，交流感受。而内容的复杂、多变以及其巨大的数量也让大量的不良信息混杂其中。

广义上来说，舆情即围绕中介性社会事项的发生、发展和变化，作为舆情主体的网民对自己关心的或与自身利益紧密相关的各种公共事务所持有的多种情绪、意愿、态度和意见交错的总和。对于和生活密切相关的互联网，其中的信息不可避免地很大程度上反映了舆情的走向。对其内容的抽取和分析，有助于各个相关部门，尤其是政府，对民意的了解以及后续的疏导。同时，也能及时发现负面舆情与不实舆情。及时发现、及时应对可以在很大程度上保证个人、企业甚至政府的形象以及利益。

大数据作为网络舆情的特性之一，以人工进行处理所耗费的时间是难以估量的。每天对海量数据进行人工处理，会造成大量的数据堆积，久而久之会对后续研究的准确性造成很大的影响。所以采用大数据技术对数据进行处理分析是相当有必要的。

如今，作为大数据重要标签之一的 Hadoop，无论在学术界还是在业界，已经被广泛使用。包括 Google、雅虎、亚马逊、IBM、微软、百度、新浪、淘宝等大型企业都在采用 Hadoop 及时来应对海量数据的处理。

国内很多院校投入 Hadoop 的研究中，如北京交通大学的徐东研究了“基于 Hadoop 的云教学资源平台”，电子科技大学的唐真研究了“基于 Hadoop 的推荐系统”，中国人民公安大学的陈彦周和曹金璇研究了“基于 Hadoop 的微博舆情监控系统”，北京邮电大学的姜锋研究了“基于 Hadoop 平台的海量数据处理”。国外企业 Buzzlogic 数据分析公司的“Buzzlogic Insights”服务提供了针对营销业的舆情监控，对产品质量进行了监控。Radian6 软件则是对互联网上流通的图片、视频、论坛、博客等进行舆情监控并提供分析报告。

4.2 网络舆情的概念

舆论是指在一定社会活动范畴中，减少个人差异意见、映射社会感知的人数量占大多数的群体对公众热门事件不自觉地产生的统一的看法。同时舆论在不一样的时间周期中也存在独有的特征。

与舆论不同，舆情是指在一定的时间和社会空间内，围绕中介性社会事件的发生、发展和变化，民众个人以及社会群体构成的公众，因为自身利益等关系而对社会管理者及其政策所产生和持有的多种情绪、意愿、态度和意见交错的总和。网络舆情的概念是建立在舆情的概念之上的，因此需要将舆情的概念理解清楚。网络舆情的概念就是将舆情的概念建立在网络的基础上。网络舆情就是指在某一个事件发生后的一段时间，互联网上关于这件事情引起的各种情绪以及评价。所以说网络舆情的基础是真实发生的事件，而网络舆情只不过是个体发表在网上关于舆情的一系列态度。伴随着互联网时代的脚步，互联网已经应用得越来越普及了。网络舆情也逐渐成为生活中的主要舆情传播方式。网络舆情也为现实生活中个体之间信息传播提供了途径。需要注意的是，首先，舆情不同于舆论，舆情可以创造好的或者坏的舆论，舆情是人们对突发事件好的坏的看法的集合。还有，网络舆情比舆情有着更大的影响力，舆情传播慢，传播面窄，而网络舆情更加迅速强大。如图 4–1 所示为舆情、舆论的区别与联系的韦恩图。

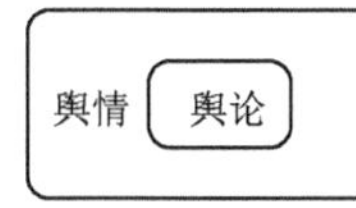

图 4–1　舆情、舆论的区别与联系的韦恩图

4.3 网络舆情的构成要素

网络舆情的构成要素就是指实现网络上个体表达自己态度、情绪，形成网络舆情传播所需要的几个部分。网络舆情包含以下五个要素。

（1）主体是网民。

网络舆情的主体是网民，随着我国互联网越来越普及，网民数量也越来越多。现在网络上比较活跃的大部分是年轻人，对于热点事件有着自己的观点和态度，这对形成网络舆情有着很重要的影响。但是网络舆情的态度根据个体不同而不同，网络舆情的态度不能决定广大群众的态度。

（2）客体是公共事务。

公共事务一般是指具有刺激性的重大事件，正是因为这样的重大事件的发生，才导致网络舆情的产生。所以网络舆情的课题是公共事务，当某一公共事务产生，都会产生一系列不同态度的网络舆情的集合。

（3）源头是时空因素。

时间和空间是网络舆情传播的维度。在公共事务产生后，这个事件会刺激产生一大部分网络舆情。有些网络舆情受到很多关注，就会传播很长时间，拥有很广泛的群体，从而会引起社会性事件。而有些网络舆情的关注度持续不了那么长的时间，也没有那么广泛，慢慢就会退出人们的视线。

（4）本体是内容。

网络舆情的本体是它的内容，内容就是某件事发生后网络上的用户对于这个事件的看法、态度以及自己的观点。人们关注网络舆情都是关注它的内容，根据内容再传播出不同的网络舆情。

（5）载体是技术支持。

网络舆情的传播需要依靠载体来进行，随着技术的进步，这些载体越来越丰富，越来越完善。现在生活中的载体包括百度、维基百科、新浪、微博、博客、微信平台等载体。正是由于这些载体平台的存在，网络舆情才能顺利传播，实现时间空间的扩展，对未来事件产生影响。

4.4 网络舆情的特点

网络舆情不同于社会舆情，它以互联网为基本载体，有着很多特别的特点。

（1）多元化与可控性。

网络舆情多元化体现在很多方面。首先是网络舆情的事件多元化，很多突发性事件都可能在互联网上形成网络舆情。其次，网络舆情与社会舆情不同，网络舆情传播方式多元化，可以通过各种不同媒介进行传播，更加广泛。最后，在网络上传播网络舆情的个体需求与利益各不相同，因此他们对于网络舆情的态度也是多元化的。网络舆情虽然是多元化的，但是同时具有可控性。网络舆情不是可以传播任何消极反社会的信息，而是在一定道德范围内实现多元化。

（2）突发性与非理性。

网络舆情是根据突发事件产生的，具有突发性。比如，某天晚上国家公布了一项调控政策。此时网络上就会有不同网友针对这项突发性政策发表自己的观点，一段时间内，网络舆情会爆发式增长。此外，网络舆情是具有非理性因素的，因为突发性事件会对不同群体产生不同的影响，或许在损失一部分人利益时也会对一些人产生帮助，而这时候就会有一些偏激的人产生非理性的态度，形成非理性的网络舆情。所以网络舆情需要倍受关注，需要正确引导和控制。

（3）即时性与交互性。

互联网时代，网络舆情与社会舆情的不同就在于网络舆情可以实现即时传播。当事件爆发后，一系列网络舆情就会瞬间产生在互联网上。并且网络舆情是交互传播的，发布者也可以作为传播者来传播网络舆情。

（4）个性化与群体极端化。

网络舆情的内容特点就是个性化与群体极端化。由于是网友的各种不同看法产生的网络舆情，其态度会过于主观。而网络舆情可以匿名发表，更会让网民摆脱身份的束缚发表观点。即使网络舆情并不能完全实现匿名，但是网友还是会更大程度上表达自己的观点，极具个性化甚至形成一部分极端群体会对社会舆论产生影响进而影响实际生活。

4.5 网络舆情的作用

在现在这个时代，互联网普及度已经非常高了。网络舆情在社会生活中发挥着不可替代的作用，并且通过控制与引导可以发挥积极作用。

（1）下情上达功能。

网络舆情在传达民意方面有着不可替代的作用。通过互联网，百姓可以针对一个突发事件给百姓带来的影响通过网络舆情的方式传递给更多人看到，引起政府关注。

（2）为企业、政府提供辅助决策。

当突发事件发生后，不同受益群体可能会有不同的观点立场。网络舆情综合了网民对于事件的看法，一定程度上反映了百姓的看法。政府可以通过收集网络舆情的方法来采集民意，根据大部分群众的观点，考虑广大人民的利益，来发布更加适应人民群众的行政指令。这样政府利用网络舆情可以最大化地服务人民群众。

（3）加强社会舆论监督。

舆论监督作用也是网络舆情重要作用之一。当发生某一事件时，网络舆情可以最大化反映群众的观点看法，某些模糊的事件，通过网络舆情的监督，可以让事件更加真实、公正。我们对网络舆情要进行正确的引导，这样网络舆情才可以发挥最大作用，促进信息的公平、公正、公开。

4.6 网络舆情演化过程与监控预警

互联网环境下，自信度高的少数派应用自媒体平台发表与主流媒体报道舆论相悖的观点，自主性明显突出，这样往往会诱发受众的逆向思维。

从定性方面分析舆情演化，虽能为网络舆情传导演化的分析提供有利的论据，然而这个方法主观性过强，并且在网络舆情的演化形势预测分析方面，缺乏事实的证明。这里必须应用大数据和仿真建模等不同的科学研究方法以定量的方式对舆情演化进行分析，使舆情的传导方式更加清晰。

在构建突发事件网络舆情分析的预警指标问题上，有学者想到在建立有预报警告机制的舆情指标体系时要树立以真实可靠为前提的指导原则。随后要考虑的问题包括：① 网监部门方便使用；② 这个进行预报警告提示机制的模型面对突发事件时能快速响应；③ 既然有预报机制，就要能够显示出网络舆情实时与将来的变化方式；④ 最高要求就是能自动筛选出分析因素更新并且平稳运行。

4.7 相关理论基础综述

4.7.1 复杂网络理论

网络包括两个基本要素：节点和节点之间的连线。现实世界中的系统具有特定的功能和结构，它由若干部分结合而成，这些部分之间相互作用且相互依赖。假如将系统的各个组成部分视为节点，根据各组成部分之间的连接关系构建节点之间的连线，那么就可以用网络来描述所研究的系统。复杂网络是自然界大量真实系统的高度抽象和概括，还没有严格的定义，但是根据国内外对复杂网络的研究，可以归纳出其所具有的以下 3 个突出特征：

第一，复杂网络的网络规模大、网络行为有统计意义；

第二，复杂网络既不是完全规则也不是完全随机，而是具有自组织性；

第三，复杂网络随着时间和空间不断演化。

1. 复杂网络模型

国际科学界对复杂网络研究的热潮出现在 Duncan Watts 和 Steven Strogatz（1998）提出小世界（Small World）网络以及 Albert-Laszlo Barabási 和 Reka Albert（1999）提出无标度（Scale-free）网络后，促使复杂网络的建模及理论

分析方面的研究迅速蔓延且实证研究范围也不断扩大。

（1）小世界模型。

Duncan Watts 和 Steven Strogatz 提出了小世界模型（Watts–Strogatz Model）的概念，他们借鉴了随机网络和规则网络的思想，并认为小世界网络同时具备平均路径长度低和整体聚类系数高的特性。该网络构建的原理是：

① 规则网络的构建。构建一个含有 n 个节点的网络，网络中每个节点都有 k 个初始的邻居。

② 随机化。以概率 p [$(p \in (0,\ 1))$] 打乱网络中节点的连接，但是节点与自身不可以连接，且任意两个节点之间最多只可以连接一条边。同时给出了规则网络对应 p 取 0 的情况，随机网络对应 p 取 1 的情况。图 4–2 描述了其构建过程。

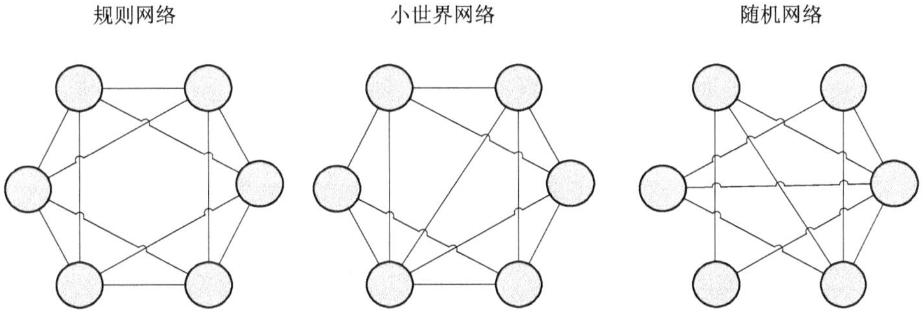

图 4–2　小世界网络的构建过程

广为人知的“六度分隔理论”是对小世界现象的一种描述，无论你与一个人是否相识，最多经过六个人你俩之间就会建立起联系。小世界网络所描述的网络表现出一种有趣的现象：网络中的节点大都不相连，可是大部分节点之间的距离却只有几步之远。真实世界中有许多网络表现出小世界的特点，如 Newman、Strogatz、Watts（2001）通过对电影合作网络的研究发现电影合作网络的平均路径长度为 3.65，与网络规模和网络平均度相同的随机网络的平均路径长度接近，而聚类系数却是该随机网络的 100 倍。

（2）无标度网络。

现实世界中的很多事物都有一定的规律性，如人类的身高，大部分同龄同性别的人的身高都在某一值附近，即呈现出正态分布。而在无标度网络中，大部分节点的度值不高，但是有极少数度值极高的节点，节点的度值服从幂律分布，即 $p(k)\propto k^{-\gamma}$。Albert-Laszlo Barabási 和 Reka Albert（1999）对万维网进行了研究，发现基于超链接而构造的万维网网络没有像随机网络一样的均匀的度分布，80% 以上的网页的链接数少于 4，极少数网页的链接很大，并提出了构造无标度网络的 BA 模型，具体构建原理如下：

① 设定增长规则。对含有 n_0 个节点但节点之间没有连接的初始网络，每步添加一个新节点，规则是新节点与原有网络的 n（$n\leqslant n_0$）个节点连接起来。

② 选择连接偏好。新添加的节点与原有网络中度值为 k_i 的节点连接的概率为：

$$p_i=\frac{k_j}{\sum_i k_i} \tag{4-1}$$

现实生活中的很多网络如信息网、生物网等都表现出无标度特性。Serrano 和 Boguná（2003）研究世界贸易网，发现其具备小世界和无标度两个特性。

2. 复杂网络拓扑结构统计指标

网络的拓扑性质是指网络具有的不依赖于节点的位置和边的形态的性质，其所对应的结构即为网络的拓扑结构。复杂网络的拓扑结构可以通过一些统计指标刻画，根据学者的研究，下面对测量复杂网络拓扑结构常用的统计指标进行介绍。下面的公式仅是对无权复杂网络而言的，对从有权网络衍生出来的统计指标，如节点强度及其分布、加权的聚类系数等统计指标的计算公式将会根据使用情况在后文给出。

（1）中心性（Centrality）指标。

中心性指标分节点水平的中心性和网络水平的中心性，节点水平的中心性描述的是一个节点在网络中的重要程度，而网络水平的中心性衡量的是一个网络的整体整合度，综合考虑了网络中各个节点的中心性，即 $C(G)=\sum_i(\max_j c_j-c_i)$，$c_i$ 为节点的中心性值。

① 点度中心性（Degree Centrality）。点度中心性描述了网络中节点的关联关系。在无向网络中，节点的度值表示与一个节点直接连接的边的数量。因为在有

向网络中节点的连接是有指入和指出之分的，所以有向网络中的节点的度分为入度和出度，入度和出度的加和即为总度，即$k_i=k_i^{in}+k_i^{out}$，而一个网络的平均度为该网络的所有节点的度值求平均。

② 亲密中心性（Closeness Centrality）。亲密中心性衡量了节点不受网络中其他节点控制的程度。网络中的节点离其他节点越近，节点在网络的信息传播过程中对他人的依赖越小；相反，如果节点与其他节点的距离很远，则它必须依赖更多人实现信息的传播。下面的公式给出了网络中节点亲密中心性的具体定义：

$$C_i(i)=\frac{1}{\sum_{ji} d_{ji}} \tag{4-2}$$

其中，d_{ji} 为两个节点之间的距离。

③ 介数中心性（Betweenness Centrality）。节点的介数中心性刻画了节点在网络中的影响力。节点 i 的介数中心性测量了连接节点 j 和节点 k 的最短路径中经过节点 i 的最短路径数与连接节点 j 和节点 k 的最短路径的总数之比，即：

$$C_b(i)=\sum_{j\neq k}\frac{n_{jk}(i)}{n_{jk}} \tag{4-3}$$

根据节点介数中心性的定义，信息传播过程中负载最重的节点处于网络的重要位置，连接了较多的最短路径，控制其他节点间信息交互的能力较强。

④ 特征值中心性（Eigenvalue Centrality）。特征值中心性不仅考虑到节点的邻居节点的数量，还考虑了节点的邻居节点的质量，权值高的节点对其所指向的节点的贡献要高于权值低的节点，所以将节点度的质量和数量综合起来来评价节点在网络中的重要程度才更加合理。下面给出了节点特征值中心性的具体定义。

假设网络的邻接矩阵为 $\boldsymbol{A}$，其中元素 $a_{ij}=0$ 表示节点 i 和 j 之间不连接，$a_{ij}=1$ 表示节点 i 和 j 连接，λ 为邻接矩阵的最大特征值，且最大特征值所对应的特征向量为 $\boldsymbol{E}(e_1, e_2, \cdots, e_n)$，则节点 i 的特征值中心性为：

$$C_e(i)=\lambda^{-1}\sum_{j=1}^{n}a_{ij}e_j \tag{4-4}$$

（2）度分布（Degree Distributions）。

度分布是表征一个网络最基本的拓扑特征的指标，描绘的是不同度值的节点占网络节点总数的比值，也就是不同度值的节点在网络中出现的频率。对于有向网络通常因为实际含义的不同要将入度和出度分布区别开来。一般情况下，按照公式（4-5）计算用节点度的累积度分布。

$$P_k(K>k)=\sum_{m>k}^{\infty}p(m) \tag{4-5}$$

对大量自然界中的网络的测量结果显示，网络中节点的度一般呈现幂律分布（Power-law），其在双对数坐标下表现为直线关系。

（3）聚类系数（Clustering Coefficient）。

聚类系数是衡量社会网络聚集程度的重要指标，如果节点 i 与节点 j 和节点 k 有连接，那么很有可能 j 和 k 之间也有连接，即一个节点的朋友之间也具有朋友关系。聚类系数的具体定义如下：如果网络中的节点 i 有 k_i 个邻居节点，则这 k_i 个邻居节点之间在无向网络中最多有 $k_i(k_i-1)/2$ 条边，在有向网络中最多有 $k_i(k_i-1)$ 条边，假设实际上这 k_i 个邻居节点之间共有 E_i 条边相连，则实际边数与最多边数的比例即为节点 i 的聚类系数 C_i，无向和有向网络节点 i 的聚类系数 C_i 分别为：

$$C_i=\frac{E_i}{k_i(k_i-1)/2} \tag{4-6}$$

$$C_i=\frac{E_i}{k_i(k_i-1)} \tag{4-7}$$

聚类系数包括局部聚类系数和整体聚类系数两类，局部聚类系数测量的是网络中单个节点的聚集程度，而整体聚类系数是一个网络整体的聚集程度的评估，衡量了整个网络节点聚类系数的平均水平，即

$$C=\frac{1}{n}\sum_{i=1}^{n}C_i \tag{4-8}$$

其中，n 为网络中节点总数。

（4）平均路径长度（Average Path Length）和直径（Diameter）。

从网络中的一个节点出发到目标节点所经过的路径，称为两点间的路径，其

中路径长度最短的称为两点间的距离。网络的直径（Diameter）代表了网络中所有节点对之间距离的最大值，而网络中所有节点对之间距离的平均值即为平均路径长度（Average Path Length）。如果网络的节点数为 n，网络中节点 i 和节点 j 之间的距离为 d_{ij}，则无向网络的平均路径长度 l 可以表示为：

$$l=\frac{1}{n(n-1)/2}\sum_{i>j}d_{ij} \tag{4-9}$$

在有向网络中，节点 i 和节点 j 的距离 d_{ij} 与节点 j 和节点 i 之间的距离 d_{ji} 含义是不同的，则公式修改为：

$$l=\frac{1}{n(n-1)}\sum_{i\neq j}d_{ij} \tag{4-10}$$

（5）密度（Density）。

密度反映了网络中节点对联系的密切水平，定义如下：假设网络的节点总数为 n，节点之间共有 e 条边，则它与同等节点数量的完全图之间的边的差异性即为网络的密度。无向网络的密度表示如下：

$$d=\frac{e}{n(n-1)/2} \tag{4-11}$$

在有向网络中，节点 i 和节点 j 之间的边有方向之分，则有向网络的密度为：

$$d=\frac{e}{n(n-1)} \tag{4-12}$$

4.7.2 群体行为理论

目前，学者们基本是从心理学角度和工程角度来研究群体行为的，通过理论分析和建立动态群体动力学模型的方法来解决群体行为的相关问题。在研究过程中，通常假设群体分布是均匀的，群体中个体的相互作用也是均匀的；但现实生活的人际关系网络或系统，群体分布并不是均匀的，成员个体及其行为互动也可能是非理性的，所以在对群体行为研究过程中，我们不仅仅要分析群体的宏观行为表现，更为重要的是也要对群体中个体的行为表现方式进行分析，以便准确了解群体行为的形成、发展与变化。

1. 群体行为的形成与特征

Blumer 的符号互动理论认为，群体行为是通过个体协调合作产生的，群体中所有潜在成员都会参与这个过程，这是一个“循环反应”的过程。在群体中，成员的相互促进和相互作用的反应会刺激另一个人，这个人会根据刺激的程度进行反射，并在群体成员中相互传染和相互影响，形成群体行为。Turner 和 Killian 根据紧急规范理论认为，群体成员是互相模仿的，在模仿中创造了新的规范，集群行为是成员的决策过程。所以，Berk 认为群体行为是基于决策理论的，根据决策理论，每一个人总是试图最大化奖励，最小化成本，群体行为也不例外。从博弈的角度来看，群体中每个人都有一定的利益导向性，在行为选择中会采用极大极小策略，更多的参与者会参加群体行动，而不会选择个别行动；通常由于个人获取信息的有限性和对信息分析能力的有限性，个人的决策往往会参考或依照他人的决策而形成，即个人的付出是别人行为的一个函数，因此，每个人都会选择多数人的行动，使得群体行为有一定的相似性。

学者们提出了许多模型研究群体行为的形成，这些模型有两个基本特性：一是个体单元（如粒子、鱼、鸟等）在特定空间里的相互作用；二是群体特性的出现来源于个体之间的相互作用。基于个体单位的聚集而形成的群体行为具有全局性，成员之间存在相互作用，群体行为并不是在一个孤立的个体单元里能够观察到的行为或特性；这点互动是在有限空间里进行的。因此群体行为可被认为是自组织概念的一个例子，群体行为的出现不需要集中控制或约束，它是个体行为相互作用产生的结果。

在中国，群体行为的形成与特性往往与群体性事件相结合，魏玫长等（2011）通过对我国近年来发生的 40 例群体性事件进行总结分析发现，群体性事件的形成会分成形成阶段、强化阶段、执行阶段和解体阶段等四个阶段；同时，群体行为是非正式的，具有一定的诱导性，并且是短期行为，且有较大的随意性和非固定性，所以会对社会秩序产生一定的负面影响。群体行为是由目标、组织、人员等基本要素组成的，同时群体行为的形成具有一定的自发性和自组织性，无序中又有一定的秩序，在不稳定中会形成稳定的元素。关于群体行为的形成与内涵等基础研究，学术界基本上达成一致，对于其形成过程、形成阶段和基本特性都有共识，所以本书的研究是基于这些共识进行的应用化研究。

2. 群体成员的互动与行为选择

吕传笑等在对个体行为进行分析的基础上，通过研究群体类型与群体互动对个体行为的影响，探讨了个体行为与群体行为之间的关系。根据社会比较理论，在群体中，当个体缺乏对信息判断能力时，便会对群体中其他个体的意见进行评价，比较倾向于那些有意见、有能力或者与他们相似的人的观点和意见，然后再试图纠正差异，这样就能够较好解释群体行为的形成和群体成员之间的相互作用。群体行为形成主要经历两个过程：模仿和传染。Festinger 认为，在群体中，“对自我评价的驱力是一个人想要属于一个团体并想与他人交往的压力的存在。人们倾向于移动到一个群体，听取他们的判断和意见，并吸取他人的判断与意见，与他人的观点与态度保持一致”，个人自我评价的高低有一部分来自群体认同，所以个人与他们沟通、联系和交往，趋于倾向群体，他们的观点也更加倾向于那些容易得到他人认同的观点，这就使成员之间存在行为的模仿；另外，人们需要适应他人的行为，“在一个群体中意见和能力差异的存在会导致部分成员采取行动减少差异”，这就是群体中成员行为相互传染的过程。在任何一个群体中，个体不是静止不动的，他们会通过沟通与交流等多样化方式相互作用，最终形成群体行为。

除了将复杂网络理论与群体行为的研究相结合外，一些学者还将理论与实践相结合，研究群体行为的互动机制与成员的行为选择过程。田野通过在微博中抓取“小悦悦事件”的相关信息，从事件关注度趋势和情感趋势两个方面详细分析了微博群体事件形成与发展的过程，并建立回归方程模型，对微博群体事件的发生趋势也有了初步的了解。余凤霞运用元胞自动机仿真企业中员工行为的形成，认为不同类型员工的忠诚度和凝聚力有较大不同，在进入企业初期可能会有较大波动，但随时间的不断推进，各项数据趋向稳定。总而言之，行为选择是一个复杂的课题，在社会网络中群体有很多的行为选择，涉及群体仿真，以及在时间和空间上多尺度相互作用的影响。这些社会行为选择的过程可以被看作是达尔文进化论的过程，因为这其中存在复制和变异机制。因为在整个系统或网络中，群体根据一定的规则形成，随着社会环境、个体特性和与他人的互动形成多样化的群体行为，这些行为又会随着时间的变化而不断变化。

4.7.3 用户影响力评价理论

用户影响力实质是对不同用户之间相互作用的测量，代表了用户直接或间接改变他人的思想或行动的能力。Haewoon Kwak、Changhyun Lee、Hosung Park 和 Sue Moon 按照跟随者的数量、Page Rank 值和用户发布微博的转发数对 Twitter 上的用户进行排名，并比较了用 3 种方法得到的排名在前 20 的用户，发现利用用户发布微博的转发数得到的排序结果与其他两种方法有很大差异，而利用跟随者的数量和 Page Rank 值得到的排名却相似，这说明从不同的角度出发去评论用户的影响力会得到不同的结论。鉴于此，本书将从用户自身属性和社会网络拓扑结构两个方面展开对用户影响力的评价。

在社会网络结构方面，中心性分析是一个重点，节点的中心度衡量了一个节点处于网络中心的程度，根据计算方法的不同，节点中心度主要分为点度中心度（Degree Centrality）、亲密中心度（Closeness Centrality）、介数中心度（Betweenness Centrality）和特征值中心度（Eigenvalue Centrality）四种。点度中心度描述了节点在网络中的自身交互能力；亲密中心度测量的是节点不受网络中其他节点操控的能力；介数中心度衡量了节点控制网络中的其他节点的能力，描述了其在多大程度上处于其他节点对之间的信息交互路径上；特征值中心度刻画了一个节点与中心性高的节点相连接的程度。一般应综合运用不同的中心性指标对网络中的单个节点进行评价。苑卫国、刘云、程军军和熊菲（2012）基于传染病学中的 SIR 模型选择具有不同中心性指标的节点作为初始信息传播节点进行仿真实验，发现信息传播的速度和范围是有差异的，紧密度较其他指标识别信息传播中有影响力节点的准确性更高。用户发布的信息所形成的信息扩散级联是测量用户影响力的重要依据，事实上不同类型的用户发布的信息会生成不同模式的信息扩散级联，但是现有的研究均是从宏观角度对信息扩散级联的规模进行探讨，从微观角度对用户影响力评价的研究还比较少。Eytan Bakshy 和 Jake M. Hofman（2011）利用衰减树综合考虑用户发布信息的扩散级联的规模及用户的个人属性特征（包括用户的粉丝数、关注数、微博数和注册时间）对用户未来的影响力进行了预测。

4.7.4 社会网络理论

社会网络（Social Network）是指社会个体成员之间因互动而形成的相对稳定的关系体系，即将“网络”视为联结行动者的一系列社会关系，关注个体间的联系而非个体本身。随着近年来在线社会网络的不断发展，社会网络在不同领域的应用研究开始受到学者们的重视，其概念已超越了人际关系的范畴。

社会网络分析（Social Network Analysis）是研究一组行动者之间关系的研究方法，通过研究行动者间的关系模式所反映出的现象或数据是网络分析的焦点。在社会网络分析中，如同古典社会关系网图一样，个人和群体代表点，他们的社会关系代表线，不仅考虑个体特征，而且注重研究个体间的关系。

传统的传播模型大都是基于规则网络的，但是基于复杂网络理论的社会化网络与之前的模型有差异，不基于规则网络。学者对社交网络的拓扑结构研究发现其拓扑结构具有度分布、聚类系数等特征。同时，胡海波经过社会网络研究发现网络具有无标度、小世界等特性，符合现实生活中度的分布。近年来社会化网络一直是研究热点，专家学者主要从社区结构（如杨阳等）和用户行为分析（如杨善林）两个方面进行研究。

社会网络两种主要的表征方式：图论法和矩阵法，其中利用图论为基础的图形表达法是最直观有效的表现网络结构的方法。下面将从社会网络分析的基本概念和特征两方面进行介绍。

1. 基本概念

首先，介绍社会网络分析的基本概念。

（1）点（行动者）：社会网络中的个体。节点集合 $N=\{n_1, n_2, \cdots, n_n\}$，网络中所有节点数和边数表示舆情热度。

（2）度：本节点与其他节点的连线个数。在有向图中，入度为指向该节点的边数，出度为从该节点出发的边数。如图 4–3 所示，节点 2 的度为 3，入度为 1，出度为 2。

（3）距离：连接两个点的最短路径的长度。网络平均最短路径为所有节点最短路径长度的平均值，表示沟通的难易程度。

（4）密度：网络中所有节点彼此信息交流传播的紧密程度，即为互动紧密程度。

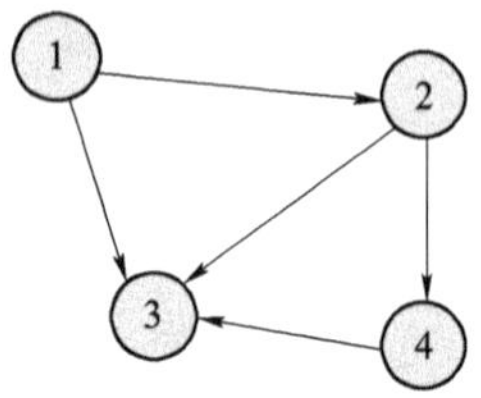

图 4-3　有向图

（5）簇系数：表示网络的社团化程度，即对于中心的趋近程度，是目标节点与其所有相邻节点间连边数目占最大连边数的比值；网络簇系数即为全部节点簇系数的平均值。

根据权值和方向对网络图进行分类，可分为四类：无向无权、无向有权、有向无权、有向有权。如图 4-4 ~ 图 4-7 所示。

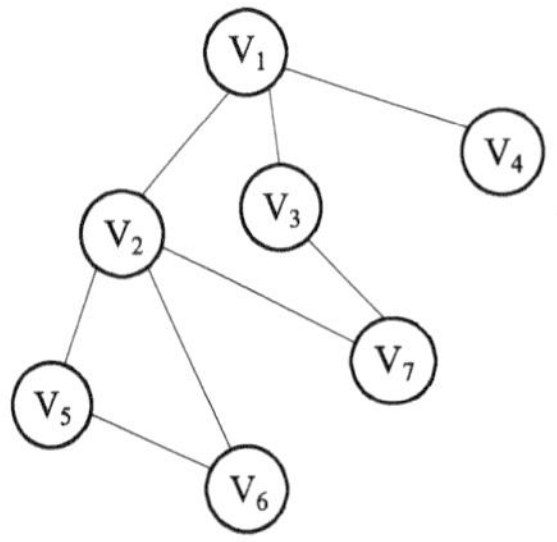

图 4-4　无向无权图

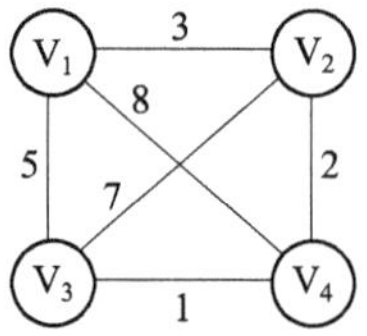

图 4-5　无向有权图

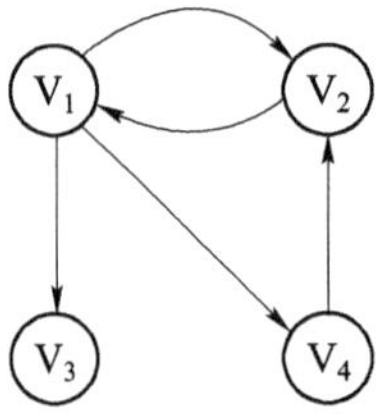

图 4-6　有向无权图

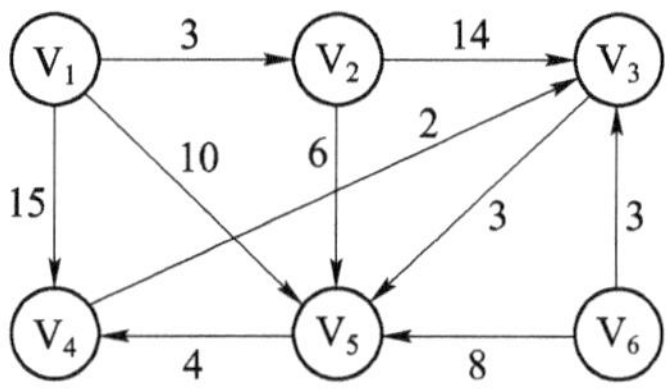

图 4-7　有向有权图

2. 社会网络特征

下面，对社会化网络的特征分析进行说明。

（1）稠化幂律：随着时间的推移，网络会变得越来越稠密，如下公式：

$$e(t) \propto n(t)^{a} \tag{4-13}$$

其中，$e(t)$ 为 t 时刻的边数，$n(t)$ 为节点数，指数 a 的取值范围为 [1，2]，

a=2 时则表示图非常稠密。

（2）收缩直径：有效直径随网络增长而减小。当节点代表某网络平台时，有向边表示从该网站到另一网站的连接，只有节点的指出方向在图中“冻结”时，别的连接才会起到桥梁的作用，导致各个节点之间的距离缩小。

4.8 本章小结

本章首先介绍了网络舆情的概念、构成要素、特点和作用等，并建立了网络舆情的相关理论框架，然后展开讨论了社会网络分析中所涉及的复杂网络的理论知识、信息传播中所涵盖的信息扩散理论以及用户影响力评价方面的理论。首先分析了复杂网络的小世界特征和无标度特性，并给出了常见网络拓扑指标的具体含义和计算公式；然后对信息扩散经典的理论模型进行了阐释，并总结了现有研究在信息扩散级联方面的进展，最后讨论了用户影响力评价方面常用的一些方法。本书所涉及的网络舆情是基于微博这一平台的网络舆情，在下一章将重点介绍微博的相关知识。

5 微博及其解释结构模型的构建

微博（MicroBlog）是基于用户关系的信息分享、传播以及获取的平台。其兴起不过数年的时间，却迅速风靡开来。随着新浪、腾讯、搜狐、网易和人民网等大型门户网站纷纷开通微博服务，微博走入更多普通大众的生活，影响力越来越大。虽然时间较短，但微博以其新颖的特性和强大的吸引力，一经出现就受到嗅觉敏锐的媒体人的关注。微博以其强大便捷的信息发布能力和传播的快速已经成为舆论的主战场之一。从 2009 年开始，更多的学界和业界的研究者开始把目光投向微博。而网络舆论基于微博这一新媒体平台，也逐步形成新的生成机制，产生更为广泛的影响。

话题作为微博中一种特有的文字形式，通过简单的“#”符号将一段文字所关注的内容进行高度的概括，并迅速将关注相同内容的用户聚集在一起。当某事件突然发生并发酵时，其相关话题数也会进行相应的激增。故话题的热度能较好地体现舆情的关注点，其相关分析也将对舆情分析的相关部门起到很大的数据支持。

据 2016 年新浪微博发布的第三季度财报中显示，截止到 2016 年 9 月 30 日，微博月活跃人数已达到 2.97 亿，较 2015 年同期相比增长 34%。由于新浪微博在我国发展迅速且用户影响力广泛，本书将以此作为研究对象。

5.1 微博的文本特性

新浪微博文本的主要承载形式是短文本，每条博文上限 140 个字符，与传统正式文本相比，主要有以下几点特性。

（1）碎片化，数据稀疏。

微博最大的特点在于“微”，因为受到字数的限制，呈现内容简化和发布门槛低的特点，在很大程度上激发了用户发博的数量和频率。这种无须写作技巧，用三言两语记录生活和表达心情的方式，使得文本内容呈碎片化，在文本处理过程中出现数据稀疏的问题。

（2）不规范性。

微博的文本内容多为口语化表达，经常会出现缩写和拼写错误，并掺杂表情符号、网络词语和 URL 等内容，如图 5-1 所示。

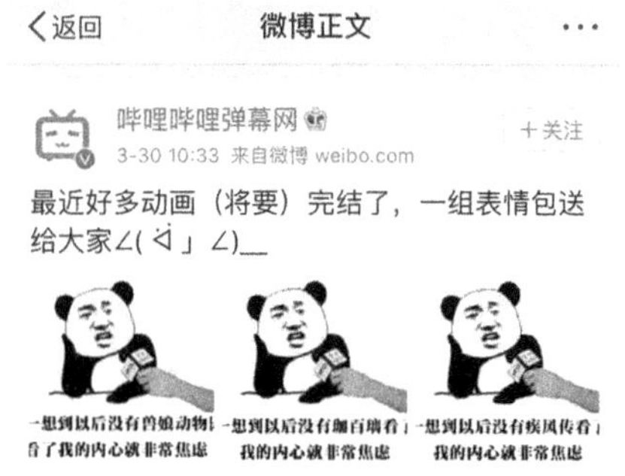

图 5-1　新浪微博文本“不规范”实例

（3）实时性。

由于微博的简短和形式自由，通常几句话、一张图或一个视频就可以发布，且无须审批。微博强大的号召力也体现在其“随时随地”的特性上，快速发展的网络技术在终端手机上的应用，使任何新闻或事件都可能在微博上成为热门话题，在短时间内产生大量数据。

（4）交互性。

微博中的交互方式主要为“转发”“回复”和“赞”，这些行为也产生大量的微博信息。由此形成的微博信息具有丰富的语境，使博文常出现代指和内容省略，并存在很多无关字符，给情感要素的抽取带来困难。

（5）海量数据。

微博中每日出现的海量博文会不断涌现网络新词，其中承载着网民丰富主观情感的新词，对于进行微博情感倾向性分析起着重大作用。同时，新词的不规范和无规则性也使情感词典的更新和扩充存在难度。

5.2 微博文本的特征分析

在对微博文本的特性进行分析后，下文将对几种常见的微博文本特征进行分类，为后续章节所研究的情感分类特征选择提供理论基础。

（1）表情符号特征。

图 5-2 为新浪微博所提供的表情符号，可以比较直接、形象地表达情感，在一条微博中可能会出现一个或多个表情。其在文本中的形式为【感情词】，如表情符号“”在微博的文本中表现为“【坏笑】”。

图 5-2　新浪微博表情符号

（2）标点符号。

除规范使用的方法外，用户在微博中经常通过叠加使用来表达强烈的感情，如“坑爹啊！！”“怎么能这样？？！！”。

（3）微博新词。

微博新词通常来源于热门网络用语、影视小说及热门社会现象，大多口语化且带有突出强烈的情感倾向，如“萌萌哒”“么么哒”“坑爹”等，将它们识别出来会显著提高情感分类的效果。

（4）否定词。

否定词表示情感的反转，与情感词结合时会改变情感倾向，而微博中可能会用到不同数量的表示否定含义的词语，所以否定词的出现频度以及数量对后继分析很有意义。

（5）程度副词。

这类词和情感词结合时表达对情感的增强或减弱（即为情感强度），因此程度副词也是重要因素之一。

（6）连词。

连词通过改变逻辑来影响博文的情感倾向，对我们全面客观地分析文本起着重要作用。例如，存在转折关系的语句，重点在转折词后面的内容；包含因果关系的语句，重点则在结果。

5.3 微博用户群体行为的解释结构模型

微博作为一个重要的信息集散地，在网络群体性事件发生过程中起到一定的助燃与阻燃作用，它会促进微博用户群体行为的出现与发展，同时也能够有效引导群体行为的发展，使其向有利于社会稳定的方向发展。所以要了解微博用户群体行为的发展状况，必须对引起微博用户群体行为的因素进行全面分析，了解是什么原因促使微博用户群体行为产生与发展，并厘清各个因素之间的关系，这样不仅能够对微博用户群体行为进行有效预测，同时也能够了解影响其扩展的根源，并从源头上减少非理性的群体聚集行为，使微博用户群体行为向着促进社会和谐和网络环境和谐的方向发展。本章在分析影响微博用户群体行为因素的基础上，结合理论与实践，总结影响因素，构建解释结构模型，探讨各个要素之间的关系及其对微博用户群体行为的影响。

5.3.1 影响微博群体行为的因素

斯梅尔瑟的价值累加理论认为，群体行为的产生是由 6 个主要因素促成的：结构性助因、结构性紧张、一般化信念、促发性因素、行动动员和社会控制，在不同的阶段，各个因素的作用力度也是不同的。钱晓蓉在研究网络群体行为的发生与发展过程时认为，网络群体行为的产生是受社会环境、网络信息、社会心理、法制控制等四个方面的要素影响。本书通过对相关理论进行总结，认为影响微博用户群体行为的因素主要集中在 4 个方面：社会环境因素、微博因素、群体因素和个人因素。

1. 社会环境因素

社会环境因素主要指社会政治环境、经济环境、文化环境等，开放民主的社会环境会造就人民较高的民主与权利意识，为微博用户群体行为的形成确立了良好的基础。亨廷顿认为，现代化过程中政治体制发展的滞后会导致社会中的骚乱、暴力等动荡不安局势的出现，是引发许多社会运动和群体行为的最初动因。民主政治的推进、市场经济的开放以及多元文化的发展都极大地拓展了社会公众的视野，给了人们更多的选择机会，在言论表达与行为选择上更具多样化，这种开放、自由、民主的环境在一定程度上加速了人们民主意识的提升，也为群体行为的形成与发展提供了思想和群众基础。

社会矛盾累加是群体行为爆发的根本原因。斯梅尔瑟认为，当社会存在结构性压抑，即任何使人感到压抑的社会状态，如弱势群体受到不公平的待遇等，这些都会让人们借助集群行为来解决问题。集群行为的产生是由一定的社会因素和个人因素共同诱发的，社会的结构性压力和个人需求等共同作用时，可能会引发人们的对抗心理，群体行为便有可能发生，影响社会稳定。当前，社会处于转型发展时期，传统工业社会向现代信息社会转型，国家在政治制度和经济体制方面都有较大的变革。这些变革的发生会导致政府与社会公众之间的利益博弈。

亨廷顿曾提出一个重要理论：假设挫折导致动乱，社会挫折感是“需求形成”与“需求满足”之间的差距所形成的，人们群体行为的形成在很大程度上是由利益无法得到满足引起的。在社会转型时期，社会公众、政府之间存在博弈，涉及利益分配的政策往往无法得到有效推行，因为它涉及公众与利益主体之间利益分配的复杂性与多样化，不可避免地会产生矛盾，而利益主体借助其所拥有的社会地位、权力和财富等方面的优势，竭力影响政策的有效实行，并对社会公众进行打击，这就增加了社会冲突出现的可能性，影响社会公众的利益，促使社会公众聚集，形成群体行为。

2. 微博因素

勒温认为，个体的一切行为是在同一时间、空间下受内外两种因素相互作用的结果，个体行为的变化包括心理活动随其本身与所处环境条件的变化而改变，并提出了著名的场论公式：$B=f(P, E)$，其中B是个体行为，P是个体，E是环境。环境因素是影响微博用户群体行为出现、形成与发展最为重要的因素之一，它直接关系群体行为的走向和群体成员的态度，同时也会在一定程度上促使群体行为的变化。

第一，微博环境开放化。社会燃烧理论认为，在目前的社会状态中，网络是最重要的社会助燃剂，借助便捷的传播方式，可以不受限制地将信息在最广泛的范围里进行扩散，扩大其影响力。虚拟社会强调具象行为模式的灌输，忽视角色固有的社会规范的培养，造成行为方式社会化与角色规范社会化脱节，产生网络失范行为。信息时代，微博的出现给人们提供了便利，但微博环境的开放和自由使人们的行为缺乏一定的规范约束和应有的监督，群体成员容易产生认知偏差，行为随意化，影响群体行为的发展趋势。

第二，多样化和碎片化的信息传播方式。微博相较于其他信息传递方式，最有利之处在于其多样化与碎片化的信息传播方式，使得微博更加受社会公众的追捧与喜爱，同时也为群体行为的产生与发展提供了便利。在微博中，人们能够更方便地获取各种信息、获得帮助，使个人的利益诉求在更广范围里传播，得到社会关注。所以，这种特性也加剧了微博用户群体聚集的速度，促使微博用户群体行为的产生，并为群体信息、群体态度与群体行为的传播提供了便利。

第三，微博的匿名性与集体无责任。在现实社会中，人们参与群体行为需要切实投入其中，是实名的，往往需要承担一定的责任和风险，如参加游行活动或者志愿活动，一旦出现问题，参与群体活动的成员都会被追究责任，所以这种责任使得现实社会中的群体行为相对比较规范、理性，能够较客观地反映事实真相。微博的匿名性让成员不必公布自己的姓名、性别、年龄与职业等各种信息，每个人可以根据自己的需求发布各种信息，有的人甚至忽视法律与道德伦理的规范，发布各种不良信息和虚假信息。因为在微博中，只要不是故意伤害他人利益与权利的，几乎没有必要承担任何责任。所以，微博言论的无责任性使得人们更容易聚集到一起，就一些事情或行为发表观点与言论。有的人非常有责任、理性地表达，有的人是单纯追求刺激、围观看热闹，这就使微博群体行为在形成与发展过程中，理性客观的言论会使微博群体发挥正能量作用，促进各种问题的解决；非理性的暴力言论往往会破坏微博环境，引起不必要的争端。

微博环境的开放性、自由性以及微博用户的活跃度等都会对群体行为的产生与发展有一定影响。哈贝马斯曾经认为，传统大众传媒所建构的舆论实际上是一种精心策划的公共舆论，是公共领域被伪私人化的过程，网络可以被视为建设、重建“公共领域”的曙光。微博带给人们更多参与各种社会事务的机会，信息、观点与行为态度等也更加集中，为社会公众的集中提供了机会和思想基础。同时，微博平台的广泛性与自由性也将许多群体性事件由线下转至线上，这在一定程度上也促使了微博用户群体行为的形成。

3. 群体因素

通过对相关研究成果进行分析发现，群体行为的形成受群体中个体特性、群体结构与环境以及群体互动和相互作用等因素的影响。

第一，群体互动的影响。帕克认为，“群体行为是在公共和集体冲动的影响下发生的个人行为，它是社会互动的结果”。群体行为的形成不是单一个体行为的体现，也不是一成不变的，它会根据其成员相互作用程度的不同而不断变化。

第二，群体模仿与传染。人们的情绪状态是由认知过程、生理状态、环境因素在大脑皮层中整合的结果，而非简单的表现，其中包含复杂的整合过程，所以群体行为是一种从行为出现、叠加到相互传染和互动而形成的集合行为；Aveni在研究群体成员参加橄榄球赛的情况发现，只有四分之一的人在群体中表现的是他们自己，大多数都不是孤立的个人；个人受群体中其他成员和群体环境的影响，个体行为有一定的趋同性。在互动过程中，群体成员之间不断相互作用，模仿他人行为，并对其他成员进行感染，以达到群体行为形成的目的。对于微博用户群体成员来说，受群体结构、群体成员个人能力与知识结构、群体互动方式与深度等的影响，成员行为之间存在相互模仿、传染，进而影响群体行为的形成和表现方式。

第三，社会浮躁心理加剧群体行为的社会认同。在经济快速发展过程中，社会公众的民主意识不断增强，要求更多的参与权利，但是公众心理往往有一定的情绪化和浮躁现象，对各种不公平的现象缺乏耐心，一旦发现不公平事件，尤其是官民矛盾问题，出于社会同情心和心理认同，会以自己的方式对事件信息进行扩散，无形之中也促进了事件的传播，加剧了群体行为的形成。

第四，群体的影响。自然界中存在许多群体行为，如蚁群、昆虫群、鱼群等，都有其自己形成与存在的意义。对于动物来说，个体的保护能力与捕食能力相较于群体较弱，而且所拥有的资源也较少，所以群体的形成在一定程度上可以确保力量的增强和种族的延续。这个道理同样适用于微博用户群体行为的研究。无论是动物，还是人，都愿意生活在一个群体或集体中，因为大多数群体能达到1+1大于2的效果，能通过集体的力量达到事半功倍的效果。所以，基于群体的影响力，人们也倾向于选择聚集，借助群体的影响力完成个人利益诉求的表达和利益的实现。

另外，Goodmann等人在研究群体行为理论时认为，组织中群体的绩效水平和群体行为受群体外部环境、群体成员的能力、群体规模、冲突水平、群体结构以及成员为了遵从群体规范而承受的压力等主要因素影响。由此可知，从宏观上来看，环境、政策、政府与社会要素都是促进群体行为形成的原因，是群体行为形成的土壤；从微观上来看，群体结构、群体成员个性、群体成员互动等加快了群体行为的形成。

4. 个人因素

在勒温关于群体行为的公式里，除了环境因素外，个人因素也是影响群体行为的重要原因。群体是由单独的个体组成的，群体行为的形成、表现方式等都会受到其成员的影响，不同成员的心理与行为会直接导致群体行为的不同。

第一，个人合法利益诉求无法实现。在面对任何一个事件，人都有一定的利益导向性，人们会根据自我主观的理解与认识对客观事物做出符合自身需要的评价，而任何不理性的言论都会影响到网络事件处理的客观性与公平性。伴随着信息时代通信技术和计算机技术的不断发展，传播媒介也逐渐打破了精英阶层的束缚与限制，能够更加开放、自由地表达一些普通社会公众的意志，打破原有的社会状态。因为社会变迁会打破原有的社会平衡，在新的社会规范尚未建立之前，人们面对各种社会变化容易产生不满和怨恨情绪，这种怨恨和剥夺感的产生是群体行为发生的一个必要条件。在开放化的社会中，人们更倾向于表达意见，维护基本的权利。但是在现实中，个别管理部门在信息公开、信息安全、隐私保护等方面有所欠缺，再加上少数政府官员或组织官官相护、权钱勾结、贪污腐败、执法不公、打击公民维权行为等，使得公民利益受损，官民矛盾不断突出，这迫使公民寻求网络的力量解决个人问题，促使微博用户群体行为的出现。

第二，个人心理因素。心理因素是学者们研究群体行为最为关注的主观要素之一。一般来说，个人心理与其行为有直接关系，会直接反映到群体行为中。拉扎勒斯提出的“认知—评价”理论认为，心理情绪是人与环境相互作用的产物。在情绪产生过程中，人们会不断评价外界环境对自身的影响，同时也会不断调节自己对于刺激事件的态度与反应。前文提到微博平台的开放与自由为人们提供了较大的言论发表空间与便利，使人们在微博群体中的行为表现几乎是毫无压力与顾虑的，所以个人心理的表现会更加全面。微博的便利性也伴随着非理性与无知性，过多的信息使得人们无法对信息进行准确的辨别，可能也无法发表合理的言论，使得微博用户群体行为可能表现得非理性或非法，影响正常的网络秩序。

第三，个人与他人的交流。用户通过微博除了获得信息外，最主要的目的是与他人进行人际交流与互动，所以微博中个人与他人进行交流是一种常见行为，这在一定程度上也会影响其心理与行为。通过对群体互动和人际互动的基本理论进行分析可知，个人与他人的交流一方面可以促进信息分享，另一方面也是为了在交流中获得认同，希望自己的信息、观点能够获得他人或群体的认可，能够体现自己的价值，所以，这种交流中必然会存在思想与态度的互动，当人们的观点高度一致时，便可能聚集，形成群体；当个人观点与他人观点存在差异时，个人可能会改变自己态度，与他人保持一致，以期得到他人认同，这就促使群体及群体行为的形成。

综上所述，在微博用户群体行为形成与发展的过程中，社会环境因素、微博因素、群体因素和个人因素等都会成为重要的影响因素，而且在每一个要素中都包括众多的分要素，对微博用户群体行为产生重要的影响。如何能够更好地了解各个要素之间的关系，哪些是影响微博用户群体行为的直接要素，哪些是间接要素，哪些是关键和根本要素，还需要进一步分析与研究。

5.3.2 解释结构模型的确立

解释结构模型（ISM）是复杂网络中的一种建模分析方法，它主要是对要素之间的静态关系进行结构分析，了解各个要素之间的逻辑关系，将复杂的要素系统分为若干子系统，构造一个多级递阶的结构模型。解释结构模型在确立问题的基础上，将一些无序的、离散的、静态的系统，通过讨论和经验分析等多种方式尽可能全面地确立，并选择构成系统的要素，根据要素明细表构思模型，建立邻接矩阵和可达矩阵，对可达矩阵进行分解后，达到确立结构模型的目的，并对结构模型进行解释。

1. 系统要素的界定

贾举认为，内外环境、传播结构、集群心理和公众意见等是影响网络集群行为的四个主要因素。所以在考虑微博用户群体行为的影响因素的过程中，必须对宏观因素和微观因素进行全面分析。微博用户群体行为不仅仅发生在微博平台中，更为重要的是它与现实社会中的各种机制、政策以及事件等都有密切联系。结合上文对影响微博用户群体行为的因素进行分析，我们将整个影响因素看作一个大系统，将每种主要因素视作子系统，所以整个影响因素大系统可以分作社会环境系统、微博系统、群体系统、个人系统这四个子系统，如图 5-3 所示。在每一个子系统里又包含了许多不同的要素。

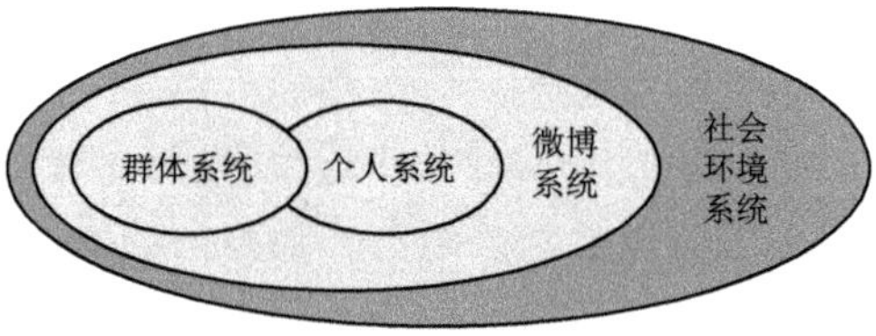

图 5-3　影响微博用户群体行为要素系统的关系

在理论分析的基础上，为了能够获得全面、详细的影响微博用户群体行为系统的各个要素，我们以微博中的群体行为案例为基础进行要素的挖掘与发现，这些案例主要包括微博话题、微博群组、微博群体性事件等，通过对案例分析，力求能够挖掘所有可能会影响微博用户群体行为的要素。通过理论分析收集影响微博用户群体行为的要素，并分析微博中群体性事件的起因及其扩散的原因，全面了解引发微博用户群体行为的要素，并进行总结分析，最终确定 60 个影响要素。通过这两种方法，我们发掘的系统要素如表 5-1 所示。

表 5-1　微博用户群体行为影响系统要素表

类型	序号	具体要素	类型	序号	具体要素
社会环境系统	1	社会问题	社会环境系统	25	传统媒体责任未落到实处
	2	社会不满情绪		26	政策是否科学
	3	人民民主意识提升		27	政策与制度是否健全
	4	多元文化结构		28	法律系统是否完善
	5	社会伦理道德问题		29	社会控制机制强弱
	6	社会诚信		30	公民法律知识健全程度
	7	社会配套机制		31	利益分配均匀程度
	8	社会压力		32	合法利益诉求
	9	社会矛盾	群体系统	33	群体成员失范行为
	10	政府公信力		34	群体成员认知偏差
	11	政府工作机制		35	群众从众心理
	12	政府信息公开程度		36	群体成员的互动与相互作用
	13	公众合法利益诉求		37	群体结构
	14	个别官员贪污腐败		38	群体成员的行为模仿
	15	个别公务人员执法不公		39	群体成员的行为传染
	16	个别公务人员以权谋私		40	群体广泛性
	17	个别公务人员权钱勾结		41	群体自发性
	18	官民矛盾	微博系统	42	微博平台开放自由
	19	政府行为		43	微博平台监管程度
	20	政府办事效率		44	微博门槛低
	21	政府权力		45	微博匿名无责性
	22	社会中介调节组织能力弱	个人系统	46	个人从众心理
	23	非正式信息传递渠道增多		47	个人围观心理
	24	制度化利益诉求平台不通		48	个人心理不完善

续表

类型	序号	具体要素	类型	序号	具体要素
个人系统	49	个人价值观念	个人系统	55	网民理性缺失
	50	个人对群体的依赖		56	缺少真实客观的信息
	51	个人追求刺激心理		57	个人的表现欲望与英雄情结
	52	个人对群体价值的认同		58	个人自我实现的需要
	53	个体之间的交流与互动		59	个人认知水平
	54	网民的忍耐点		60	个人阅历与经验

表 5-1 比较全面地列出了影响微博用户群体行为的各种要素，有宏观要素，也有微观要素。作为定性分析，这种方法比较全面，但在定量分析过程中，一些要素会存在比较难界定或重复界定的情况，会影响下文的分析与运算结果。所以在分析这些要素的特点后，在确保全面与精简的基础上，将部分要素合并归纳，通过归纳总结，得到的影响微博用户群体行为要素如表 5-2 所示。

表 5-2　微博用户群体行为影响要素

序号	具体要素	序号	具体要素
1	社会问题	15	微博平台开放程度
2	社会矛盾	16	微博平台监管程度
3	人民民主意识	17	微博门槛低
4	社会不满情绪	18	微博匿名无责性
5	政府公信力	19	群众从众心理
6	政府行为	20	群体成员的互动与相互作用
7	政府工作机制	21	群体成员的行为模仿
8	政策、法律与制度的健全程度	22	群体成员的行为传染
9	制度化利益诉求平台	23	个人心理不成熟
10	非正式信息传递渠道增多	24	个人价值观念与态度
11	社会利益分配情况	25	缺少真实权威信息
12	公民法律知识健全情况	26	个人知识结构有限
13	社会控制机制强弱	27	个人对群体的依赖
14	合法利益诉求	28	个人对群体价值的认同

通过对表 5-2 分析可知，影响微博用户群体行为的要素主要有四大类：社会环境要素、微博要素、群体要素和个人要素，其中社会环境要素共有 14 个子要素，微博要素和群体要素均为 4 个子要素，个人要素分为 6 个子要素。

2. 建立系统的邻接矩阵

本节基于对微博用户群体行为影响要素表的分析，主要从社会环境因素、微博因素、群体因素及个人因素等进行分析，通过研究各个要素之间的关系，建立邻接矩阵，为下文的模型构建确立基础。

我们认为，信息社会，微博用户群体行为必不可少地受社会大环境的影响，处于转型时期的政治体制和经济体制的不完善会使各类社会问题不断出现，社会公众的不满情绪不断飙升，客观上会导致人们的聚集，形成群体。此时微博平台的出现为人们的利益表达和权利维护提供了一个开放化空间，人们利用微博的开放性、自由性与广泛性，不断扩大事件的影响力，得到社会的关注，促使相关问题的解决，但过度的开放与自由会导致微博用户行为存在失范问题。同时，由于群体结构的多样化、群体成员的个性与知识和能力等存在一定差异，成员在互动过程中，通过模仿和传染的方式，其行为表现和思想观念也会受他人影响，使得群体成员的行为等有较大的相似性，导致微博用户群体行为的形成。由此，根据各个要素之间的逻辑关系和因果关系，以及上述对影响因素的相关分析，从社会环境问题、政府工作机制与政策、微博环境和群体成员互动与心理等方面对其关系进行系统化分析。根据上述描述，我们可以先确立各个要素之间的关系。

根据上述系统要素表中描述的各个要素之间的关系，采用矩阵的方式来表达，得到基于各要素关系的邻接矩阵。所谓邻接矩阵，就是要回答要素 S_i 与要素 S_j 之间的关系。邻接矩阵中各个元素的值按照如下方式界定：

$$S_{ij}=\begin{cases}1 & （从因素\ i\ 到因素\ j\ 有连线，i\ 和\ j\ 之间有关系）\\ 0 & （从因素\ i\ 到因素\ j\ 无连线，i\ 和\ j\ 之间无关系）\end{cases}$$

，其中，i，j=1，2，3，…，28

也就是说，如果要素 i 与要素 j 之间有关系，那么取值为 1；如果要素 i 与要素 j 之间无关系，那么取值为 0。要素之间的具体关系形式有以下几种形式：

$S_i \Leftrightarrow S_j$，即 S_i 与 S_j 之间互有关系，二者之间形成回路关系（相互作用关系）；

$S_i \not\Leftrightarrow S_j$，即 S_i 与 S_j 之间没有关系，S_j 与 S_i 之间也没有关系；

$S_i > S_j$，即 S_i 与 S_j 之间有关系，S_j 与 S_i 之间没有关系；

$S_i < S_j$，即 S_i 与 S_j 之间没有关系，S_j 与 S_i 之间有关系。

根据上述描述，通过对微博用户各要素之间关系的分析，确立影响微博用户群体行为要素的邻接矩阵。在确立邻接矩阵的过程中，由于各个要素之间的关系有相互交叉的部分，为了确保邻接矩阵和可达矩阵计算的方便性，在考虑要素之间的关系时，仅考虑直接关系，不考虑间接关系，关系影响有重复时，不重复计算。邻接矩阵如图 5-4 所示。

	S_1	S_2	S_3	S_4	S_5	S_6	S_7	S_8	S_9	S_{10}	S_{11}	S_{12}	S_{13}	S_{14}	S_{15}	S_{16}	S_{17}	S_{18}	S_{19}	S_{20}	S_{21}	S_{22}	S_{23}	S_{24}	S_{25}	S_{26}	S_{27}	S_{28}
S_1	0	0	0	0	0	0	0	0	0	0	0	0	0	0	0	0	0	0	0	0	0	0	0	0	0	0	0	0
S_2	0	0	0	0	0	0	0	0	0	0	0	0	0	0	0	0	0	0	0	0	0	0	0	0	0	0	0	0
S_3	0	0	0	1	0	0	0	0	0	0	0	0	0	0	0	0	0	0	0	0	0	0	0	0	0	0	0	0
S_4	1	1	0	0	0	0	0	0	0	0	0	0	0	0	0	0	0	0	0	0	0	0	0	0	0	0	0	0
S_5	0	1	0	1	0	0	0	0	0	0	0	0	1	0	0	0	0	0	0	0	0	0	0	0	0	0	0	0
S_6	0	0	0	0	1	0	0	0	0	0	0	0	0	1	0	0	0	0	0	0	0	0	0	0	0	0	0	0
S_7	0	0	0	0	1	0	0	0	1	0	0	0	0	1	0	0	0	0	0	0	0	0	0	0	0	0	0	0
S_8	0	0	0	0	1	0	0	0	1	0	0	0	1	0	0	0	0	0	0	0	0	0	0	0	0	0	0	0
S_9	0	0	0	0	0	0	0	0	0	1	0	0	0	1	0	0	0	0	0	0	0	0	0	0	0	0	0	0
S_{10}	0	0	0	0	0	0	0	0	0	0	0	0	1	0	0	0	0	0	0	0	0	0	0	0	0	0	0	0
S_{11}	0	0	0	0	0	0	0	0	0	0	0	0	0	1	0	0	0	0	0	0	0	0	0	0	0	0	0	0
S_{12}	0	0	0	0	0	0	0	0	0	0	0	0	1	0	0	0	0	0	0	0	0	0	0	0	0	0	0	0
S_{13}	0	1	0	0	0	0	0	0	0	0	0	0	0	0	0	0	0	0	0	0	0	0	0	0	0	0	0	0
S_{14}	0	0	0	1	0	0	0	0	0	0	0	0	0	0	0	0	0	0	0	0	0	0	0	0	0	0	0	0
S_{15}	0	0	1	0	0	0	0	0	0	0	0	0	0	0	0	0	0	0	0	1	0	0	0	0	0	0	0	0
S_{16}	0	0	0	0	0	0	0	0	0	0	0	0	0	0	0	0	0	0	0	1	0	0	0	0	0	0	0	0
S_{17}	0	0	0	0	0	0	0	0	0	0	0	0	0	0	0	0	0	0	0	1	0	0	0	0	0	0	0	0
S_{18}	0	0	0	0	0	0	0	0	0	0	0	0	0	0	0	0	0	0	0	1	0	0	0	0	0	0	0	0
S_{19}	0	0	0	0	0	0	0	0	0	0	0	0	0	0	0	0	0	0	0	1	0	0	0	0	0	0	0	0
S_{20}	0	0	0	0	0	0	0	0	0	0	0	0	0	0	0	0	0	0	0	0	0	0	0	0	0	0	0	0
S_{21}	0	0	0	0	0	0	0	0	0	0	0	0	0	0	0	0	0	0	1	0	0	0	0	0	0	0	0	0
S_{22}	0	0	0	0	0	0	0	0	0	0	0	0	0	0	0	0	0	0	1	0	0	0	0	0	0	0	0	0
S_{23}	0	0	0	0	0	0	0	0	0	0	0	0	0	0	0	0	0	0	0	0	0	0	0	0	0	0	0	0
S_{24}	0	0	0	0	0	0	0	0	0	0	0	0	0	0	0	0	0	0	0	1	0	0	0	0	0	0	0	0
S_{25}	0	0	0	0	0	0	0	0	0	0	0	0	0	0	0	0	0	0	0	0	1	0	0	0	0	0	0	0
S_{26}	0	0	0	0	0	0	0	0	0	0	0	0	0	0	0	0	0	0	0	0	1	0	0	0	0	0	0	0
S_{27}	0	0	0	0	0	0	0	0	0	0	0	0	0	0	0	0	0	0	1	0	0	0	0	0	0	0	0	0
S_{28}		0	0	0	0	0	0	0	0	0	0	0	0	0	0	0	0	0	1	0	0	0	0	0	0	0	0	0

图 5-4　微博用户群体行为影响要素邻接矩阵 ***S***

3. 计算可达矩阵

从全体要素中选出一个能够承上启下的要素，即选择一个既有有向边输入，也有有向边输出的要素 S_i，那么 S_i 与余下的其他要素必然存在关系——上位关系、下位关系和无关系，在此基础上便能够定义各个要素之间的具体关系。

可达矩阵 $\boldsymbol{R}$ 是指用矩阵的形式来表示有向图中各个节点之间的关系，每一个节点在经过若干步或路程之后是可以相互到达的。可达矩阵的计算方法是通过加上单位矩阵 $\boldsymbol{I}$ 后，再进行一定的推理和演算。在计算过程中，一般是通过布尔阵来计算，其运算规则为：0+0=0，0+1=1，1+0=1，1+1=1，0×0=0，0×1=0，1×1=1。先将邻接矩阵 $\boldsymbol{S}$ 加上单位矩阵 $\boldsymbol{I}$，得到 $\boldsymbol{A}_1=\boldsymbol{S}+\boldsymbol{I}$，$\boldsymbol{A}_2=(\boldsymbol{S}+\boldsymbol{I})^2$，以此类推可得到 $\boldsymbol{A}_1 \neq \boldsymbol{A}_2 \neq \cdots \neq \boldsymbol{A}_{r-1} \neq \boldsymbol{A}_r$，且 $r \leqslant n-1$，n 为矩阵阶数，通过一系列运算会得到 $\boldsymbol{A}_{r-1}=(\boldsymbol{A}+\boldsymbol{I})^{r-1}=\boldsymbol{R}$。它表示可达矩阵 $\boldsymbol{R}$ 经过不大于 $r-1$ 的长度就可以到达。在一个 $n \times n$ 的矩阵中，它最长的路径长度不会超过 $n-1$。由于这里涉及 28 个变量，计算过程比较麻烦，所以利用 Matlab 计算上述邻接矩阵的可达矩阵 $\boldsymbol{R}$，如图 5-5 所示。

	S_1	S_2	S_3	S_4	S_5	S_6	S_7	S_8	S_9	S_{10}	S_{11}	S_{12}	S_{13}	S_{14}	S_{15}	S_{16}	S_{17}	S_{18}	S_{19}	S_{20}	S_{21}	S_{22}	S_{23}	S_{24}	S_{25}	S_{26}	S_{27}	S_{28}
S_1	1	1	0	0	0	0	0	0	0	0	0	0	0	0	0	0	0	0	0	0	0	0	0	0	0	0	0	0
S_2	0	1	0	0	0	0	0	0	0	0	0	0	0	0	0	0	0	0	0	0	0	0	0	0	0	0	0	0
S_3	1	1	1	1	0	0	0	0	0	0	0	0	0	0	0	0	0	0	0	0	0	0	0	0	0	0	0	0
S_4	1	1	0	1	0	0	0	0	0	0	0	0	0	0	0	0	0	0	0	0	0	0	0	0	0	0	0	0
S_5	1	1	0	1	1	0	0	0	0	0	0	0	1	0	0	0	0	0	0	0	0	0	0	0	0	0	0	0
S_6	1	1	0	1	1	1	0	0	0	0	0	0	1	1	0	0	0	0	0	0	0	0	0	0	0	0	0	0
S_7	1	1	0	1	1	0	1	0	1	1	0	0	1	1	0	0	0	0	0	0	0	0	0	0	0	0	0	0
S_8	1	1	0	1	1	0	0	1	1	1	0	0	1	1	0	0	0	0	0	0	0	0	0	0	0	0	0	0
S_9	1	1	0	1	0	0	0	0	1	1	0	0	1	1	0	0	0	0	0	0	0	0	0	0	0	0	0	0
S_{10}	0	1	0	0	0	0	0	0	0	1	0	0	1	0	0	0	0	0	0	0	0	0	0	0	0	0	0	0
S_{11}	1	1	0	1	0	0	0	0	0	0	1	0	0	0	0	0	0	0	0	0	0	0	0	0	0	0	0	0
S_{12}	0	1	0	0	0	0	0	0	0	0	0	1	1	0	0	0	0	0	0	0	0	0	0	0	0	0	0	0
S_{13}	0	1	0	0	0	0	0	0	0	0	0	0	1	0	0	0	0	0	0	0	0	0	0	0	0	0	0	0
S_{14}	1	1	0	1	0	0	0	0	0	0	0	0	0	1	0	0	0	0	0	0	0	0	0	0	0	0	0	0
S_{15}	1	1	1	1	0	0	0	0	0	0	0	0	0	0	1	0	0	0	0	1	0	0	0	0	0	0	0	0
S_{16}	0	0	0	0	0	0	0	0	0	0	0	0	0	0	0	1	0	0	0	1	0	0	0	0	0	0	0	0
S_{17}	0	0	0	0	0	0	0	0	0	0	0	0	0	0	0	0	1	0	0	1	0	0	0	0	0	0	0	0
S_{18}	0	0	0	0	0	0	0	0	0	0	0	0	0	0	0	0	0	1	0	1	0	0	0	0	0	0	0	0
S_{19}	0	0	0	0	0	0	0	0	0	0	0	0	0	0	0	0	0	0	1	1	0	0	0	0	0	0	0	0
S_{20}	0	0	0	0	0	0	0	0	0	0	0	0	0	0	0	0	0	0	0	1	0	0	0	0	0	0	0	0
S_{21}	0	0	0	0	0	0	0	0	0	0	0	0	0	0	0	0	0	0	1	1	0	1	0	0	0	0	0	0
S_{22}	0	0	0	0	0	0	0	0	0	0	0	0	0	0	0	0	0	0	1	1	0	0	0	0	0	0	0	0
S_{23}	0	0	0	0	0	0	0	0	0	0	0	0	0	0	0	0	0	0	0	0	0	0	1	0	0	0	0	0
S_{24}	0	0	0	0	0	0	0	0	0	0	0	0	0	0	0	0	0	0	1	1	0	0	0	1	0	0	0	0
S_{25}	0	0	0	0	0	0	0	0	0	0	0	0	0	0	0	0	0	0	1	1	0	1	0	0	1	0	0	0
S_{26}	0	0	0	0	0	0	0	0	0	0	0	0	0	0	0	0	0	0	1	1	0	1	0	0	0	1	0	0
S_{27}	0	0	0	0	0	0	0	0	0	0	0	0	0	0	0	0	0	0	1	1	0	0	0	0	0	0	1	0
S_{28}	0	0	0	0	0	0	0	0	0	0	0	0	0	0	0	0	0	0	1	1	0	0	0	0	0	0	0	1

图 5-5　微博用户群体行为影响要素可达矩阵 $\boldsymbol{R}$

4. 级间分解

求出可达矩阵后，需要对矩阵进行级间分解，这样可以更加清晰地明确影响微博用户群体行为的各个要素之间的因果关系，确立结构模型。所谓级间，就是以可达矩阵为准则将系统中的所有要素划分为不同层级，确立各个要素之间的关系，并建立解释结构模型。具体做法是：将与系统相关的所有要素集中起来，定义要素 S_i 的可达集 $R(S_i)$，$R(S_i)$ 是可达矩阵中第 S_i 行中所有矩阵元素为 1 的列所对应的要素的集合；同时定义要素 S_j 的前因集 $A(S_j)$，$A(S_j)$ 是可达

矩阵中第 S_j 列中所有矩阵元素为 1 的行所对应的要素的集合，如 $R(S_1)=\{1, 2\}$，$A(S_1)=\{1, 3, 4, 5, 6, 7, 8, 9, 11, 14, 15\}$。

根据可达集和前因集，就可以对整个矩阵的所有元素划分等级。一个递进的结构模型首先必须找到最高级的集合。最高级集合要素是指没有比它级别更高的能够到达。当 $R(S_i)=R(S_i)\cap A(S_j)$ 时（这里 $i=j$），可以得到一个交集，则这个交集里的元素即为最高级要素。在找出最高级的具体要素以后，即可将其从可达矩阵相应的行和列中划去，接着再从剩下的可达矩阵的可达集和前因集里寻求新的最高级要素。以此类推，则可以找出所有层级包含的要素集合。若用 L_1，L_2，…，L_k 表示从上到下的层次，则有 k 个级次的系统，其级间划分 $\prod_k(S)$ 可以用下式表示：

$$\prod\nolimits_k(S)=[L_1;L_2;\cdots;L_k]$$

所以，若设 $L_0=\varnothing$，设 L_k（k=1，2，…，k）为各级层元素的集合，那么 $L_k=\{S_i\in S-L_0-L_1-\cdots-L_{k-1}|R_{k-1}(S_i)=R_{k-1}(S_i)\cap A_{k-1}(S_i)\}$，其中 $R_{k-1}(S_i)$ 和 $A_{k-1}(S_i)$ 分别表示 $S-L_0-L_1-\cdots-L_{k-1}$ 中的要素组成的子图求得的可达集和前因集。

从表 5–3 可以看出，最高级可达集和前因集满足 $R(S_i)\cap A(S_j)$ 的是{2，20，23}的集合，因此得到 L_1={2, 20，23}。这也说明，社会矛盾、微博用户互动与相互作用和群体成员的心理不成熟是直接影响微博用户群体行为产生与发展的原因。接下来，将这 3 个因素抽出后，得到第 2 级的可达集和前因集，并在此基础上对其进行分析，找出影响这 3 个因素的深层原因，如表 5–4 所示。

表 5–3 最高级的可达集和前因集

S_i	$R(S_i)$	$A(S_j)$	$R(S_i)\cap A(S_j)$
1	1，2	1，3，4，5，6，7，8，9，11，14，15	1
2	2	1，2，3，4，5，6，7，8，9，10，11，12，13，14，15	2
3	1，2，3，4	3，15	3
4	1，2，4	3，4，5，6，7，8，9，11，14，15	4

续表

S_i	$R(S_i)$	$A(S_j)$	$R(S_i)\cap A(S_j)$
5	1，2，4，5，13	5，6，7，8	5
6	1，2，4，5，6，13，14	6	6
7	1，2，4，5，7，9，10，13，14	7	7
8	1，2，4，5，8，9，10，13，14	8	8
9	1，2，4，9，10，13，14	7，8，9	9
10	2，10，13	7，8，9，10	10
11	1，2，4，11	11	11
12	2，12，13	12	12
13	2，13	5，6，7，8，9，10，12，13	13
14	1，2，4，14	6，7，8，9，14	14
15	1，2，3，4，15，20	15	15
16	16，20	16	16
17	17，20	17	17
18	18，20	18	18
19	19，20	19，21，22，25，26，27，28	19
20	20	15，16，17，18，19，20，21，22，24，25，26，27，28	20
21	19，20，21	21，25，26	21
22	19，20，22	22	22
23	23	23	23
24	20，24	24	24
25	19，20，21，25	25	25
26	19，20，21，26	26	26
27	19，20，27	27	27
28	19，20，28	28	28

表 5-4 第 2 级的可达集和前因集

S_i	$R(S_i)$	$A(S_j)$	$R(S_i)\cap A(S_j)$
1	1	1，3，4，5，6，7，8，9，11，14，15	1
3	1，3，4	3，15	3
4	1，4	3，4，5，6，7，8，9，11，14，15	4
5	1，4，5，13	5，6，7，8	5
6	1，4，5，6，13，14	6	6
7	1，4，5，7，9，10，13，14	7	7
8	1，4，5，8，9，10，13，14	8	8
9	1，4，9，10，13，14	7，8，9	9
10	10，13	7，8，9，10	10
11	1，4，11	11	11
12	12，13	12	12
13	13	5，6，7，8，9，10，12，13	13
14	1，4，14	6，7，8，9，14	14
15	1，3，4，15	15	15
16	16	16	16
17	17	17	17
18	18	18	18
19	19	19，21，22，25，26，27，28	19
21	19，21	21，25，26	21
22	19，22	22	22
24	24	24	24
25	19，21，25	25	25
26	19，21，26	26	26
27	19，27	27	27
28	19，28	28	28

经过对第 2 级的要素进行分析可知，第二层的要素集合为｛1，13，16，17，18，19，24｝，得到 L_2=｛1，13，16，17，18，19，24｝，它们组成结构模型的第二层级。将这 7 个要素抽掉后，得到第 3 级的可达集和前因集集合，如表 5-5 所示。

表 5-5　第 3 级的可达集和前因集

S_i	$R(S_i)$	$A(S_j)$	$R(S_i) \cap A(S_j)$
3	3，4	3，15	3
4	4	3，4，5，6，7，8，9，11，14，15	4
5	4，5	5，6，7，8	5
6	4，5，6，14	6	6
7	4，5，7，9，10，14	7	7
8	4，5，8，9，10，14	8	8
9	4，9，10，14	7，8，9	9
10	10	7，8，9，10	10
11	4，11	11	11
12	12	12	12
14	4，14	6，7，8，9，14	14
15	3，4，15	15	15
21	21	21，25，26	21
22	22	22	22
25	21，25	25	25
26	21，26	26	26
27	27	27	27
28	28	28	28

经过对第 3 级的要素进行分析可知，第三层的要素集合为｛4，10，12，21，22，27，28｝，得到 L_3=｛4，10，12，21，22，27，28｝，它们组成结构模型的第三层级。将这 7 个要素抽掉后，得到第 4 级的可达集和前因集集合，如表 5-6 所示。

表 5–6 第 4 级的可达集和前因集

S_i	$R(S_i)$	$A(S_j)$	$R(S_i)\cap A(S_j)$
3	3	3，15	3
5	5	5，6，7，8	5
6	5，6，14	6	6
7	5，7，9，14	7	7
8	5，8，9，14	8	8
9	9，14	7，8，9	9
11	11	11	11
14	14	6，7，8，9，14	14
15	3，15	15	15
25	25	25	25
26	26	26	26

经过对第 4 级的要素进行分析可知，第四层的要素集合为 {3，5，11，14，25，26}，得到 L_4= {3, 5，11，14，25，26}，它们组成结构模型的第四层级。将这 6 个要素抽掉后，得到第 5 级的可达集和前因集集合，如表 5–7 所示。

表 5–7 第 5 级的可达集和前因集

S_i	$R(S_i)$	$A(S_j)$	$R(S_i)\cap A(S_j)$
6	6	6	6
7	7，9	7	7
8	8，9	8	8
9	9	7，8，9	9
15	15	15	15

经过对第 5 级的要素进行分析可知，第五层的要素集合为 {6，9，15}，得到 L_5= {6, 9，15}，它们组成结构模型的第五层级。将这 3 个要素抽掉后，得到第 6 级的可达集和前因集集合，如表 5–8 所示。

表 5–8 第 6 级的可达集和前因集

S_i	$R(S_i)$	$A(S_j)$	$R(S_i)\cap A(S_j)$
7	7	7	7
8	8	8	8

按照此方法和步骤计算微博用户群体行为影响要素的可达矩阵 ***R***，进行层级分解，微博用户群体行为影响要素的层级分解表如表 5-9 所示。

表 5-9　微博用户群体行为影响要素的层级分解表

层级	要素
L_1	2，20，23
L_2	1，13，16，17，18，19，24
L_3	4，10，12，21，22，27，28
L_4	3，5，11，14，25，26
L_5	6，9，15
L_6	7，8

根据层级结构关系，建立层级结构模型。先将系统中各个要素按层级间划分的关系依次排序，然后再依次找出各个要素之间的关系，如 L_1 和 L_2 之间的关系，由上文可知，S_1、S_{13} 和 S_2 有关（即 S_1、S_{13} 行与 S_2 列的矩阵元素均为 1），则可以画出 S_1、S_{13} 到 S_2 的有向边，S_4 与 S_1 的关系同理。各要素和层级的具体关系如图 5-6 所示。

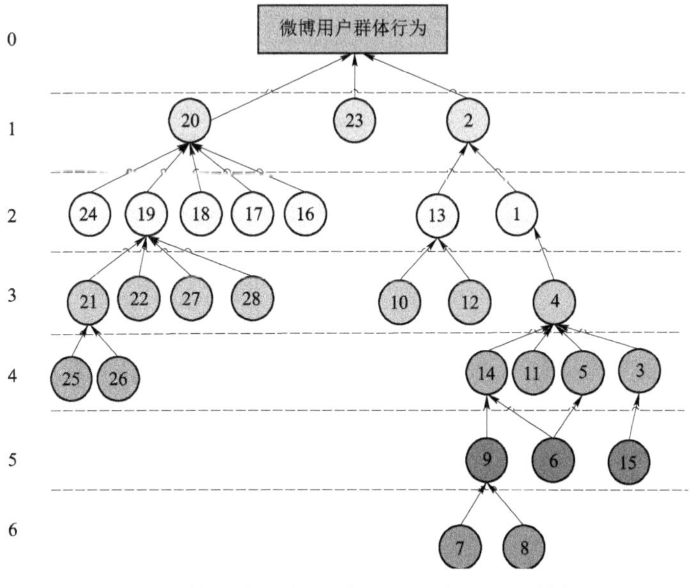

图 5-6　微博用户群体行为影响要素的层级结构模型

5.3.3 模型结论解释与分析

表 5-9 是利用解释结构模型分析的方法得出的直接结果，将结果利用结构模型的方法表示如图 5-6 所示。从图 5-6 中可以看出，影响微博用户群体行为的因素有很多，影响微博用户群体行为最直接的原因是社会矛盾的突发、群体成员互动与群体成员心理的完善程度。

微博用户群体行为无论是由成员共同决定的，还是由一些“领导者”引导的，都与群体成员的心理和群体成员的互动有密切的关系。“现代认知心理学认为，人们的行为并不是一个对外部刺激做出的纯粹被动的反应，主体的选择、加工在受众与大众传媒之间起着十分重要的作用，这种作用的发挥与受众个体的认知结构密切相关”。所以群体行为的形成表面是成员互动博弈的结果，实际上是群体成员心理的真实体现，尤其在信息时代，微博给了人们开放自由的平台，但无法控制人们对信息思考和利用的程度，因为“网络带来的便利使人们很容易产生思维惰性，一定程度上影响了个人的创新能力；同时网络上信息比较多，舆论复杂，使得人们很容易产生盲目从众的心理，缺乏个人的思考”。微博给予人们过多的资源，使得人们在认知信息的过程中态度较为犹豫，无法做出准确的判断，对于信息认知的“度”往往也无法较好把握，所以这种过于依赖网络、他人等外界力量的思维方式必然会影响其行为表现；在匿名的微博群体中，人们在互动中几乎没有规则约束，这样很容易使群体认知产生偏差，导致群体失范行为的产生。

5.4 本章小结

由于本书的舆情信息大部分是从新浪微博获取的，所以本章对微博做了简单的介绍，并建立微博用户群体行为的解释结构模型，从静态的角度对微博用户群体行为进行了深入探讨，一方面使以前的相关研究更加深入，从个体角度切换到群体角度，这是以往关于微博用户行为的相关研究中缺少的；另一方面，这些研究更加系统地分析了微博用户群体行为，作为后文动态分析的基础。

6

基于 Hadoop 的文本信息抽取系统开发

前面介绍了网络舆情和微博，本章将针对微博网络舆情开发基于 Hadoop 的文本信息抽取系统。不仅在信息挖掘阶段以自动化程序代替人力，节约了大量的人力成本，同时其产出便于观测、便于研究，也便于与 SQL、Excel、SPSS 等后续分析的常用软件进行交接，为分析阶段提供了有效的数据支撑。

与此同时，对于抽取出的海量数据，传统的一台服务器进行大型计算处理的方式渐渐体现出性能上的不足，而高性能大容量的服务器价格昂贵，会大量增加成本。Hadoop 作为一项新兴的云计算技术，可以迅速地将不同条件的廉价机器组织在一起，并行地对海量数据进行稳定、高效的处理；在时间和资源消耗上都进行了可观的改善。Hadoop 主要处理程序的 MapReduce 结构也具有极强的拓展性，可以很好地根据用户的需求，执行统计、分类、筛选等多种处理。

本章从数据分析现状入手，提出了文本抽取系统的意义，并针对上述所提出的文本采集、抽取需求，运用 Python、Hadoop、Mysql、PHP 等技术，针对微博开发了基于 Hadoop 的文本信息抽取系统，实现了话题抽取、热度分析、趋势呈现等功能。

6.1 背景

6.1.1 文本信息抽取系统的意义与作用

文本抽取系统，即从复杂环境中将特性文本进行抽取并组织成便于观察分析的表格形式的一组功能模块。互联网作为一个巨大的文档库，充斥着表现形式各不相同且分散的信息。即使相同的网站，由于自由化文本类型的兴起，其散漫无规律的格式也不利于对其迅速地理解和处理。对于将互联网作为主要信息来源的人来说，多样的形式不利于信息的有效采集，十分影响相关工作的效率和效果。而文本信息抽取可以将不同页面不同形式的特定信息加以抽取，并转为统一的结构化信息库。

6.1.2 目前网络舆情监测相关的关键性技术

近年来，计算机领域的大量新技术被运用于对网络舆情的信息采集及分析、挖掘之中，以便于迅速、准确地形成舆情信息，从而代替了缓慢繁重的人力劳动。目前与网络舆情监测相关的关键性技术可归结如下。

（1）网络舆情采集技术：网络舆情主要通过论坛、博客、微博及其相关评论形成并通过通信软件及其平台进行传播。这些渠道的载体以动态网页为主，它们包含了大量松散的结构化和非结构化信息，使得网络舆情采集的难度和精度非常大。梅雪等人通过全自动抽取圣城网页信息 Wrapper 方法在一定范围内实现了动态网页的抽取与集成，具有较好的处理准确率以及抽取效率。此外，采用数据挖掘进行网络舆情信息采集的方法也被广泛采用，它为信息的深度处理提供了强有力的保证。同时，网络舆情信息的全网采集和网络舆情信息定向采集也有效地解决了舆情监测对广度和深度的要求，各种采集技术尽可能做到广覆盖、深挖掘、及时更新，为下一步舆情分析和服务提供有力的保障。

（2）网络舆情分析技术：网络舆情分析技术主要针对采集技术所收集到的信息进行自动化、智能化的分析。其相关技术包括自定舆情分析级别、自动生成热点、负面舆情研判、自动分类、自动生成专题、转载计算、自动抽取舆情要素和关键词、自动摘要、自动预警、自动生成统计图表等。

（3）网络热点挖掘技术：网络上产生的信息覆盖面极为广泛，因此要从海量的信息中挖掘出人们所关注的热点话题。通过信息发出者的影响力、话题时间分布、回复、评论、转发情况以及语义分析等对话题进行热度值转化，从而挖掘出热点话题。

（4）语义研判：利用自然语言处理中的倾向性分析技术、基于词典的多模匹配技术，对舆情信息进行自动甄别。

（5）舆情预警：通过对舆情全面的检测和分析判断，从而对目标相关突发话题进行及时的预警及后续跟踪。

6.2 文本信息抽取系统所采用的技术

本系统所采用的技术主要有 Hadoop 技术、网络爬虫技术、Viterbi 分词算法。其中 Hadoop 在第 3 章已做详细讲解，故不再赘述。

（1）网络爬虫技术。

网络爬虫（Web Crawler）是一种按照一定规则，自动从网络中爬取特定信息的一类脚本或程序。它通常从特定网页开始爬取，将爬取到的所需信息及其他相关跳转链接进行存储，在完成一个页面的爬取后从待爬取队列中取出下一页面 URL 并继续爬取。通常来说，由于互联网中过于庞大的信息量，网络爬虫难以爬取全部信息，故在广度优先策略和深度优先策略中选取平衡点。但本处所述的为针对新浪微博话题的定向爬虫，故仅进行全局爬取而不做过多限制。

（2）Viterbi 分词算法。

维特比（Viterbi）算法是一种动态规划算法，用于寻找最有可能产生观测事件序列的维特比路径、隐含状态序列，特别是在马尔可夫信息源上下文和隐马尔可夫模型中。术语“维特比路径”和“维特比算法”也被用于寻找观察结果最有可能解释相关的动态规划算法。例如，在统计句法分析中动态规划算法可以被用于发现最可能的上下文无关的派生（解析）的字符串，有时被称为“维特比分析”。维特比算法由安德鲁·维特比（Andrew Viterbi）于 1967 年提出，用于在数字通信链路中解卷积以消除噪声。此算法被广泛应用于 CDMA 和 GSM 数字蜂窝网络、拨号调制解调器、卫星、深空通信和 802.11 无线网络中解卷积码。现今也被常常用于语音识别、关键字识别、计算语言学和生物信息学中。例如，在语音识别中，声音信号作为观察到的事件序列，而文本字符串被看作是隐含的产生声音信号的原因，因此可对声音信号应用维特比算法寻找最有可能的文本字符串。

6.3 文本信息抽取系统的总体设计

6.3.1 系统总体设计

1. 系统概述

文本信息抽取系统通过对网络的大规模爬取，对新浪微博的舆情信息进行了一定程度上的检测。通过网络爬虫技术对话题和用户信息进行提取，运用 Hadoop 的云计算特性对提取结果进行统计分析并最终呈现。如图 6–1 所示为文本抽取系统功能结构图。

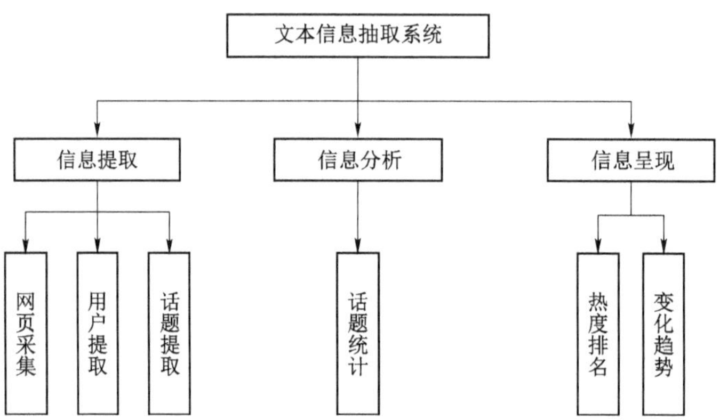

图 6–1 文本抽取系统功能结构

网页采集：对新浪微博的用户主页面和用户个人信息页面进行爬取，获得基础信息。

用户提取：对用户个人信息页面进行提取，提取出用户 ID、昵称、性别等基础信息。

话题提取：对用户主页面的微博信息进行提取，抽取出带有话题标记的微博及该微博的发布时间等基础信息。

话题统计：运用 Hadoop 架构的云计算能力，对数据库中的话题信息进行统计、排序。

热度排名：将热度排名靠前的话题呈现给用户作为重点待分析对象。

变化趋势：将一段时间内特定话题的每日热度信息以折线图的形式进行呈现。

2. 系统结构设计

建立 B/S 架构的信息抽取及舆情分析系统，如图 6–2 所示。网络爬虫从数据库读取待爬取的用户，从互联网中对目标用户爬取并将有效的结果存入数据库。Hadoop 从数据库中提取所需的信息并交由分布式系统进行运算处理，将得出的结果保存至网页的服务器目录下，最终前端页面由 PHP 进行动态加载，将实时的舆情信息呈现到页面上供用户参考。

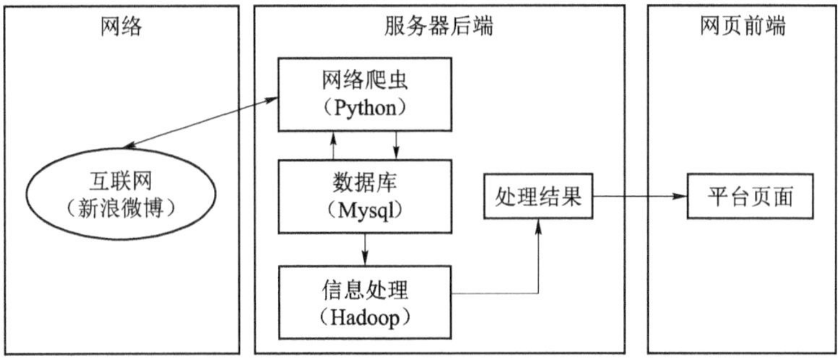

图 6–2　系统架构

6.3.2 主要功能模块

本系统主要模块有数据库模块、网络爬虫模块、Hadoop 模块以及 PHP 模块共 4 个。

1. 数据库模块

本系统数据库选用了 Mysql。数据库设计共设计一个数据库两个表。用户表用于记录用户及其基础信息，表内字段如表 6–1 所示。

表 6–1　用户表内字段

字段名	数据类型	备注
id	整型	用户编号，主码，自增
weibo_id	字符型	用户在新浪标记的 id
shortname	字符型	用户在新浪标记的昵称
sex	字符型	用户性别

话题表用于记录话题的相关信息，表内字段如表 6–2 所示。

表 6–2　话题表内字段

字段名	数据类型	备注
id	整型	话题编号，主码，自增

2. 网络爬虫模块

本系统中网络爬虫选用了 Python。通过 Python 连接数据库并打开浏览器，随后登录进新浪微博。每次从数据库中查找一条用户并访问该用户主页。访问用户个人信息页面并更新用户信息，随后遍历该用户关注的人并将数据库中没有的值存入。之后遍历该用户一段时间内发布的微博，查找并将含有话题的内容存入数据库。Python 模块流程图如图 6–3 所示。

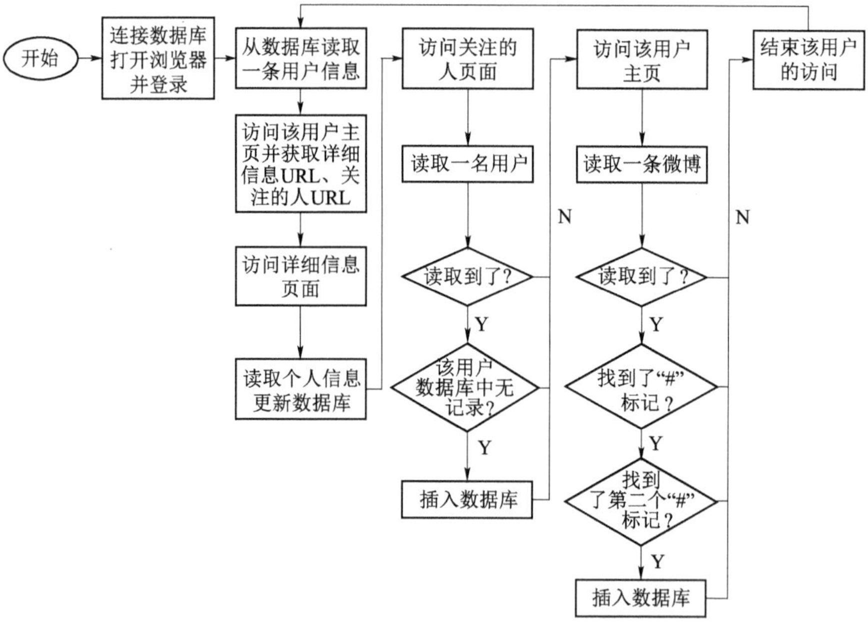

图 6–3　Python 模块流程图

3. Hadoop 模块

Hadoop 模块将数据库结果作为输入通过两组连续的 MapReduce 操作完成对数据的统计以及排序。最后将结果输出供后续操作使用。其流程图如图 6–4 所示。

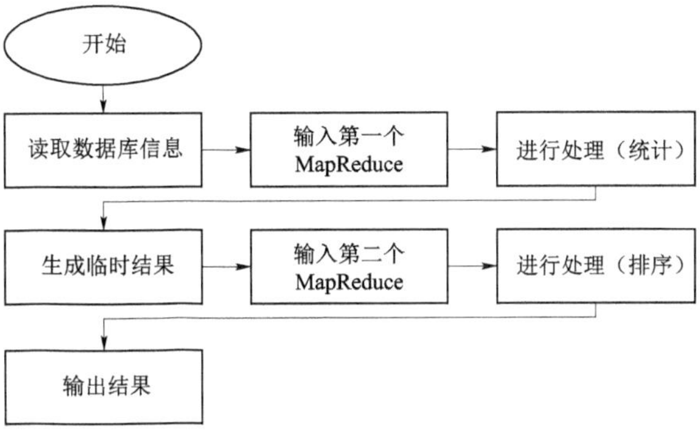

图 6-4　Hadoop 模块流程图

4. PHP 模块

本系统通过 PHP 模块来做最终的结果呈现。PHP 模块首先读取结果文件得出热度前几的话题并呈献给用户，单击“详情”按钮后跳转详情页面显示一周内话题热度变化。同时支持手动输入话题进行查询。其模块流程图如图 6-5 所示。

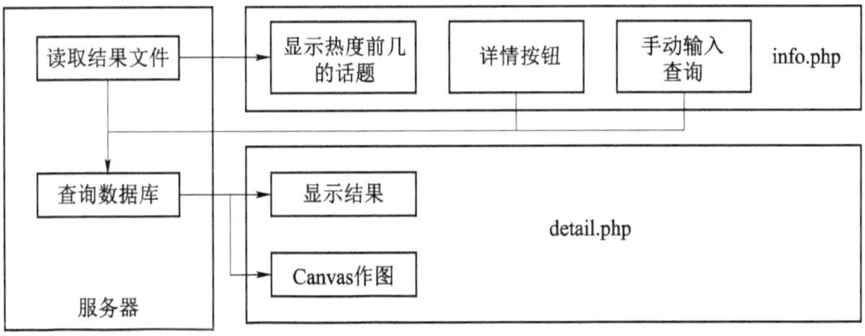

图 6-5　PHP 模块流程图

6.4 系统功能的具体实现

6.4.1 网络爬虫模块的实现

1. 先期准备

利用 Python 初始化编码格式，随后连接至 Mysql 数据库。加载浏览器驱动以对浏览器进行自动化的操作。最后打开浏览器并登录微博（见图 6-6）。至此基础准备工作完成。

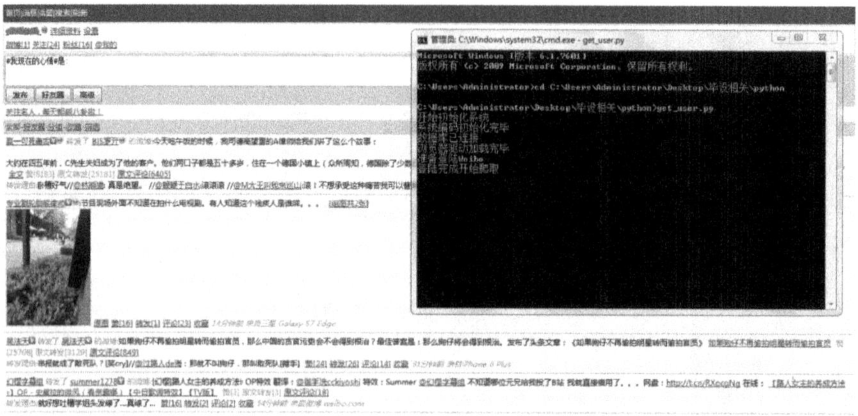

图 6-6 登录至微博主页面

2. 访问用户主页

根据既定编号访问数据库，获取一名用户 ID（见图 6-7）。将 ID 加入 URL 中合并成用户主页 URL。浏览器跳转访问其主页面，抽取其昵称及相关 URL（资料及关注）。将昵称信息更新入数据库。

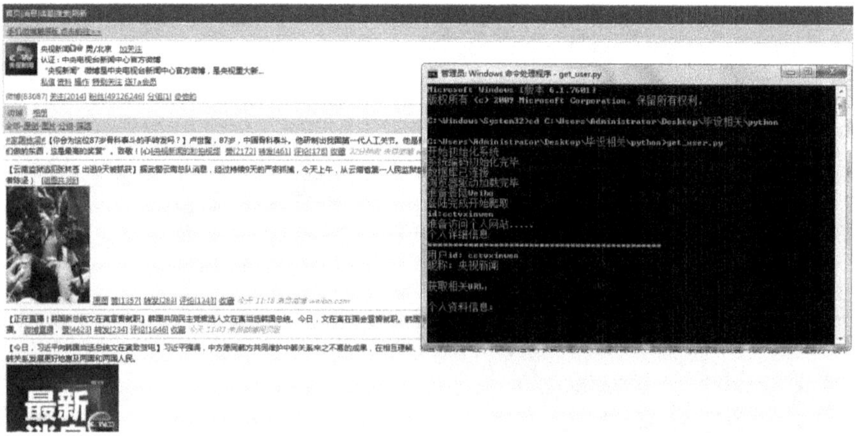

图 6-7 访问用户主页面

3. 访问用户资料页

根据抽取到的用户资料页 URL 进行跳转，访问用户资料页面（见图 6-8）。

抽取基本信息 div 内容。将字符串按信息项进行分割并将需要的个人资料信息存入或更新入数据库。

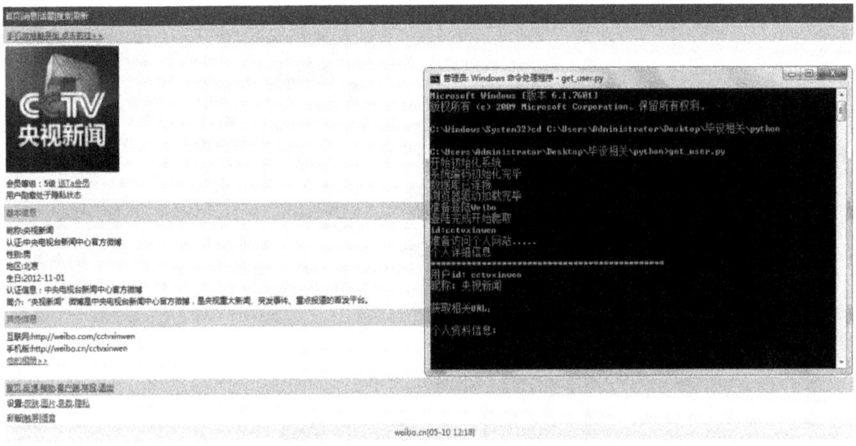

图 6-8 读取用户个人信息

4. 访问用户关注页

根据抽取到的用户关注页 URL 进行跳转，访问用户关注页面（见图 6-9）。读取总页面数作为该用户关注人列表抽取的循环控制项。定位关注人区域，依次读取当前页面的用户 ID，将 ID 和数据库进行比对，将数据库中不存在的用户加入数据库，已有用户则跳过（见图 6-10）。

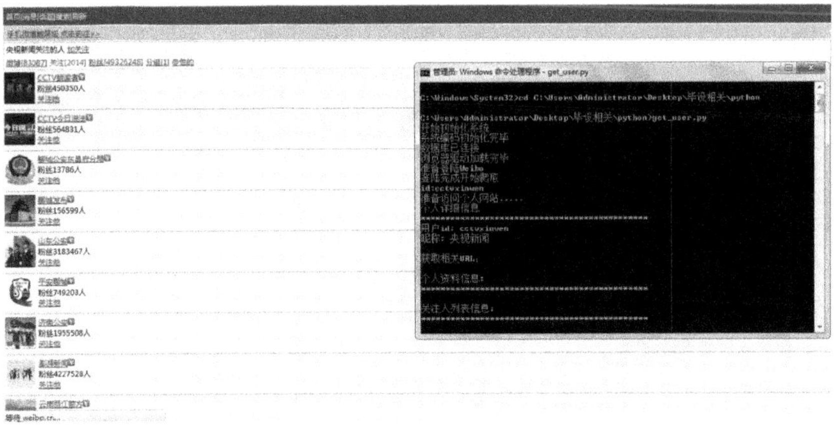

图 6-9 读取用户关注人列表

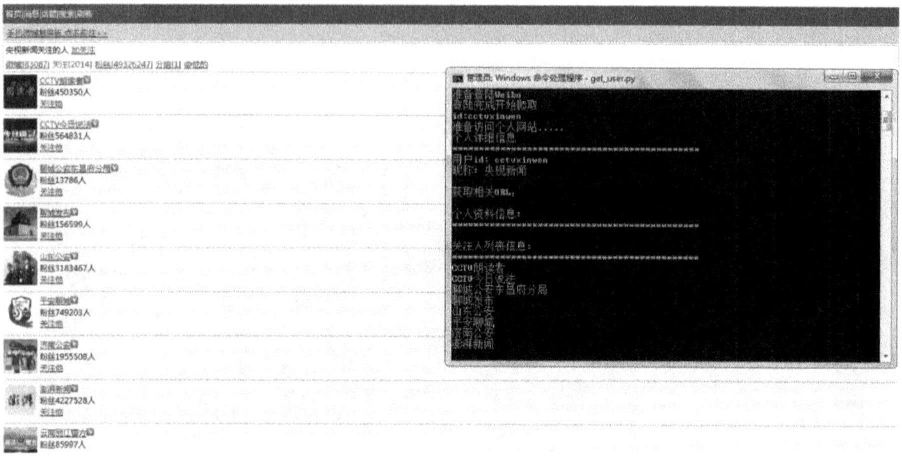

图 6–10　依次爬取关注人

完成爬取当前页面后自动翻页，直至完成爬取所有关注人记录。随后自动从数据库中查询下一用户 ID，组合 URL 并开始下一用户的爬取（见图 6–11）。

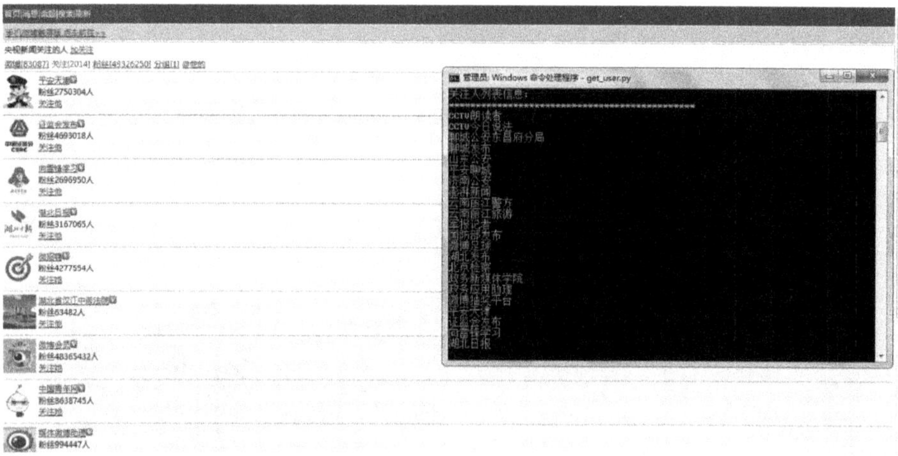

图 6–11　自动翻页并继续爬取

5. 访问用户微博页

从数据库取出一条用户 ID 信息，组合成完整 URL 后跳转链接访问其主页（见图 6–12）。

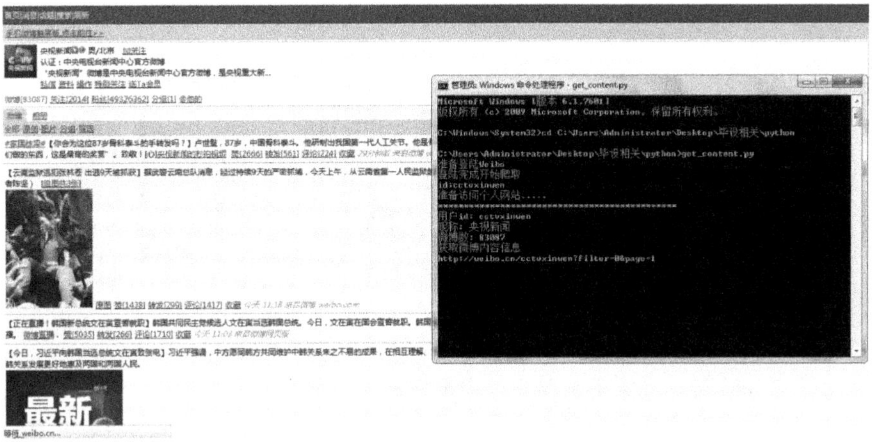

图 6-12　访问用户主页

6. 提取话题

组合出用户微博 URL 并跳转链接访问其微博页（见图 6-13）。抽取所发布的微博区域，对发布的微博内容进行逐一读取。抽取微博发布时间，对过于久远的微博直接进行舍弃。在其文中寻找“#”标记，每两个标记中的内容视为话题。将发布时间及话题一同存入数据库中。

图 6-13　爬取微博页面

当一名用户微博爬取完毕后，自动从数据库中查询下一用户 ID，组合 URL 并开始下一用户的爬取（见图 6-14）。

图 6-14 自动跳转下一用户

6.4.2 Hadoop 模块实现

1. 编译源代码

运用 Ant 编译提前写好的 Java 代码（共两个 class 文件）为 jar 包（见图 6-15）。

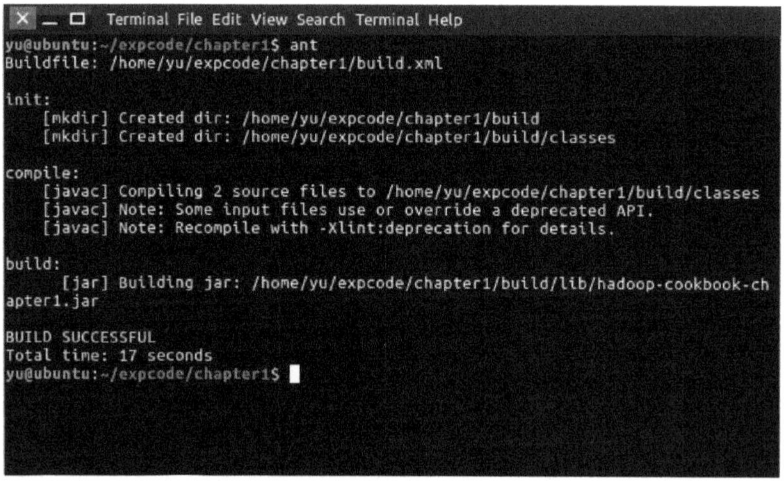

图 6-15 Ant 编译所输出的结果

2. Hadoop 处理

通过 Hadoop 指令的参数整合数据（输入文件）和操作（jar 包），运用编译好的 jar 包中的方法对数据进行处理。开始执行统计 MapReduce（见图 6-16），并最终将结果文件和报告文件输出至指定临时路径（见图 6-17）。

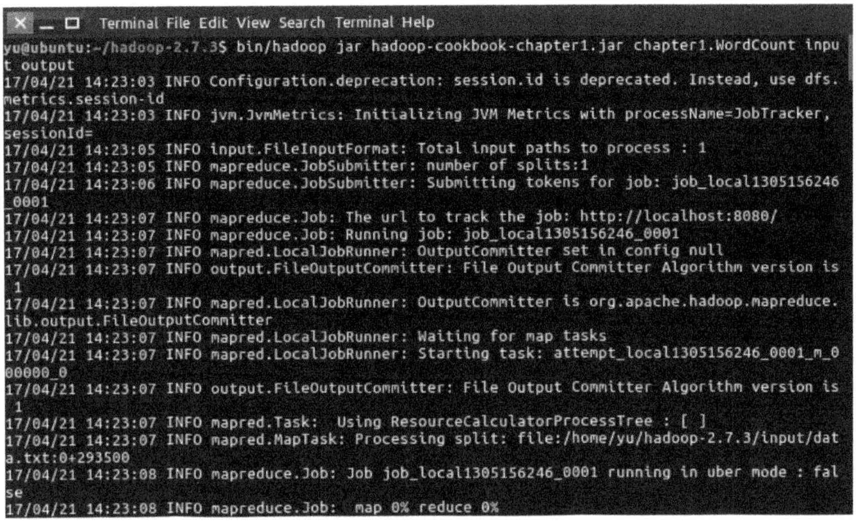

```
Terminal File Edit View Search Terminal Help
yu@ubuntu:~/hadoop-2.7.3$ bin/hadoop jar hadoop-cookbook-chapter1.jar chapter1.WordCount inpu
t output
17/04/21 14:23:03 INFO Configuration.deprecation: session.id is deprecated. Instead, use dfs.
metrics.session-id
17/04/21 14:23:03 INFO jvm.JvmMetrics: Initializing JVM Metrics with processName=JobTracker,
sessionId=
17/04/21 14:23:05 INFO input.FileInputFormat: Total input paths to process : 1
17/04/21 14:23:05 INFO mapreduce.JobSubmitter: number of splits:1
17/04/21 14:23:06 INFO mapreduce.JobSubmitter: Submitting tokens for job: job_local1305156246
_0001
17/04/21 14:23:07 INFO mapreduce.Job: The url to track the job: http://localhost:8080/
17/04/21 14:23:07 INFO mapreduce.Job: Running job: job_local1305156246_0001
17/04/21 14:23:07 INFO mapred.LocalJobRunner: OutputCommitter set in config null
17/04/21 14:23:07 INFO output.FileOutputCommitter: File Output Committer Algorithm version is
 1
17/04/21 14:23:07 INFO mapred.LocalJobRunner: OutputCommitter is org.apache.hadoop.mapreduce.
lib.output.FileOutputCommitter
17/04/21 14:23:07 INFO mapred.LocalJobRunner: Waiting for map tasks
17/04/21 14:23:07 INFO mapred.LocalJobRunner: Starting task: attempt_local1305156246_0001_m_0
00000_0
17/04/21 14:23:07 INFO output.FileOutputCommitter: File Output Committer Algorithm version is
 1
17/04/21 14:23:07 INFO mapred.Task:  Using ResourceCalculatorProcessTree : [ ]
17/04/21 14:23:07 INFO mapred.MapTask: Processing split: file:/home/yu/hadoop-2.7.3/input/dat
a.txt:0+293500
17/04/21 14:23:08 INFO mapreduce.Job: Job job_local1305156246_0001 running in uber mode : fal
se
17/04/21 14:23:08 INFO mapreduce.Job:  map 0% reduce 0%
```

图 6-16　启动统计 MapReduce

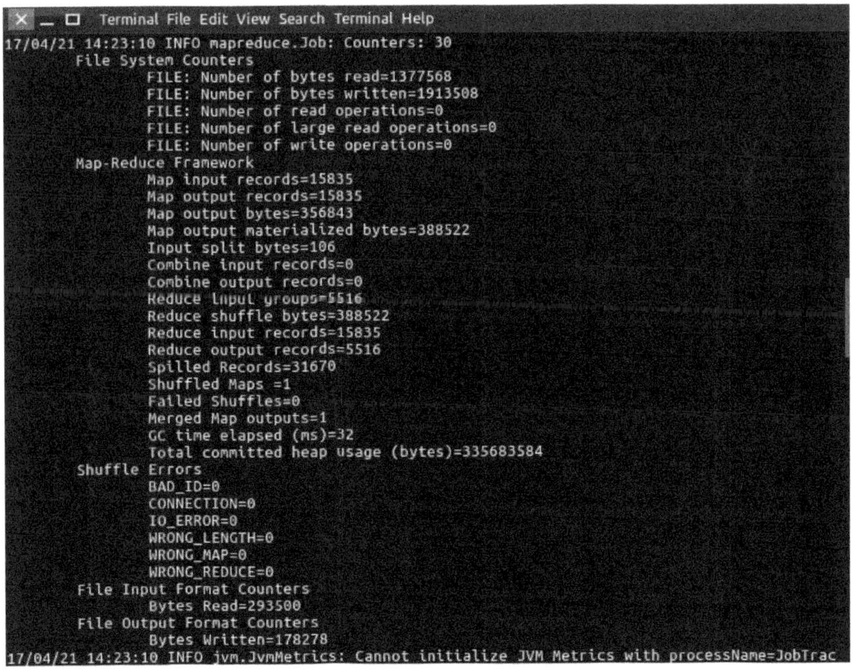

```
Terminal File Edit View Search Terminal Help
17/04/21 14:23:10 INFO mapreduce.Job: Counters: 30
        File System Counters
                FILE: Number of bytes read=1377568
                FILE: Number of bytes written=1913508
                FILE: Number of read operations=0
                FILE: Number of large read operations=0
                FILE: Number of write operations=0
        Map-Reduce Framework
                Map input records=15835
                Map output records=15835
                Map output bytes=356843
                Map output materialized bytes=388522
                Input split bytes=106
                Combine input records=0
                Combine output records=0
                Reduce input groups=5516
                Reduce shuffle bytes=388522
                Reduce input records=15835
                Reduce output records=5516
                Spilled Records=31670
                Shuffled Maps =1
                Failed Shuffles=0
                Merged Map outputs=1
                GC time elapsed (ms)=32
                Total committed heap usage (bytes)=335683584
        Shuffle Errors
                BAD_ID=0
                CONNECTION=0
                IO_ERROR=0
                WRONG_LENGTH=0
                WRONG_MAP=0
                WRONG_REDUCE=0
        File Input Format Counters
                Bytes Read=293500
        File Output Format Counters
                Bytes Written=178278
17/04/21 14:23:10 INFO jvm.JvmMetrics: Cannot initialize JVM Metrics with processName=JobTrac
```

图 6-17　统计 MapReduce 输出结果报告

统计 MapReduce 生成临时结果文件。Hadoop 继续以临时结果为数据输入执行排序 MapReduce（见图 6-18），并最终将结果文件和报告文件输出至指定 PHP 服务器路径（见图 6-19）。

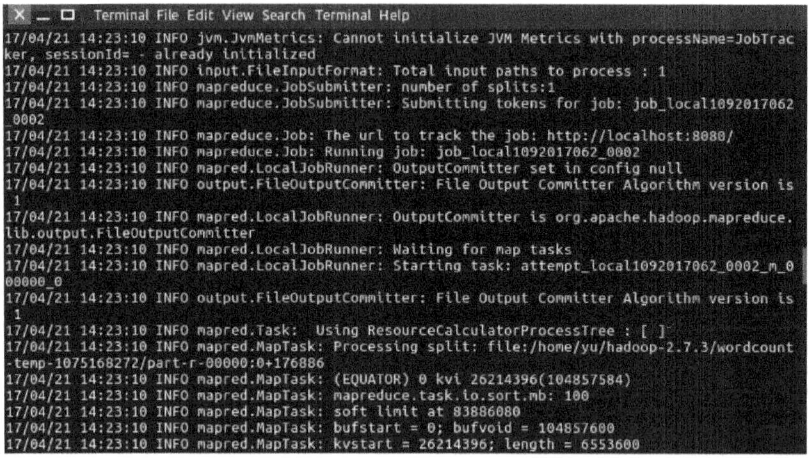

```
Terminal File Edit View Search Terminal Help
17/04/21 14:23:10 INFO jvm.JvmMetrics: Cannot initialize JVM Metrics with processName=JobTrac
ker, sessionId= - already initialized
17/04/21 14:23:10 INFO input.FileInputFormat: Total input paths to process : 1
17/04/21 14:23:10 INFO mapreduce.JobSubmitter: number of splits:1
17/04/21 14:23:10 INFO mapreduce.JobSubmitter: Submitting tokens for job: job_local1092017062
_0002
17/04/21 14:23:10 INFO mapreduce.Job: The url to track the job: http://localhost:8080/
17/04/21 14:23:10 INFO mapreduce.Job: Running job: job_local1092017062_0002
17/04/21 14:23:10 INFO mapred.LocalJobRunner: OutputCommitter set in config null
17/04/21 14:23:10 INFO output.FileOutputCommitter: File Output Committer Algorithm version is
 1
17/04/21 14:23:10 INFO mapred.LocalJobRunner: OutputCommitter is org.apache.hadoop.mapreduce.
lib.output.FileOutputCommitter
17/04/21 14:23:10 INFO mapred.LocalJobRunner: Waiting for map tasks
17/04/21 14:23:10 INFO mapred.LocalJobRunner: Starting task: attempt_local1092017062_0002_m_0
00000_0
17/04/21 14:23:10 INFO output.FileOutputCommitter: File Output Committer Algorithm version is
 1
17/04/21 14:23:10 INFO mapred.Task:  Using ResourceCalculatorProcessTree : [ ]
17/04/21 14:23:10 INFO mapred.MapTask: Processing split: file:/home/yu/hadoop-2.7.3/wordcount
-temp-1075168272/part-r-00000:0+176886
17/04/21 14:23:10 INFO mapred.MapTask: (EQUATOR) 0 kvi 26214396(104857584)
17/04/21 14:23:10 INFO mapred.MapTask: mapreduce.task.io.sort.mb: 100
17/04/21 14:23:10 INFO mapred.MapTask: soft limit at 83886080
17/04/21 14:23:10 INFO mapred.MapTask: bufstart = 0; bufvoid = 104857600
17/04/21 14:23:10 INFO mapred.MapTask: kvstart = 26214396; length = 6553600
```

图 6-18 启动排序 MapReduce

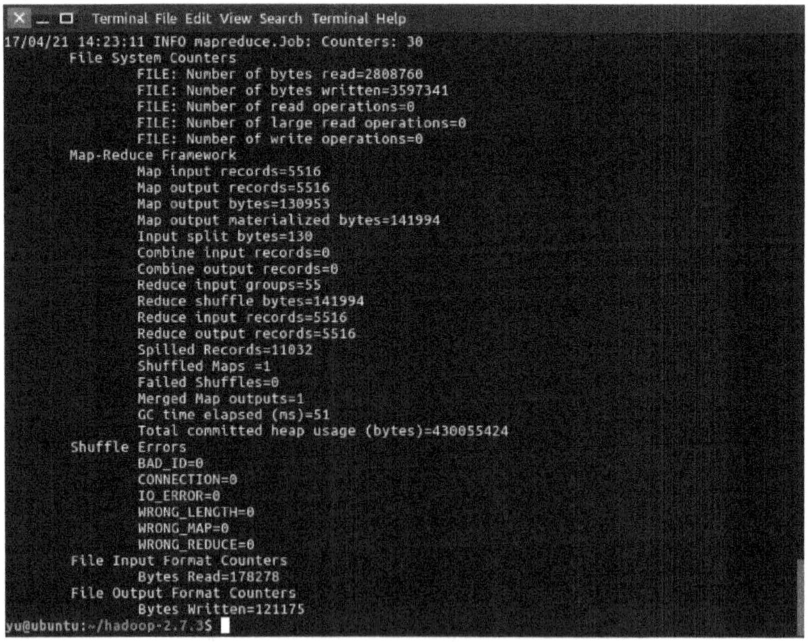

```
Terminal File Edit View Search Terminal Help
17/04/21 14:23:11 INFO mapreduce.Job: Counters: 30
        File System Counters
                FILE: Number of bytes read=2808760
                FILE: Number of bytes written=3597341
                FILE: Number of read operations=0
                FILE: Number of large read operations=0
                FILE: Number of write operations=0
        Map-Reduce Framework
                Map input records=5516
                Map output records=5516
                Map output bytes=130953
                Map output materialized bytes=141994
                Input split bytes=130
                Combine input records=0
                Combine output records=0
                Reduce input groups=55
                Reduce shuffle bytes=141994
                Reduce input records=5516
                Reduce output records=5516
                Spilled Records=11032
                Shuffled Maps =1
                Failed Shuffles=0
                Merged Map outputs=1
                GC time elapsed (ms)=51
                Total committed heap usage (bytes)=430055424
        Shuffle Errors
                BAD_ID=0
                CONNECTION=0
                IO_ERROR=0
                WRONG_LENGTH=0
                WRONG_MAP=0
                WRONG_REDUCE=0
        File Input Format Counters
                Bytes Read=178278
        File Output Format Counters
                Bytes Written=121175
yu@ubuntu:~/hadoop-2.7.3$
```

图 6-19 排序 MapReduce 输出结果报告

6.4.3 PHP 模块实现

1. 主页显示

在 PHP 页面打开服务器下的结果文件。读取其前十行信息作为热度前十的话题，并将数据以 table 标签的形式进行输出。每条话题尾部添加详情链接用于跳转至趋势页面，如图 6–20 所示。

图 6–20 平台主页面

2. 详情查看趋势

单击话题所对应的“详情”按钮，则跳转至对应的趋势显示页面。页面通过 PHP 将话题的趋势信息导入 js 并在 canvas 标签范围内进行作图，最终以折线图的形式输出图像，如图 6–21~ 图 6–23 所示。

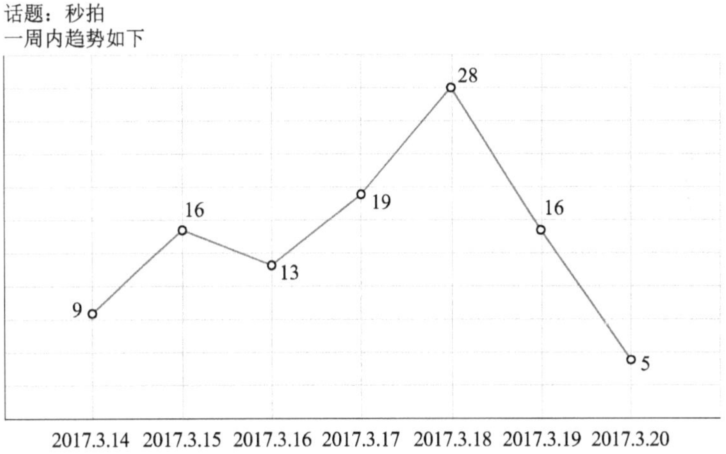

图 6–21 # 秒拍 # 话题一周变化趋势图

3. 手动查询趋势

在主页面下方表单中手动输入话题并单击“提交查询内容”按钮即可查询特定话题的热度变化趋势。页面通过 PHP 将话题的趋势信息导入 js 并在 canvas 标签范围内进行作图，最终以折线图的形式输出图像，如图 6–24~ 图 6–27 所示。

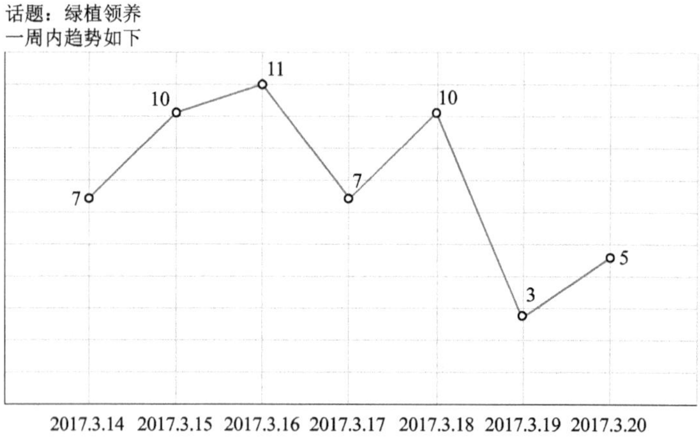

图 6-22 #绿植领养#话题一周变化趋势图

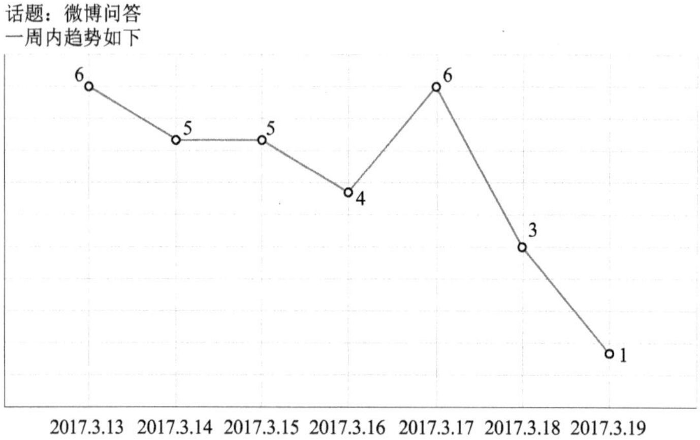

图 6-23 #微博问答#话题一周变化趋势图

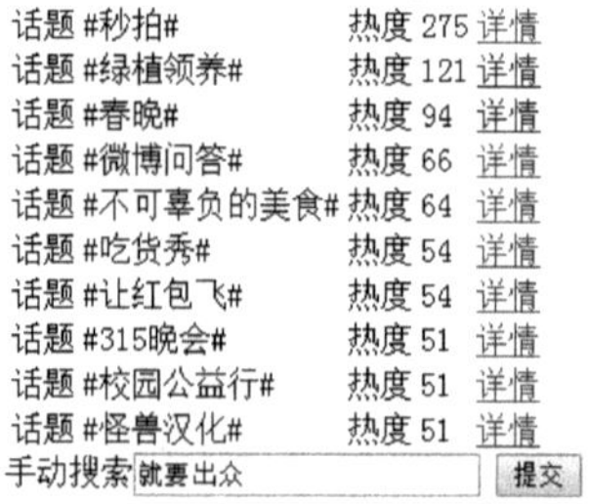

图 6-24 手动输入话题#就要出众#

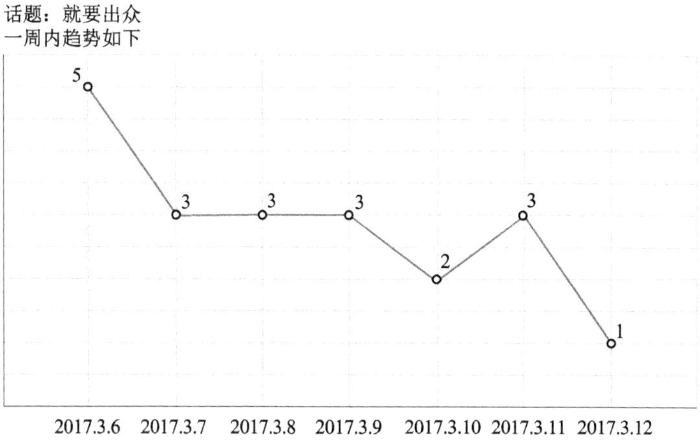

图 6-25　# 就要出众 # 话题一周变化趋势图

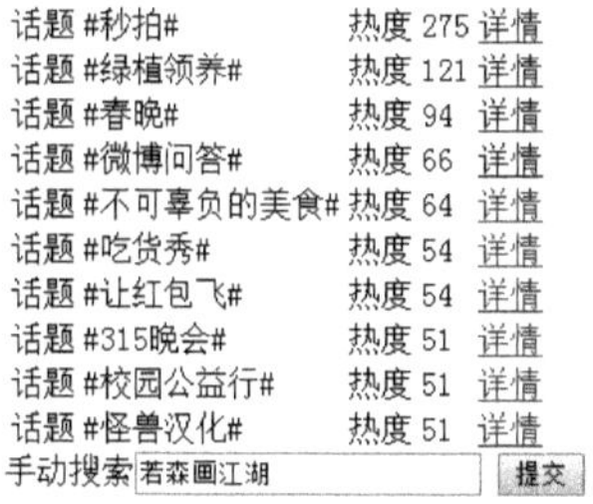

图 6-26　手动输入话题 # 若森画江湖 #

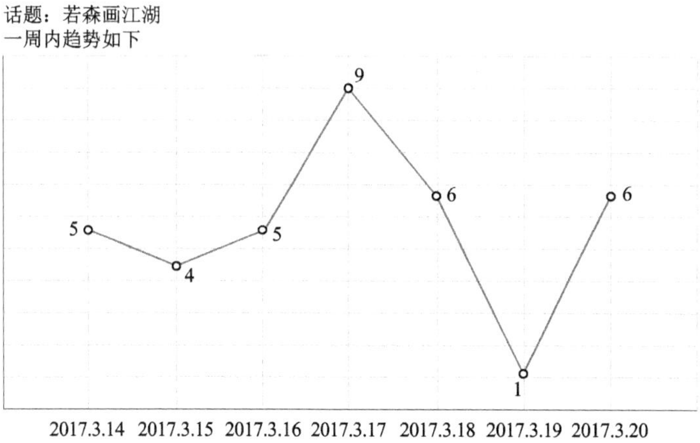

图 6-27　# 若森画江湖 # 话题一周变化趋势图

6.5 系统测试

1. Python 相关测试

在数据库中预设一条用户信息供爬虫选用，测试其能否正确访问预设地址并将其作为起始点进行后续的爬取工作。如表 6-3 所示为 Python 模块测试表。

表 6-3 Python 模块测试表

<table>
<tr><td colspan="2">系统模块名称</td><td colspan="3">Python 爬虫</td></tr>
<tr><td colspan="2">系统模块功能</td><td colspan="3">爬取用户信息及发布的话题</td></tr>
<tr><td colspan="2">运行人</td><td></td><td>试运行时间</td><td></td></tr>
<tr><td colspan="2">试运行用例</td><td colspan="3"></td></tr>
<tr><th>序号</th><th>说明</th><th colspan="2">预期</th><th>实际</th></tr>
<tr><td>1</td><td>访问用户主页面</td><td colspan="2">浏览器访问预设的指定用户主页面</td><td>同预期</td></tr>
<tr><td>2</td><td>爬取并更新个人信息</td><td colspan="2">浏览器访问用户资料页面，数据库信息更新并与网页上个人资料一致</td><td>同预期</td></tr>
<tr><td>3</td><td>爬取话题</td><td colspan="2">浏览器访问用户微博页，数据库信息更新并与网页上话题情况一致</td><td>同预期</td></tr>
<tr><td>4</td><td>爬取关注人</td><td colspan="2">浏览器访问用户关注列表，数据库信息更新并与网页上关注人一致</td><td>同预期</td></tr>
<tr><td>5</td><td>爬取已有关注人</td><td colspan="2">浏览器访问用户关注列表，数据库个人信息更新，数据库总信息条数无变化</td><td>同预期</td></tr>
</table>

爬虫脚本登录后可以正常从数据库中取出用户 ID 并访问其主页，继而进行爬取工作，达到系统设计目的。

2. Hadoop 相关测试

将数据库信息导入 Hadoop 环境，进行处理。测试其能否正常处理数据。如表 6-4 所示为 Hodoop 模块测试表。

表 6-4　Hadoop 模块测试表

系统模块名称	Hadoop 数据处理		
系统模块功能	统计并排序爬取到的话题信息		
运行人		试运行时间	
试运行用例			
序号	**说明**	**预期**	**实际**
1	统计数据	输出临时文件，其内容与数据库查询结果相吻合	同预期
2	排序数据	读入临时文件并输出结果文件，其内容与数据库查询结果相吻合	同预期

Hadoop 可以将数据进行统计排序并输出，达到系统设计目的。

3. PHP 相关测试

针对 Hadoop 处理结果，测试 PHP 页面能够正确读取并进行相应跳转作图等功能。如表 6-5 所示为 PHP 模块测试表。

表 6-5　PHP 模块测试表

系统模块名称	PHP 页面		
系统模块功能	显示热门话题及其趋势		
运行人		试运行时间	
试运行用例			
序号	**说明**	**预期**	**实际**
1	显示热门话题	浏览器显示文件中热度前十的话题及其热度。其内容与 Hadoop 处理结果一致	同预期
2	单击详情查看	浏览器跳转详情页面，所示话题为详情链接所对应话题	同预期
3	手动输入话题查看	浏览器跳转详情页面，所示话题为输入话题	同预期
4	显示变化趋势图	在各话题详情页下方，显示其对应话题的一周热度变化情况，且结果与数据库查询结果一致	同预期

PHP 页面可以显示热度靠前的话题，各话题详情页面均能显示其近期变化情况，达到系统设计目的。

6.6 本章小结

在互联网信息爆炸增长的今天，我们已经全面迈向了大数据时代。对海量数据有效、准确地抽取和分析对于把握舆情走向是至关重要的。本章针对新浪微博，提出了一整套从信息收集到分析展示的系统方案，并将其良好地实现。

本章首先整体介绍了当今社会对文本抽取的需求、网络舆情的研究现状，随后重点阐述了所运用的 Hadoop 系统的特点及技术优势。通过对目标信息源的分析与系统设计，逐步实现了基于 Hadoop 的文本信息抽取系统的开发，提供了完整的舆情监控系统雏形，节约了人力物力。

最后，本系统的开发和研究仍存在诸多需要改善的地方：

（1）未能解决 PHP 执行非系统指令的问题，故后续查询操作无法将分布式系统的优势体现出来。

（2）受限于时间精力，本系统只完成了雏形，大量的基础功能未进行添加，完善的空间较大。

（3）对于热门话题的具体微博信息，可以与语义分析、情感倾向分析等技术相结合，充分挖掘出舆情中网民的观点倾向。

（4）由于大规模的网络爬取会对内容提供商的服务器造成很大的压力，故各大网站均对爬虫进行了或多或少的限制，这会很大地限制爬取结果的覆盖面。若改进成大型系统，希望能与相关公司进行合作洽谈，放开限制来达到更好的效果。

本章对网络舆情数据进行了抽取并分析，那么网络舆情是如何进行传播的呢？下一章将会对网络舆情的传播结构做详细的解读。

7 网络舆情传播网络结构的研究

本章主要研究舆情事件传播的网络结构，以便了解舆情的发展传播趋势，做到及时、积极有效地引导舆论。以往都是只针对某一条微博的传播机制或某一个领域的舆情事件进行研究，而本章的创新点是基于微博平台，将选取不同领域的舆情事件，对其舆情的传播趋势路径与传播所形成的网络结构两方面进行传播机制研究，并对比分析不同领域舆情事件的传播特点。

7.1 网络信息传播

随着互联网的普及以及 Web 技术的发展，信息传播逐渐由传统的传播方式变成网络传播方式，具有全球性、交互性和超文本链接等特点。因此，360 百科将网络信息传播定义为：以计算机通信网络为基础，进行信息传递、交流和利用，从而达到其社会文化传播目的的传播形式。网络传播融合了大众传播（单向）和人际传播（双向）的信息传播特征，在总体上形成一种散布型网状传播结构。在这种传播结构中，任何一个网结都能够生产、发布信息，所有网结生产、发布的信息都能够以非线性方式流入网络之中。

网络信息传播打破了地域性的限制，具有实时性和互动性，而且相对传统的信息传播其传播内容更具有多样性。研究学者通过大量的实证发现并总结了网络信息传播的特征如下：① 传播途径多样化；② 传播内容多样化；③ 传播具有实时性和互动性。

7.2 微博网络拓扑性质分析

7.2.1 复杂网络特性

第 4 章和第 5 章已经介绍了复杂网络与微博的基本概念。本小节主要介绍复杂网络的特性——小世界与无标度特性。

复杂网络拥有小世界和无标度两个基本特性。小世界是指网络的聚类系数远远大于相应随机网络，而平均路径长度相当的网络结构现象。因此，平均路径长度和聚类系数是研究小世界的重要指标。若网络的节点度满足幂律分布，则说明该网络具有无标度特性，该网络属于无标度网络。无标度特性从另一方面也说明了大部分的节点只有比较少的连接，而少数节点有大量的连接。节点度幂律分布如图 7-1 所示，其中横坐标表示度的数目 k，纵坐标为度为 k 的节点占总节点的概率。有学者认为，无标度网络为小世界网络的一种。

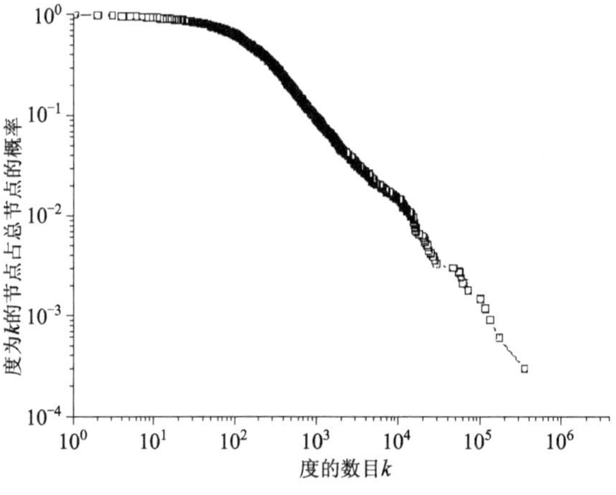

图 7-1 节点度的幂律分布

7.2.2 微博网络度的分布

微博是以关注与被关注关系建立社交网络的，其连接形式如图 7-2 所示。本小节通过验证微博关注网络度的分布来说明微博网络是否符合复杂网络的特性。实验所用数据来自微博平台，运用 Python 爬虫程序与 Mysql 数据库软件连接，对某一用户的关注列表，再爬取关注用户的关注用户，经过 2 次迭代数据爬取，对获取的数据剔除整理后，共 23 280 个节点。下面就以关注用户与被关注用户为节点，关注关系为边，建立社交网络图，如图 7–3 所示。对网络各节点进行度计算后，整个网络的度分布图如图 7–4 所示。

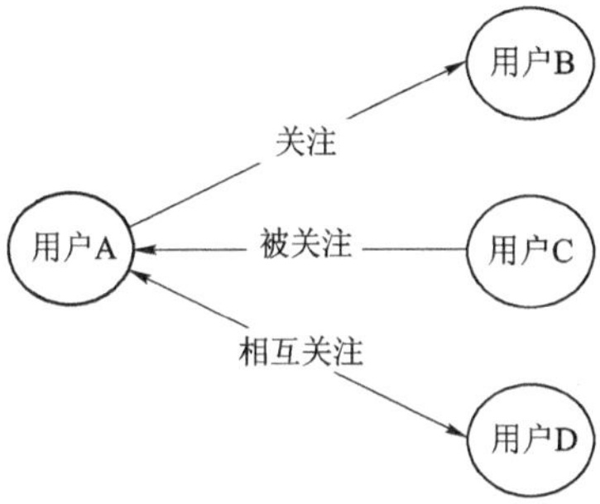

图 7–2　微博用户间的关系

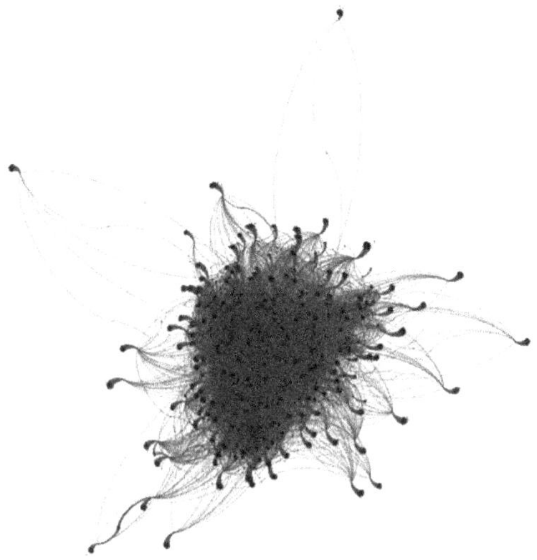

图 7–3　微博用户关注网络图

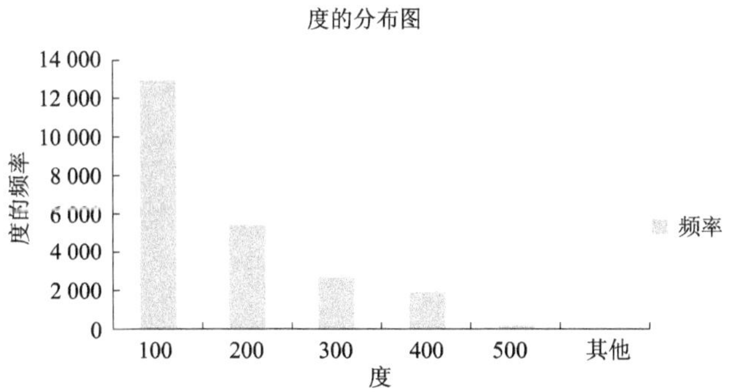

图 7–4　微博用户关注关系度分布图

由图 7–4 可看出，关注网络的度分布呈曲线分布，度在［0，100］间的节点最多，度在（100，200］的节点次之，度在（400，500］的节点最少。满足复杂网络的无标度特性，只有少量节点的度很大，而大量节点的度都比较小，即大部分的节点只有比较少的连接，而少数节点有大量的连接。同时，学者、专家经大量的研究证明微博度的分布服从幂律分布且有胖尾特征。因此，微博也具有小世界和无标度特性，也可以用研究复杂网络的方法研究微博的网络结构。

7.2.3 微博网络拓扑结构对信息传播的影响

微博网络具有小世界的特征，即只要较小的平均路径就能与其他用户建立连接，当“大 V”用户发布微博时，其粉丝可能会转发，粉丝的粉丝有可能对该微博感兴趣也会跟着继续转发。通过层层传播，就会让该微博在网上快速散播开来，用较小的路径实现较大范围的传播。

微博是基于关注与被关注关系的社交平台，用户与用户之间通过关注来构建社会网络。当某一事件在网上传播时就会形成一个传播网络结构，通过研究微博的网络结构可以更好地了解传播的路径，寻找到各个层级转发的大节点用户，预测传播范围，对事件的进一步传播扩散进行及时调控等。而微博网络的小世界与无标度特性都可用微博网络结构的基本指标（如图密度、平均度等）以及中心度指标等来衡量，该内容在第 4 章已有介绍，不再赘述。

7.3 网络舆情的形成与传播过程

网络舆情的形成是变化的，因为网络舆情是由于事件的发生而根据不同网民产生的，而事件也是会不断升级的，所以网络舆情存在一个变化的过程。此外，参与形成网络舆情的网民会根据事件变化以及自身价值观、利益而采取不同态度，这也促使网络舆情的变化过程。

（1）网络舆情的形成。

网络舆情形成的前提是发生了某件社会性事件，对人们生活产生了影响。这种社会性事件往往会对人们的生活、利益等重要因素产生影响，从而受到部分人的关注，然后产生了一系列的态度、看法，形成网络舆情。

（2）网络舆情的高涨 。

在社会性事件发生之后，网络舆情形成，传播到了互联网上。人们会由于对事件的关注从而关注网络舆情，人们会表示自己的态度预期等。有些网络舆情关注度很高，会在长时间、大范围传播。而有一些网络舆情只会持续一小段时间并且控制在一定范围内。但网络舆情都会有一个爆发式增长的阶段。

（3）网络舆情的波动变化。

网络舆情的传播过程会经历曲线波动式的过程。网络舆情在爆发后，会区分为不同态度和观点，随着时间变化，进一步分化。有时候网络舆情会集中在正面，而过一段时间则会偏向负面，呈现出往复波动的变化状态。

（4）网络舆情的淡化。

网络舆情在传播一段时间后会慢慢淡出人们的视线，有一些网络舆情会很快退去，还有一些即使持续时间很长也会消失。在之后人们会被新发生的突发性事件吸引眼球，从而产生出针对新的事件的网络舆情。但是这并不排除曾经发生过的事件进一步爆发，也会继续使人们关注，从而爆发新一阶段的网络舆情。

7.4 微博用户信息传播能力分析

在微博环境中，用户发布的微博信息在一开始时可能不会被大量关注，但是随着其他用户的转发和评论，微博信息将会被更多的人关注。信息传播能力高的用户在扩大信息传播范围方面起着重要的作用，他们引导着舆论和话题的形成，对微博信息传播过程中信息传播能力高的用户的挖掘，有助于更加深入地了解微博网络中信息传播的规律，更加客观地评估用户及团体，为微博营销和舆情监控提供理论依据。

在线社会网络是依据用户之间的关注关系来构建的，基于在线社会网络的信息传播与用户之间关系的强弱有很大的影响。谁是在线社会网络中有影响力的人？这个问题的答案不仅依赖于网络的结构，而且与网络结构的动态演化有关。所以，在对在线社会网络用户的信息传播能力进行分析的时候，需要考虑信息传播者的基本属性以及信息传播者在社会网络结构中的特征等多个方面。接下来将提取信息传播者的基本属性指标和网络结构的相关指标，并利用这些指标构建评价模型来刻画信息传播者的影响力。

微博作为新一代社交媒介，使得人人都可以为自己代言。而且由于微博用户之间的关注关系，每个人发布的微博信息都可能会产生较大的影响。但是由于用户自身身份的不同，不同的用户发布的信息又会产生不同的效果。同时由于用户的兴趣爱好不同，用户又会有选择地加入自己的社交圈，在不同的网络中扮演着不同的角色。因此，本书将从用户自身属性和用户在社会网络结构中的特征两个方面来选取指标对其信息传播能力进行评价。

7.4.1 用户自身属性

微博具有实时性、自主性以及共享性等特点，每天都有大量的用户在微博平台上参与热点话题的讨论。用户登录微博之后不仅可以对外发布信息，还可以浏览来自于其他用户的信息，当看到感兴趣的话题时，用户通常会根据认知水平挑选出自认为有价值的内容进行分享和转发，同时作为信息源头的博主也会因此获得更多的关注。

在整个过程中，“大 V”用户的分享、评论等行为对信息的传播起到至关重要的影响。研究发现，微博账户的粉丝数、关注数以及互粉数最能体现单个微博用户的账户状态。因此，为了评估微博平台上用户影响力的大小，定义声望值 P 如下：

$$P=\lg\left(\frac{N_{\mathrm{f}}(\mu)+1}{N_{\mathrm{g}}(\mu)+1}\right) \tag{7-1}$$

式中，N_{f} 代表用户 μ 的粉丝数（即 μ 的入度）；N_{g} 代表用户 μ 的关注数（即 μ 的出度）。

7.4.2 社团密度

趋同性是社会网络最基础的特征之一，指的是处于不同环境下的角色之间会相互影响、相互借鉴，直至趋向一致。Singla 等在真实社会网络中进行了大规模的趋同性实验，其实验结果验证了大规模在线社会网络上趋同性的存在。通过提取微博用户的相关信息，借助网络可视化分析工具 PKUVIS 构建了信息传播网络结构图（见图 7–5）。从图 7–5 可以看出，信息完全围绕着几个关键用户节点（粉丝数十万以上）进行传播，很少有离散的节点传播路径。

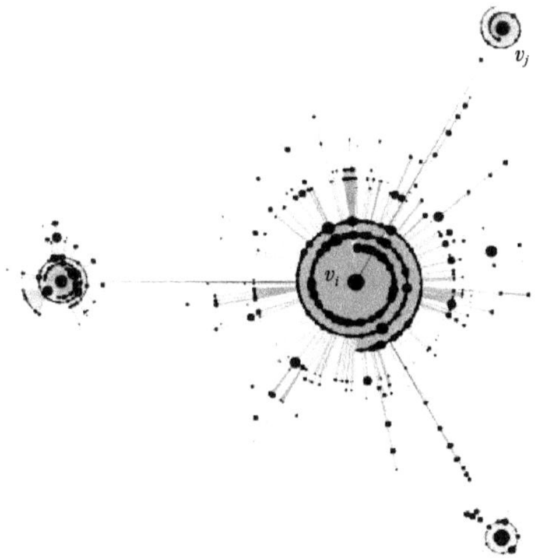

图 7-5　社团网络挖掘示意图

将网络社团结构进行划分，设节点 v_i 所属的网络社团编号为 σ_i，节点 v_j 所属的网络社团编号为 σ_j，当 $\sigma_i=\sigma_j$ 时，$\delta(\sigma_i, \sigma_j)=1$。则社团密度函数 Q 可以定义为：

$$Q=\frac{1}{2M}\sum_{i,j}\left[\left(a_{ij}-\frac{k_i k_j}{2M}\right)\delta(\sigma_i, \sigma_j)\right] \tag{7-2}$$

式中，a_{ij} 表示网络邻接矩阵中的元素；$M=\sum a_{ji}/2$ 代表网络社团中边的数目；k_i 和 k_j 分别代表节点 v_i、v_j 的度。若 Q 的函数值接近 1，表明社团内部结构高度紧密连接。在实际应用中，$Q\in[0.3, 0.7]$。

7.5 网络舆情发展演化规律分析

7.5.1 网络舆情发展过程与传播主体分析

1. 网络舆情发展过程

突发性公共危机事件网络舆情发展过程大致分为 3 个阶段，如图 7-6 所示。

（1）事件的爆发。

危机事件是具有争议性、敏感性和冲突性的事件，此事件一旦在网络上流传就会引起公众的关注，成为网络舆论的诱因。

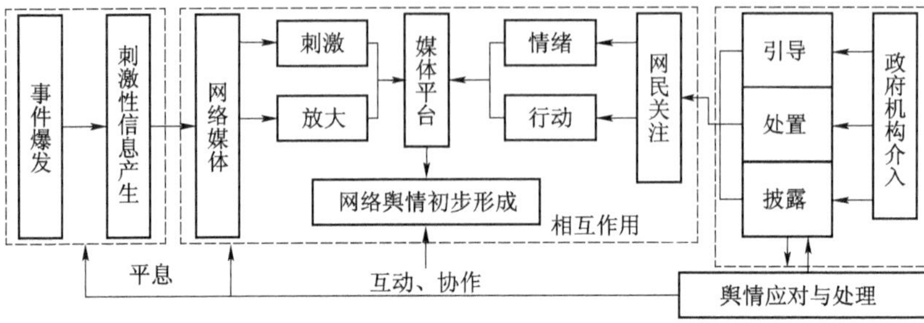

图 7-6 突发性公共危机事件网络舆情发展过程

（2）网络舆情初步形成。

具有敏感性和争议性的危机事件一旦发生，就会在网上病毒式地传播。各种各样的评论就会出现在各网络平台，别有用心的人甚至会夸大或谣传一些不实消息，使得不明真相的群众转发，被牵着鼻子走，发表不当言论，形成社会舆论引发不良的社会影响。

（3）对网络舆情的应对与疏导。

网络舆情一旦形成，就会充斥着大量的质疑、愤怒、谩骂等负面情绪，危害政府或其他人的形象，对社会造成不良影响。这时候就需要政府采取及时有效的措施对舆论进行疏导，让事件的处理过程透明化，对不实言论进行辟谣。这就需要对网络热点进行实时监控，对突发事件进行预警以便第一时间平息民怨。

2. 网络舆情传播主体

这里根据网络舆情过程中传播主体作用的不同将其分为政府用户、网络媒体用户、普通群众用户。

政府用户，指在微博中经过微博身份认证的政府机构以及政府机构的工作人员、身份对外公开的用户，如平安北京、中国气象局等。其主要负责对网络舆情的引导和调控，在网络舆情传播过程中的特征为：① 面对舆情的发展反应速度较慢；② 对网络舆情的应对能力较差；③ 网络舆情爆发后持续关注度较高。

网络媒体用户，指在微博上通过认证的媒体机构和专业报道人员，如新华社等。其主要负责对网络舆情进行报道，推动事件的发展，在网络舆情传播过程中的特征为：① 对事件反应速度较快，能准确捕捉热点事件；② 在舆情传播过程中对事件关注度较高；③ 可能会夸大事实，播报不实传言，引起恐慌。

普通群众用户，指除了进行身份认证的政府机构和网络媒体外的用户，是微博用户的主体，数量庞大。作为网络舆情传播的主要传播者，也是事件的发起者，其在网络舆情传播过程中的特征为：① 事件的传播源；② 易被误导，盲目从众；③ 对事件缺乏理性的思考与分析，了解事情比较片面，易冲动。

7.5.2 突发性公共危机事件网络舆情演化路径分析

1. 网络舆情演化阶段

传统网络舆情演化阶段分为潜伏期、爆发期、蔓延期、反复期、缓解期和长尾期 6 大时期，但本书对这几个阶段进行整理后将网络舆情演化阶段分为萌芽阶段、发展阶段、形成阶段、衰退阶段四大阶段，反映了网络舆情的整个发展过程。其演化阶段图如图 7-7 所示。

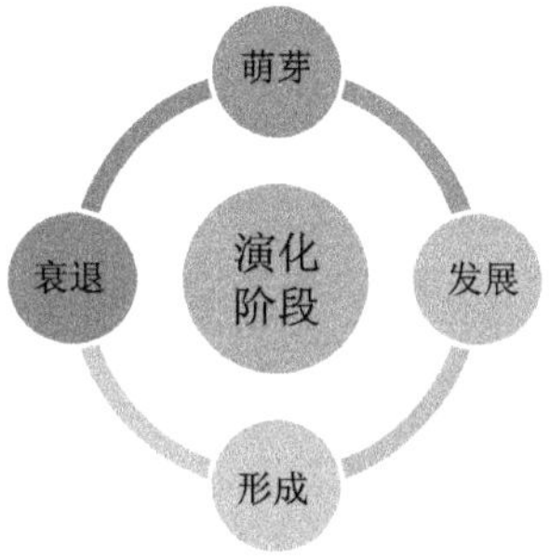

图 7-7 网络舆情演化阶段图

（1）萌芽阶段。

当具有敏感性、争议性的危机事件发生后，因为其与网民的自身利益有关联会迅速成为关注焦点，网民会对该事件的发生过程始末进行挖掘，伴随着可能又会有相关的刺激性信息产生，就会刺激网民形成某种情绪和态度，使刺激性的信息在网上扩散，刺激强度和影响范围会进一步扩大。

（2）发展阶段。

当网民的个人态度和情绪形成后，网民会就该事件发表自己的看法以寻求支持，就会对该事件发帖、回帖或转帖等，大量传播的信息会引发更多的人关注。网民会对自己比较认同的看法进行讨论和交流，逐步扩大成一个大的团体。

（3）形成阶段。

越来越多的人或媒体对事件的进展、事件的经过、事件的真相进行追寻，在网络上参与事件讨论，逐步形成矛盾、怨恨。若矛盾和怨气达到一定程度还没有被及时解决，舆情的表达则会更加激烈。

（4）衰退阶段。

随着网上相关报道和信息的减少以及政府的积极引导，不良情绪会逐渐减弱，舆论热度就会慢慢下降。随着时间的消逝事件会慢慢被人们所遗忘，这就是衰退阶段。

2. 网络舆情演化路径原因分析

（1）网络舆情演化的作用力。

从网络舆情演化的影响要素来看，其演化作用力主要为事件本身的破坏力、网络力量的推动力、政府等机构的控制力。

事件本身的破坏力包括事件发生时的人员伤亡、财产损失等较明显的破坏力，也包括敏感性公共危机事件引发的舆论情绪对社会造成不良影响、破坏社会秩序等潜在的破坏力。

网络力量的推动力来自网民和网络新闻媒体。网民通过对事件发表自己的言论和观点参与事件，并对自己的观点进行转发以寻求支持，与更多的用户进行广泛的交流。网络媒体也具有开放性和互动性，网民也可以就媒体所发布的消息与媒体和其他用户进行交流，推动事件的发展。

公共危机网络舆情爆发后，会积压很多的情绪和民愤，这时候需要政府出面对舆情进行及时的疏导和应对，平稳人心，若处理不好，将影响到政府的公信力和形象。因此随着网络舆情态势的演化，政府等机构的控制力对舆情调控起到至关重要的作用。

（2）网络舆情演化规律。

网络舆情态势演化的发生、发展以及形成的规律有助于研究事件的起源、经过以及影响整个态势的演化过程，更有助于政府有效地对舆情进行正面、积极的调控，从中寻找到合适的应对之策。总的来说，网络舆情演化态势受破坏力、推动力、控制力的共同作用。其中，破坏力属于内源动力，指事件本身的影响，含有事件的敏感性、刺激性。网络力量推动力和政府等机构控制力都属于外源动力，指系统外部的作用，对事件的发展起重要作用。

公共突发性危机事件在内外源动力的耦合影响下主要划分为两个阶段：一是内源动力生效阶段，二是内源动力和外源动力相互影响作用阶段。在两大力的作用下，突发事件会向着更加复杂的情况发展。突发事件影响力变大、被关注强度增大，在社会中会引起大范围的传播扩散，使事件更具有复杂性和不确定性。

7.5.3 内外源动力影响因素

1. 内源动力影响因素

内源动力是指与事件本身的属性相关的因素所引起的破坏力。本书认为突发事件的内源动力主要包含以下两个因素。

（1）事件本身的敏感度。

当危机事件爆发后，所涉及的敏感话题会迅速引起网民、媒体、相关机构和政府的注意，和事件有关的信息就会不断被披露出来，甚至还有一些不实的谣言混杂其中，让不明真相的人民群众信以为真，大量表达不良情绪、积攒民怨。网民观点经过激烈的讨论和传播后会形成网络舆情，使事件矛盾不断升级，增加了事件发展方向的复杂性和不确定性。

（2）与公众的相关度。

公共危机事件发生后，若引起讨论的范围越大说明与公众的相关度越大，公众会觉得这类事件发生在自己身上的概率越大。这类事件可能会损害他们的生命、权利、资源等利益，让公众无法置身事外。则事件带来的恐慌、潜在危害性就越大，社会受到的影响就越大。

2. 外源动力影响因素

前面已经提到，外源动力包括网络力量的推动力、政府等机构的控制力。下面对外源动力的影响因素进行讨论。

（1）网络力量的推动力。

网络力量的推动力主要来自两个方面：网民和网络媒体。

从网民的角度出发，各大门户网站的建立和微博论坛的发展让网民们能积极地发表自己的看法、评价等来表达自己的情绪与态度，做到交流和互动。体现网民推动力的评价指标为事件帖子总数、新闻跟帖数、微博的转发数和评论数、帖子置顶水平以及网民质疑度。

从网络媒体的角度出发，网络媒体是网络舆情传播的主要载体，是形成和发展网络舆情热度的主要渠道，对网络舆情的影响作用不容小觑，因为其言论在民众中比较有信服度。网络媒体推动力的指标如下：① 其议程设置功能。网络媒体要善于发掘实时热点中的争议性话题，将该议题作为线索寻找民生中更多的相似议题。媒体要在公众情绪和意见还没有形成时对网民的态度进行引导。② 网络推送新闻。网络媒体对热点事件进行报道，民众跟帖讨论，媒体再根据民众讨论的观点进行再一次的报道。表 7–1 是网络媒体在舆情传播中的影响力汇总表。

表 7–1 各媒体影响力汇总表

<table>
<tr><th colspan="2">传播媒介</th><th>典型代表</th><th>突发事件舆情传播影响力</th><th>主导</th></tr>
<tr><td rowspan="4">新闻网站</td><td>政府新闻网站</td><td>新华网、人民网、中国新闻网等</td><td rowspan="4">★★★★★</td><td rowspan="4">网络媒体</td></tr>
<tr><td>大型商业新闻网站</td><td>新浪、搜狐、网易等</td></tr>
<tr><td>新闻媒体网站</td><td>人民日报、光明日报、新华社、中央电视台等</td></tr>
<tr><td>代表性地方网站</td><td>北京的乾隆信息网、香港的凤凰网、上海的东方网等</td></tr>
<tr><td colspan="2">时事论坛</td><td>新华网发展论坛、人民网强国论坛、新浪时事论坛、网易崛起论坛、凤凰论坛等</td><td>★★★★★</td><td>网民</td></tr>
<tr><td colspan="2">BBS 及网络社区</td><td>水木清华、紫丁香、猫扑、天涯等</td><td>★★★☆</td><td>网民</td></tr>
<tr><td colspan="2">微博</td><td>新浪微博、腾讯微博等</td><td>★★★★★</td><td>网民</td></tr>
<tr><td colspan="2">博客</td><td>新浪博客、中国博客网等</td><td>★★★</td><td>网民</td></tr>
</table>

（2）政府等机构的控制力。

政府等机构的控制力表现在网络舆情爆发阶段，民众舆论情绪和观点比较偏激，向着不可控和不确定的方向发展，政府就需要及时出面对舆情进行疏导和控制，安抚民心，寻找合适的解决之策。对于政府等机构的控制力评价指标为：官方公告、事件处理信息透明度、政府公信力等。

综上所述，整理的内源动力和外源动力评价指标如表 7–2 所示。

表 7-2　评价指标汇总表

<table>
<tr><th>项目</th><th colspan="3">评价指标</th></tr>
<tr><td rowspan="2">内源动力</td><td rowspan="2">事件本身的破坏力</td><td colspan="2">事件本身的敏感度</td></tr>
<tr><td colspan="2">与公众的相关度</td></tr>
<tr><td rowspan="10">外源动力</td><td rowspan="7">网络力量的推动力</td><td rowspan="5">网民推动力</td><td>事件帖子总数</td></tr>
<tr><td>新闻跟帖数</td></tr>
<tr><td>微博转发数与评论数</td></tr>
<tr><td>帖子置顶水平</td></tr>
<tr><td>网民质疑度</td></tr>
<tr><td rowspan="2">网络媒体推动力</td><td>议程设置功能</td></tr>
<tr><td>网络推送新闻</td></tr>
<tr><td rowspan="3">政府等机构
的控制力</td><td colspan="2">官方公告</td></tr>
<tr><td colspan="2">事件处理信息透明度</td></tr>
<tr><td colspan="2">政府公信力</td></tr>
</table>

7.6 微博舆情的信息传播模型

7.6.1 微博舆情话题领域与用户分类

在微博平台上，用户间通过关注与被关注建立联系形成社交网络。而微博信息的传播主要通过转发、评论、点赞以及收藏等用户交互行为实现，构成传播的广度。在微博舆情发展过程中，除了网络结构和节点影响力能对事件的传播发挥影响外，话题领域、用户的分类不同对舆情信息传播的影响也会不同。本节通过对微博用户和话题领域的分类，建立传播模型，并为后文不同领域的话题传播结构研究实例奠定基础。

（1）微博话题领域分类。

微博话题分类繁多，有美食、美妆、明星等小分类，为了方便起见，本书将众多的话题分为民生、经济、政务、娱乐以及教育 5 大领域。不同领域的话题传播速度不同，如民生、娱乐等领域的舆情是最受百姓关注的，传播速度比较快，每个用户都乐意发表言论。而政治领域的舆情事件传播范围相对前面两个领域就比较小，由于政治敏感性，发言就比较谨慎，参与人数相对较少。

（2）微博用户分类。

微博用户主要分为认证用户和草根用户。其中认证用户是指明星名人、政府机构、企业、新闻媒体、专家学者等，他们都是微博认证过的用户。他们拥有大量粉丝，在信息传播过程中影响力较大。据统计，2011 年年底，新浪微博总注册人数为 3.5 亿，其影响力排名前 20 的用户发布一条微博，则整个新浪微博的覆盖率就达到了 4%，足以验证认证用户微博影响力之大。

草根用户是指普通的老百姓，在新浪微博用户中所占比例较大。草根用户通过微博了解民生中发生的实时热点，同时与名人沟通，表达自己的看法、意见。目前他们是舆情传播的主力军，在舆情传播中是发布者也是转发者，也可能是舆情事件潜在的意见领袖。

7.6.2 微博舆情的信息传播模型

1. 网络传播模型

学者拉扎斯菲尔德的二阶段传播理论认为，大众传播需要经过意见领袖，经过意见领袖后才流向一般受众，而不是直接流向的。其二级传播模式如图 7-8 所示。

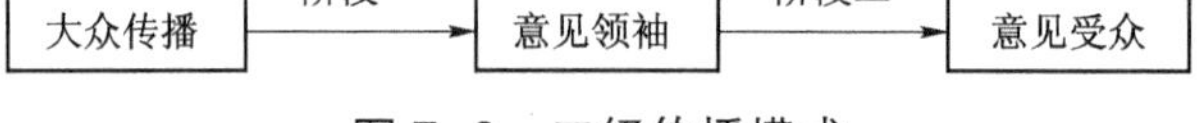

图 7-8　二级传播模式

随着 Web2.0 技术的发展，人们在社交平台上建立了大量的网络社区，与传统的传播模式不同的是，在不同的社区中人们可以自由地交流思想。为了反映网络传播的复杂性和清晰展示各网络传播要素是如何作用于传播过程的，史亚光、袁毅等提出了社交网络的传播模式，如图 7-9 所示。虽然此模式能适用于传统的社交网络，但是由于微博网络的特性还是存在些许不足，忽略了草根用户可作为信息的创造者和输入者。

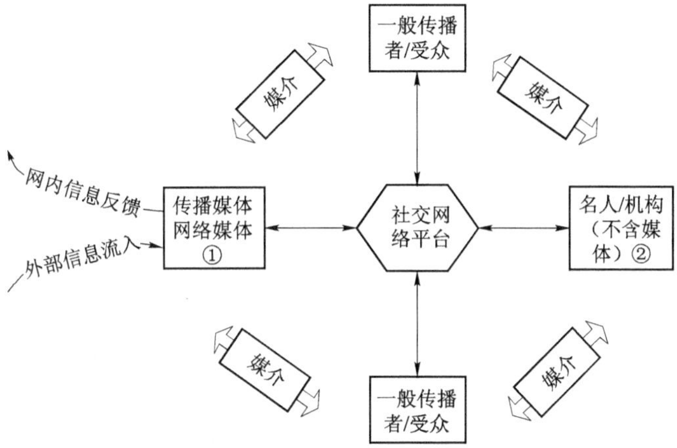

图 7-9　史亚光、袁毅的社交网络传播模式

2. 微博网络传播模型

微博信息的传播分关注路径和转发路径。关注路径指微博的关注功能可以使用户依据自己的标准对其他用户或者是信息主题进行关注。转发路径指用户可以将感兴趣的内容方便地转发到自己的空间里，与好友分享，同时可以进行评论，发表看法。这一方面为受众发表意见提供了简便的途径，另一方面也为信息传播者提供了与受众进行信息交流的可能性。

在微博平台上，信息的接收靠关注关系，信息的传播则靠转发关系。本文以关注网络进行信息接收，然后采用转发路径构成传播网络结构，以用户为节点，转发关系为边。因此构建的微博网络传播模型如图 7-10 所示。

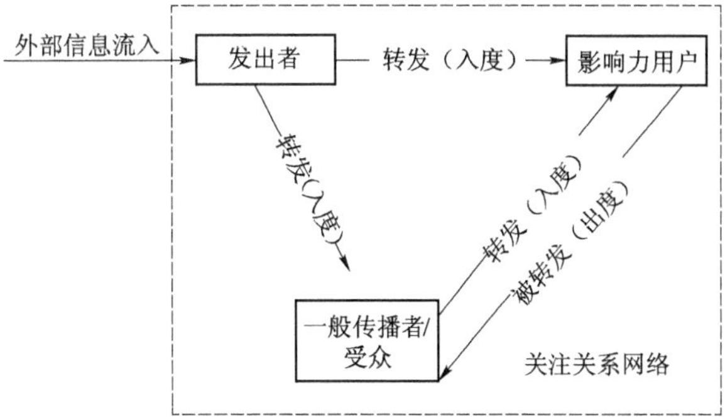

图 7-10　微博网络传播模型

通过建立微博网络的传播模型来探究微博信息是怎样在人群中传播的，根据传播模型寻找层级关系建立传播拓扑网络结构。

7.7 不同领域的微博突发事件舆情实例分析

7.7.1 实验数据集的采集

数据的采集主要分为微博用户信息和微博信息。微博用户信息数据属性有用户名、性别、认证、职业、粉丝数等。微博信息属性包括转发数、评论数、点赞数等。

其中，微博信息的筛选条件有以下要求：

（1）舆情演化阶段。根据前面舆情演化阶段的介绍，主要分为萌芽阶段、发展阶段、形成阶段、衰退阶段四大阶段。微博信息主要是从舆情发展的各阶段选出最具代表性的微博。

（2）微博发布者属性。舆情信息最重要的发布者一般包括公众人物、舆情事件事发地用户以及事件相关机构和人员，舆情微博信息的采集主要从这三类用户发布的与事件相关的有代表性的微博中选择。

（3）微博信息内容。主要从对各阶段起转折性作用的微博中采集。

7.7.2 娱乐领域舆情实例分析

本节以 2016 年具有代表性的娱乐领域舆情热点事件“王宝强离婚案”为例，分别从其传播趋势以及传播网络结构等方面对其进行分析以探究娱乐领域舆情事件的传播规律。

1. 数据采集结果

对应舆情演化的 4 个阶段：萌芽阶段、发展阶段、形成阶段、衰退阶段，在各阶段选取了对事件起转折作用的 4 条关键性微博。对原始数据的无效数据以及残缺数据进行剔除后，以微博用户为节点，以转发微博的行为为边，共获取 1 167 个节点，1 216 条边，其中 4 个源节点，其余节点都是转发节点。“王宝强离婚案”微博信息部分数据如表 7–3 所示。对微博的用户信息进行身份属性统计和性别统计分别如图 7–11 与图 7–12 所示。

表 7–3　“王宝强离婚案”相关微博信息

序号	发布者	微博内容	时间	转发数	评论数	发布者身份属性
1	王宝强	# 离婚声明 #	2016/8/14	623 858	319 257	当事人、名人
2	搜狐娱乐	# 王宝强离婚 # 娱乐圈好友力挺……	2016/8/15	5 898	18 261	新闻媒体
3	财经网	【王宝强离婚知情人爆料：钱款……】	2016/8/16	57 160	69 010	新闻媒体
4	北京朝阳法院	【王宝强离婚案法院已受理】	2016/8/15	9 500	45 686	政府机构

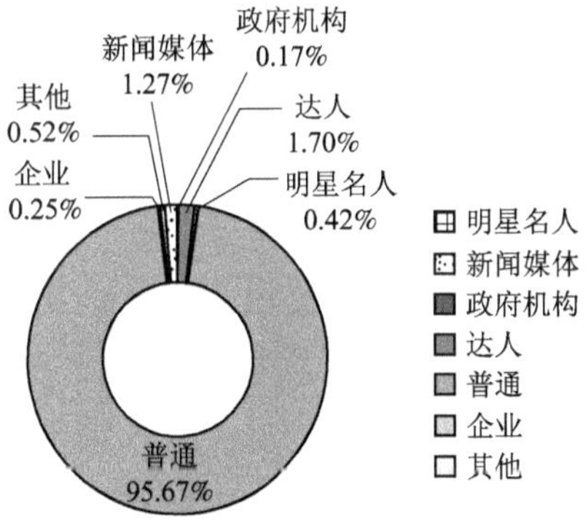

图 7–11　“王宝强离婚案”关注用户身份属性统计图

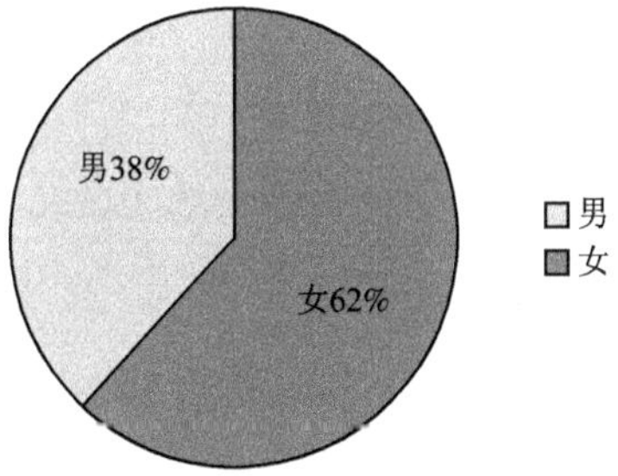

图 7–12　“王宝强离婚案”关注用户性别统计图

从图 7–11 可以看出，在“王宝强离婚案”中草根用户（普通 + 达人）较多，占了 97.37%，说明草根用户对此类娱乐话题比较感兴趣，参与度高。而剩下约 3% 为认证用户，从图中可知，认证用户中的新闻媒体转发的微博数占 1.27%，他们发表代表性观点在舆论中拥有较大影响力，引发他们的草根粉丝的大量转发。从图 7–12 可以看出，女性对此类娱乐事件的关注度比男性高，符合大部分女性爱八卦的心理。

2. 传播趋势

根据采集数据分析可得传播趋势图如图 7–13 所示，横坐标表示转发日期，纵坐标表示转发数量。

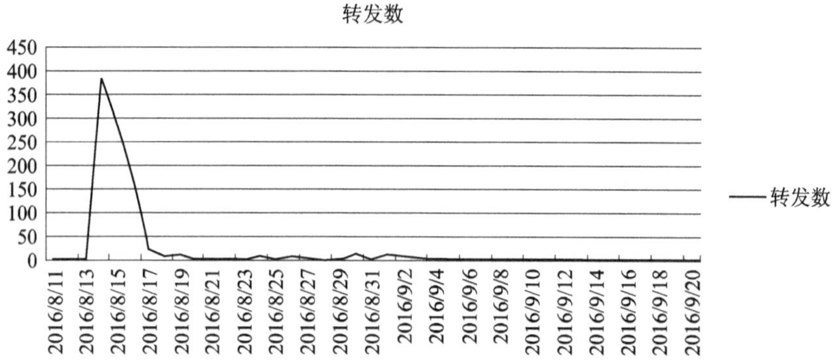

图 7–13 “王宝强离婚案”传播趋势图

从图中可以看出，2016 年 8 月 14 日，王宝强发表离婚声明后立即引发网友大量转发，离婚风波引起热议，在 8 月 15 日日转发量达到顶峰接近 400 条，而后转发量下降渐趋于 0，热度退去达到平稳状态。

3. 传播网络结构

将数据采集结果中的四条具有代表性的微博数据用 Gephi 可视化得到的传播网络结构图如图 7–14 所示。图中主要有“王宝强”“搜狐娱乐”“财经网”“北京朝阳法院”4 个大源节点用户，其余节点都是它们的直接或间接转发，转发节点中“江宁公安在线”“芒果松布尔”“李 **”“刘 *”等用户为重要中介节点，连接源节点与其他节点。

（1）整体结构分析。

对传播结构图进行平均度、平均路径等基本整体指标的计算结果如表 7–4 所示。平均度较小，平均每个节点的度为 1.042。图密度较小，网络较分散。平均聚类系数较小，说明节点间的聚集程度较小，网络较分散。平均路径较小，一个节点发布的消息通过 1.578 个节点就可到达另一个节点，同时网络直径为 4，传播范围较小。模块度较大，说明用户社区划分质量高，共分为 13 个社区。

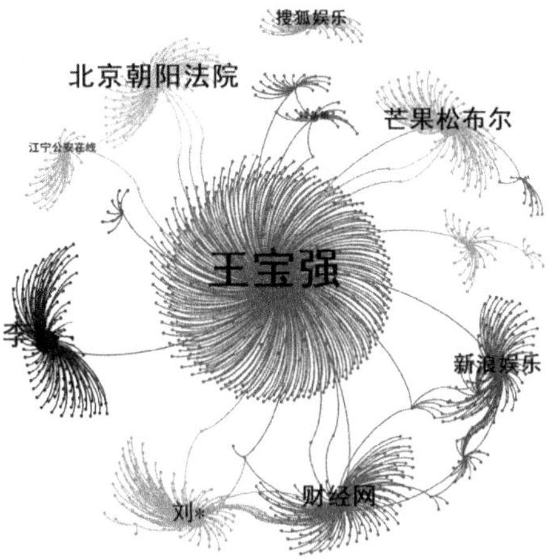

图 7–14 “王宝强离婚案”传播结构图

表 7–4　传播结构整体指标汇总表

平均度	图密度	平均聚类系数	平均路径长度	模块度	网络直径
1.042	0.001	0.012	1.578	0.842	4

（2）中心度分析。

网络结构中心度分析包括点度中心度分析、介数中心度分析以及亲密中心度分析。下面就这三方面对“王宝强离婚案”进行详细分析。

① 点度中心度用于描述节点影响力的重要程度，包括入度和出度。

入度表示转发不同用户的微博的数量，从图 7–15 可以看出，入度为 0 的则为源节点，其中大部分节点入度都为 1，说明他们没有转发 2 个及 2 个以上不同的人的微博。只有少数人转发多人的微博，这部分人对该事件的关注度极高。

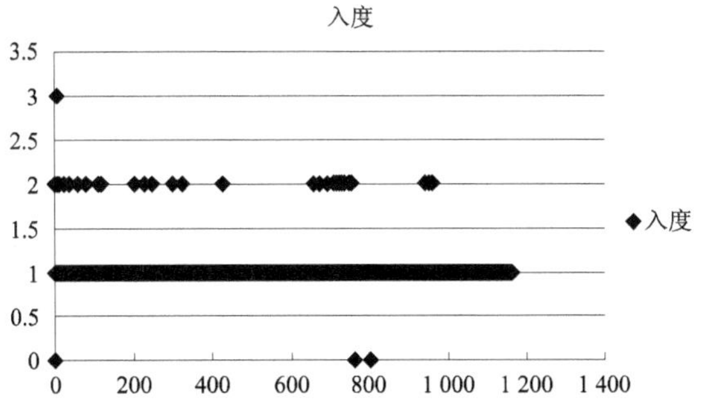

图 7–15 “王宝强离婚案”入度分布

出度表示被转发微博的数量。从图 7-16 中可以看出，大部分节点为 0，表示没有被转发。节点的出度越大，说明其微博被转发的次数越多，该节点在网络结构中的传播影响力越大。

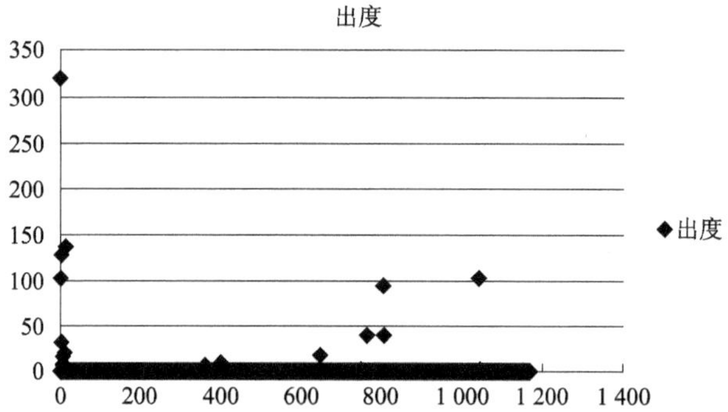

图 7-16 “王宝强离婚案”出度分布

度 = 入度 + 出度，度的大小综合反映了每个节点在网络结构中的重要程度。表 7-5 为该网络结构中前 6 个大节点度的汇总表。

表 7-5 前 6 个大节点度的汇总表

序号	ID	入度	出度	度	亲密中心度	介数中心度
1	王宝强	0	321	321	0.550 693	0
2	财经网	2	136	138	0.535 088	133
3	李 **	1	128	129	1	128
4	芒果松布尔	1	103	104	0.918 699	111
5	刘 *	1	103	104	0.972 477	304.5
6	新浪娱乐	2	101	103	0.835 616	116

② 介数中心度用于描述节点的重要性，表示网络传播过程中其他节点需要通过该节点的情况，即最短距离经过最多的点，度数越大说明其中介作用越大。

从图 7-17 中可以看出，介数中心度大于 0 的节点说明其转发的微博被再次转发，在传播中起到了中介作用，连接源节点与其他节点，图中存在很多大于 0 的节点，说明该事件的微博至少存在 2 层转发关系，也验证了微博社交网络结构满足复杂网络小世界的理论。整理数据得排名靠前的 6 位用户的介数中心度统计汇总表如表 7-6 所示。

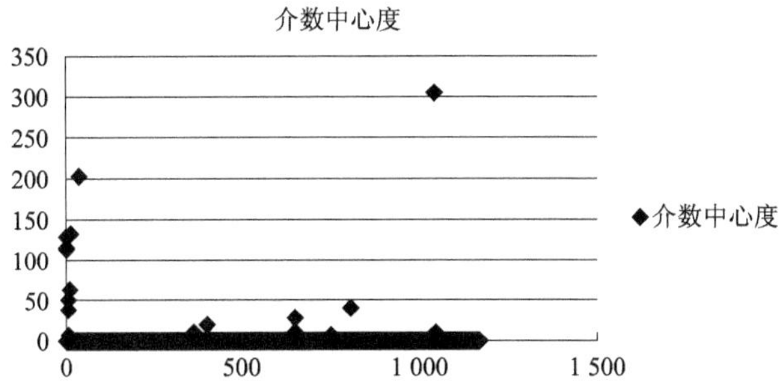

图 7–17　“王宝强离婚案”介数中心度分布

表 7–6　前 6 名用户介数中心度汇总表

序号	ID	入度	出度	度	亲密中心度	介数中心度
1	刘 *	1	103	104	0.972 477 064	304.5
2	来去之间	2	2	4	0.497 695 853	202.5
3	财经网	2	136	138	0.535 087 719	133
4	李 **	1	128	129	1	128
5	新浪娱乐	2	101	103	0.835 616 438	116
6	芒果松布尔	1	103	104	0.918 699 187	111

从表 7–6 的数据可知，入度均不为 0，说明转发了其他用户的微博，出度较大且介数中心度也较大，说明他们的微博被再一次转发甚至二次转发，充分起到了中介作用，对事件的传播影响力较大。

③ 亲密中心度间接反映了节点的影响力，若网络结构中存在一个中心点，其度的值可能不是最大，但与其他节点的平均距离却最小。亲密中心度越大，说明该点与其他节点联系越紧密。该事件的用户亲密中心度汇总表如表 7–7 所示。

表 7–7　前 15 名亲密中心度用户汇总表

序号	ID	入度	出度	度	亲密中心度	介数中心度
1	李 **	1	128	129	1	128
2	江宁公安在线	1	40	41	1	40
3	搜狐娱乐	0	40	40	1	0
4	我的朋友是个呆	2	21	23	1	63
5	头条新闻	1	20	21	1	12

续表

序号	ID	入度	出度	度	亲密中心度	介数中心度
6	Zhang___ 先生	1	11	12	1	20
7	神得强 Steven	3	6	9	1	7.5
8	李 **	1	8	9	1	8
9	八卦 _ 我实在是太了	1	6	7	1	12
10	夏目家的小诗哥	2	2	4	1	8
11	依然盼哒	1	3	4	1	12
12	刘 *	1	103	104	0.972 477	304.5
13	然后下面就没了	1	22	23	0.923 077	28.5
14	芒果松布尔	1	103	104	0.918 699	111
15	尸姐	1	32	33	0.863 636	38

根据亲密中心度的定义可知，序号 1 ~ 11 用户节点的亲密中心度为 1，说明他们与他们的直接下层节点关系紧密，也从侧面说明他们的微博只有一级转发。而亲密中心度大于 0 小于 1 说明其微博被多级转发。若亲密中心度为 0 说明微博没有人转发。从表 7–7 可以看出 12 ~ 15 用户的微博被多级转发，传播影响力较大，传播影响范围较广。

4. 话题衍生

通过对微博内容和转发微博的内容整理分析，发现“王宝强离婚案”的话题比较单一，始终只有这一个话题，其他的话题无非就是关于八卦爆料且对社会的危害程度不大，同时也没有触及大众所关注的敏感性话题。其衍生话题如图 7–18 所示。

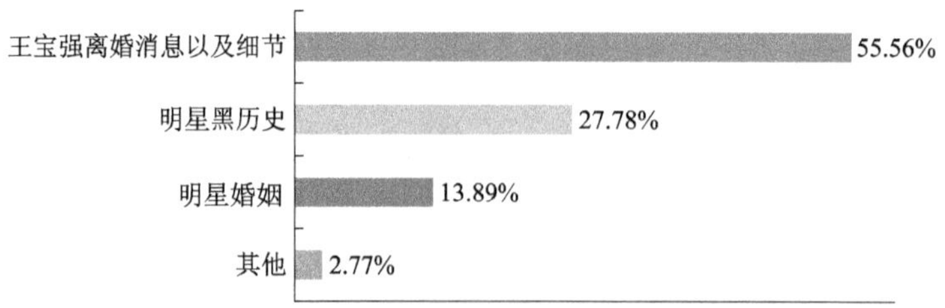

图 7–18 “王宝强离婚案”衍生话题分布图

7.7.3 民生领域舆情实例分析

本节以 2017 年具有代表性的民生领域的舆情热点事件“辱母杀人案”为例，分别从其传播趋势以及传播网络结构等方面对其进行分析，以探究民生领域舆情事件的传播规律。

1. 数据采集结果

综合各阶段对事件具有重要影响力的微博，选取了 3 条关键性微博。对无效节点与残缺数据进行剔除后共 7 042 个节点，7 832 条边，其中包括 3 个源节点，其余都是直接或间接转发节点。表 7–8 是“辱母杀人案”部分微博信息。同时，用户节点身份属性统计与性别统计分别如图 7–19、图 7–20 所示。

表 7–8　“辱母杀人案”相关微博信息

序号	发布者	微博内容	时间	转发数	评论数	发布者身份属性
1	人民日报	【人民日报评“辱母杀人案”……】	2017/3/25	21 124	622	新闻媒体
2	喵爷	转自腾讯：“刺死辱母者”刷屏……	2017/3/25	14 649	11 534	草根达人
3	新京报	【人民日报评辱母杀人案：对司法失去信任才是最可怕的】……	2017/3/26	8 842	20 783	新闻媒体

从图 7–19 可以看出，转发量主要来自草根用户，占总用户的 91.12%。认证用户总体约占 6%，其中新闻媒体比较多，其次是名人用户，他们作为意见领袖对事件发表观点具有很大的舆论引导力，他们的微博可能会引起粉丝的大量转发。由图 7–20 可知，该案件男性用户高于女性用户。

2. 传播趋势

根据采集数据分析可得传播趋势图如图 7–21 所示，横坐标表示转发日期，纵坐标表示转发数量。

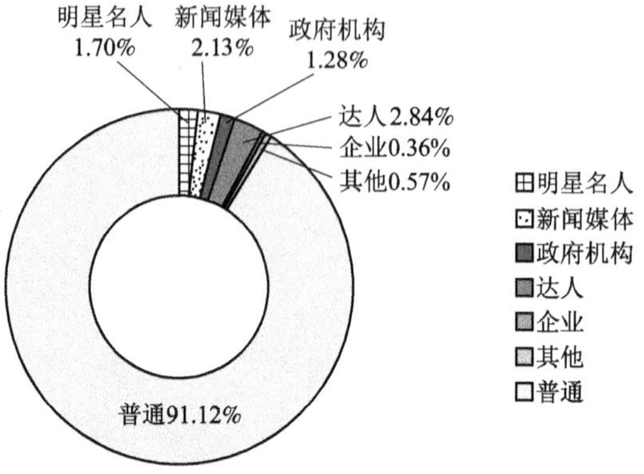

图 7-19 “辱母杀人案”关注用户身份属性统计图

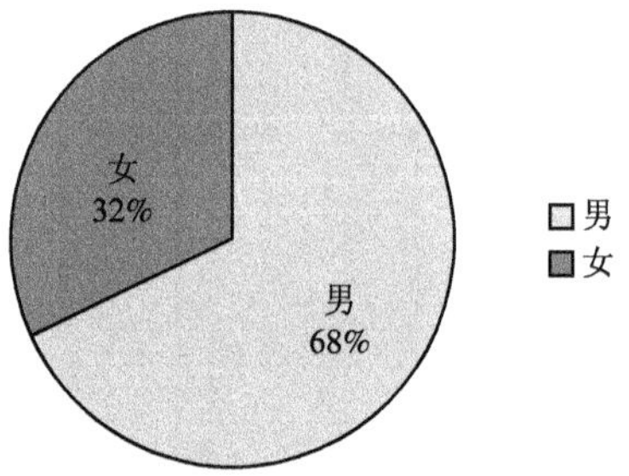

图 7-20 “辱母杀人案”关注用户性别统计图

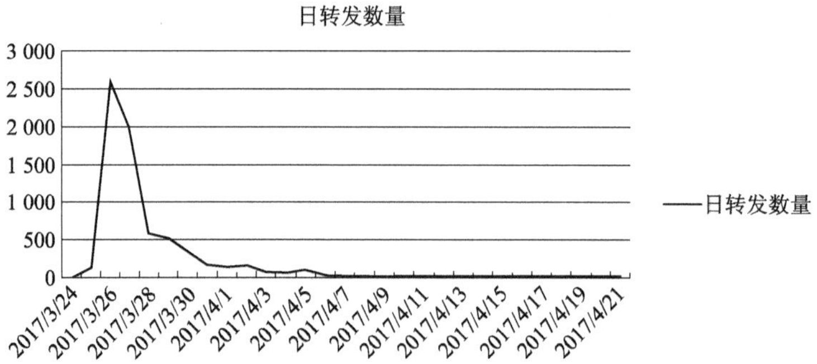

图 7-21 “辱母杀人案”传播趋势图

从图中可知，3 月 24 日该事件的微博在网上发出后，立刻引起了网民的大量转发，在 26 日转发数量飞速上涨，27 日转发量达到顶峰在 2 500 条以上，之后数量快速下降，在 28 日时，数量降到 500 条左右，之后下降速度减慢。在 4 月 6 日后渐渐趋于 0。

3. 传播网络结构

将数据采集结果中的 3 条具有代表性的微博数据用 Gephi 可视化得到的传播网络结构图如图 7–22 所示。图中主要有“人民日报”“新京报”“喵爷”3 个源节点用户，其余节点都是它们的直接或间接转发，其中“民警吕 **”“晓雪”“南方人物周刊”“赵 *”“李 *”等为重要中介节点。

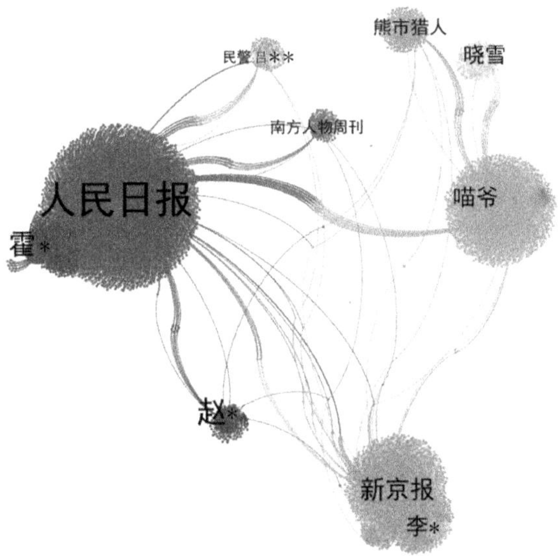

图 7–22　“辱母杀人案”网络结构图

（1）整体结构分析。

对传播结构图进行平均度、平均路径等基本整体指标的计算结果如表 7–9 所示。平均度较小，平均每个节点的度为 1.112。图密度为 0，说明网络较分散。平均聚类系数较小，说明节点间的聚集程度较小，网络较分散。平均路径较小，一个节点发布的消息通过 1.078 个节点就可到达另一个节点，另外网络直径较小，说明传播范围小。模块度较大，说明用户社区划分质量高，共分为 11 个社区。

表 7–9　“辱母杀人案”网络结构基本指标汇总表

平均度	图密度	平均聚类系数	平均路径长度	模块度	网络直径
1.112	0	0.053	1.078	0.653	2

（2）中心度分析。

① 点度中心度分析。

从图 7–23 可以看出，大量节点都只是转发一个节点的微博，入度大于 1 的节点分布较少，说明他们转发了多个不同节点的微博，此类节点对事件关注度尤其高。

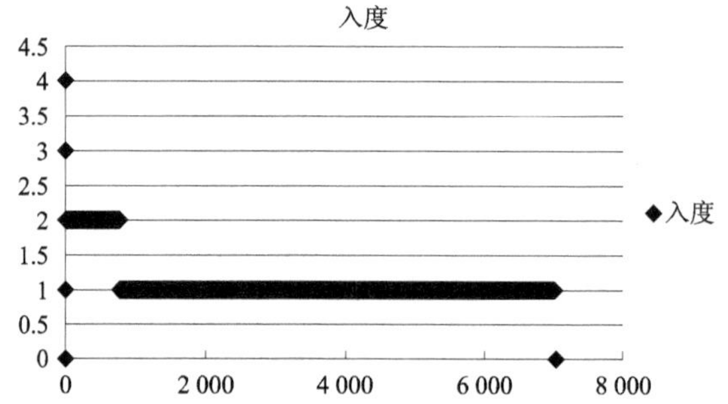

图 7–23 “辱母杀人案”入度分布图

从图 7–24 可以看出，大量节点转发微博后再也无人转发，只有少量节点的微博被转发。出度越大，说明其影响力越大，越能扩大事件的传播，越可能是该事件的意见领袖。该事件度排名汇总表如表 7–10 所示。人民日报、喵爷、新京报度较大，说明这 3 个用户是这起事件的意见领袖。

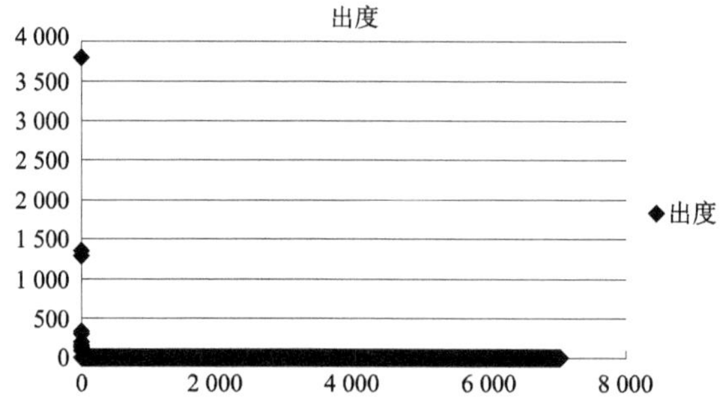

图 7–24 “辱母杀人案”出度分布图

② 介数中心度分析。

从图 7–25 可看出，大量节点介数中心度为 0，说明他们的微博没有被再次转发。少量节点介数中心度大于 0，说明该网络只存在少量充当中介的节点，即只存在少量有影响力的用户（大节点）转发源节点传播的微博为该事件发声。

表 7-10　前 6 名大节点度的汇总表

序号	ID	入度	出度	度	亲密中心度	介数中心度
1	人民日报	0	3 789	3 789	0.927 363	0
2	喵爷	0	1 344	1 344	0.831 034 5	0
3	新京报	0	1 279	1 279	1	0
4	李 *	1	329	330	1	0
5	霍 *	1	307	308	1	12
6	熊市猎人	1	203	204	1	195

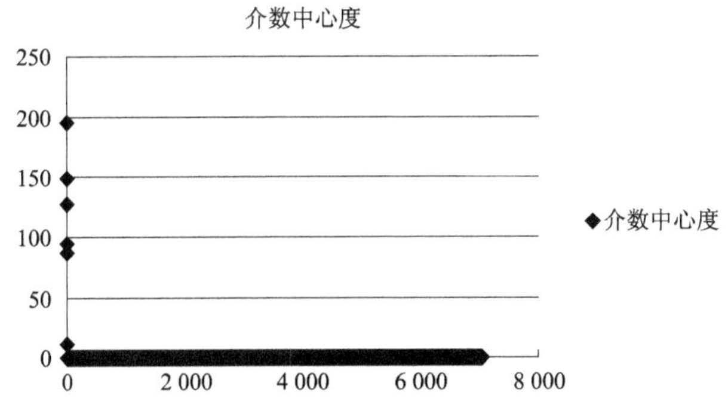

图 7-25　“辱母杀人案”介数中心度分布图

从表 7-11 可知，“熊市猎人”的中介作用最大，对该事件的传播拥有巨大影响力；其次是晓雪；再次是赵 *。

表 7-11　前 6 名介数中心度的汇总表

序号	ID	入度	出度	度	亲密中心度	介数中心度
1	熊市猎人	1	203	204	1	195
2	晓雪	1	158	159	1	148
3	赵 *	1	136	137	1	127.5
4	民警吕 **	2	110	112	1	95
5	南方人物周刊	1	97	98	1	87.5
6	霍 *	1	307	308	1	12

③亲密中心度分析。

从表 7-12 中数据可知，1 ~ 9 用户节点的亲密中心度为 1，说明他们与其直接下层节点关系紧密，且只有一级转发，他们对事件的扩散传播发挥了巨大影响力。10 ~ 11 说明他们具有多级传播，猜测可能是传播源头，再从其入度为 0 可知他们就是微博的发起者。

表 7-12 前 15 名亲密中心度用户汇总

序号	ID	入度	出度	度	亲密中心度	介数中心度
1	熊市猎人	1	203	204	1	195
2	晓雪	1	158	159	1	148
3	赵 *	1	136	137	1	127.5
4	民警吕 **	2	110	112	1	95
5	南方人物周刊	1	97	98	1	87.5
6	霍 *	1	307	308	1	12
7	新京报	0	1 279	1 279	1	0
8	李 *	1	329	330	1	0
9	袁 **	1	80	81	1	0
10	人民日报	0	3 789	3 789	0.927 362 96	0
11	喵爷	0	1 344	1 344	0.831 034 483	0
12	大葱君 --	1	0	1	0	0
13	Jonny-Mo	1	0	1	0	0
14	法制晚报	1	0	1	0	0
15	轶 **	1	0	1	0	0

4. 话题衍生

通过对“辱母杀人案”相关微博和转发的微博的内容进行整理分类可知，事件由最开始的讨论于欢杀人判刑过重，随着“知情人”的爆料，话题进一步发展，衍生出了警察渎职、民间高利贷、中小企业在国家银行贷款难等民生问题。以前发生的却没有得到合理解决的事件也被重提，民众情绪开始逐步走向负向，积累负面情绪。政府若没及时处理，事件会愈演愈烈，加重民众的猜疑使得舆情朝着不可控的方向发展。其衍生话题如图 7–26 所示。

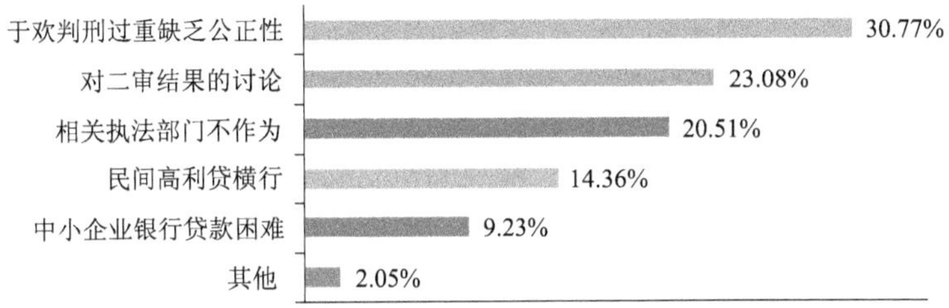

图 7–26　“辱母杀人案”衍生话题分布图

7.7.4 经济领域舆情实例分析

本节以 2017 年具有代表性的经济领域的舆情热点事件“雄安新区”为例，分别从其传播趋势以及传播网络结构等方面对其进行分析，以探究经济领域舆情事件的传播规律。

1. 数据采集结果

综合各阶段对事件具有重要影响力的微博，选取了 2 条关键性微博。对无效节点与残缺数据进行剔除后共 1 836 个节点，2 044 条边，其中包括 2 个源节点，其余都是直接或间接转发节点。表 7–13 是“雄安新区”部分微博信息。同时，用户节点身份属性统计与性别统计分别如图 7–27、图 7–28 所示。

表 7–13　“雄安新区”相关微博信息

序号	发布者	微博内容	时间	转发数	评论数	发布者身份属性
1	头条新闻	【醒醒吧！设立雄安新区真不是为了迁都】……	2017/4/1	1 466	1 518	新闻媒体
2	新京报	【“画了圈”的 # 雄安新区 # 潜力有多大？看看深圳和浦东】……	2017/4/2	1 005	1 325	新闻媒体

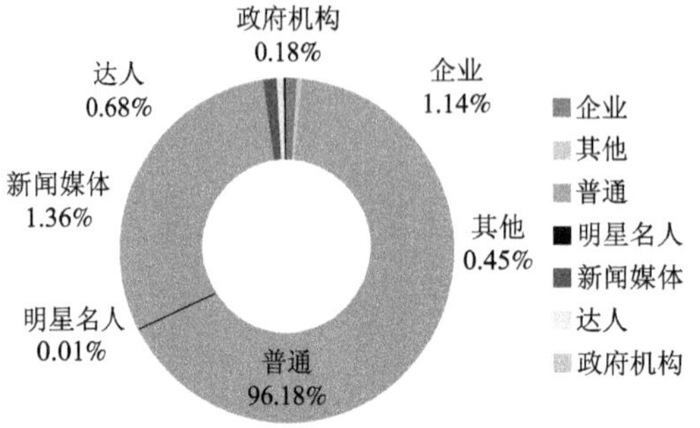

图 7-27 “雄安新区”关注用户身份属性统计图

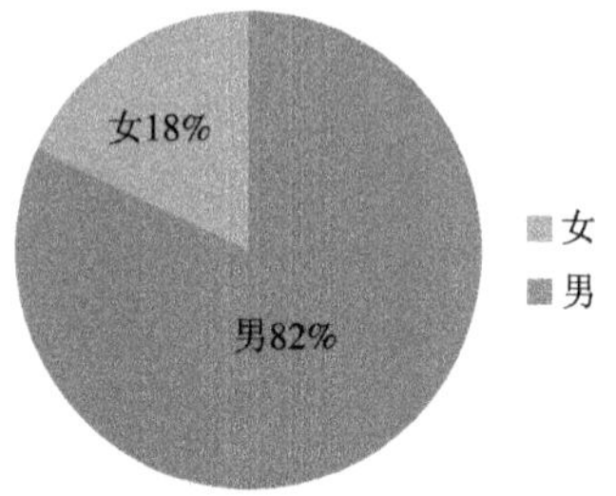

图 7-28 “雄安新区”关注用户性别统计图

从图 7-27 可以看出，转发量主要来自草根用户，占总用户的 96.18%。认证用户总体约占 3.2%，其中新闻媒体与企业比较多，他们作为意见领袖对事件发表观点具有很大的舆论引导力，他们的微博可能会引起粉丝的大量转发。由图 7-28 可知，该案件男性用户高于女性用户。

2. 传播趋势

根据采集数据分析可得传播趋势图如图 7-29 所示，横坐标表示转发日期，纵坐标表示转发数量。

图 7-29 “雄安新区”传播趋势图

从图中可知，2017 年 3 月 30 日该事件的微博在网上发出后，立刻引起了网民的大量转发，4 月 3 日转发量达到顶峰，在 700 条以上，之后数量快速下降，在 4 日时，数量降到 200 条以下，下降速度减慢。在 4 月 14 日后渐渐趋于 0。

3. 传播网络结构

在数据采集结果中的 2 条具有代表性的微博数据用 Gephi 可视化得到的传播网络结构图如图 7-30 所示。图中主要有“头条新闻”“新京报”2 个源节点用户，其余节点都是它们的直接或间接转发，其中“何 *”等为重要中介节点。

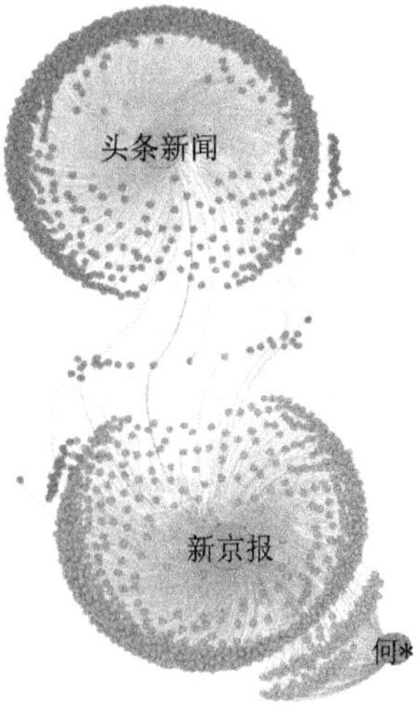

图 7-30　“雄安新区”网络结构图

（1）整体结构分析。

对传播结构图进行平均度、平均路径等基本整体指标的计算结果如表 7-14 所示。平均度较小，平均每个节点的度为 1.113。图密度为 0.001，说明网络较分散。平均聚类系数较小，说明节点间的聚集程度较小，网络较分散。平均路径较小，一个节点发布的消息通过 1 个节点就可到达另一个节点，传播范围小。网络直径较小，传播范围较小。模块度较大，说明用户社区划分质量高，共分为 5 个社区。

表 7-14　“雄安新区”网络结构基本指标汇总表

平均度	图密度	平均聚类系数	平均路径长度	模块度	网络直径
1.113	0.001	0.038	1	0.516	1

（2）中心度分析。

① 点度中心度分析。

从图 7-31 可以看出，大量节点都只是转发一个节点的微博，入度大于 1 的节点分布较多，说明他们转发了多个不同节点的微博，此类节点对事件关注度尤其高。

从图 7-32 可以看出，大量节点转发微博后再也无人转发，只有少量节点的微博被转发。出度越大，说明其影响力越大，越能扩大事件的传播，可能是该事件的意见领袖。该事件度排名汇总表如表 7-15 所示。头条新闻、新京报、何 * 等 3 位用户度较大，说明这 3 个用户是这起事件的意见领袖。

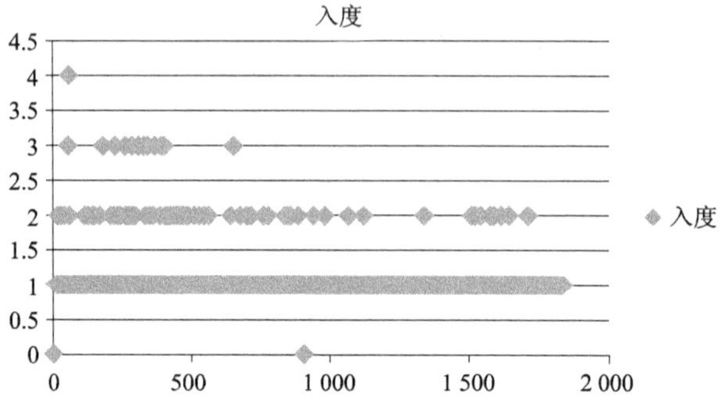

图 7–31 “雄安新区”入度分布图

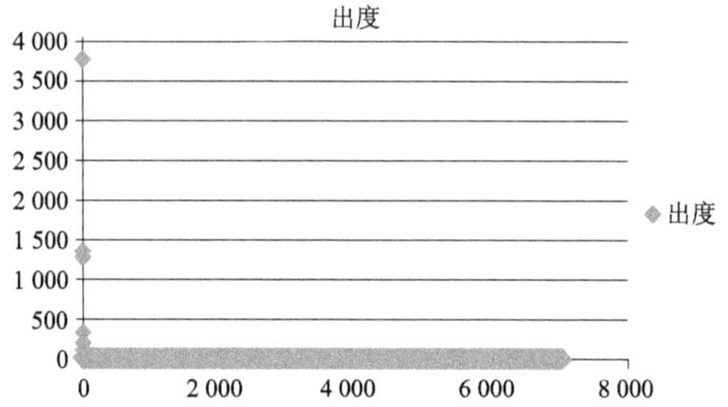

图 7–32 “雄安新区”出度分布图

表 7–15 前 6 名大节点度的汇总表

序号	ID	入度	出度	度	亲密中心度	介数中心度
1	头条新闻	0	958	958	1	0
2	新京报	0	903	903	1	0
3	何 *	1	108	109	1	0
4	陆 **	2	38	40	1	0
5	朱 ** 律师	1	20	21	1	0
6	来去 **	1	17	18	1	0

② 介数中心度分析。

从图 7–33 可看出，大量节点介数中心度为 0，说明他们的微博没有被再次转发，对该事件的传播影响力较小，转发层级不多，传播范围较小。

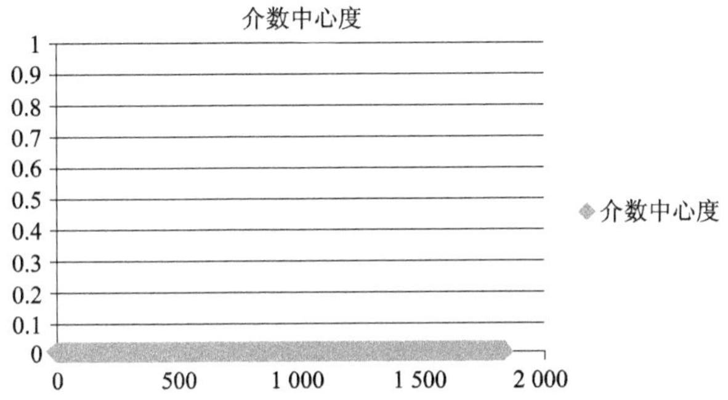

图 7-33　“雄安新区”介数中心度分布图

③ 亲密中心度分析。

从表 7-16 中的数据可知，1 ~ 6 用户节点的亲密中心度为 1，说明他们与其直接下层节点关系紧密，且只有一级转发，他们对事件的扩散传播发挥了巨大影响力。7 ~ 9 用户节点的亲密中心度都为 0，说明他们的微博没有被转发。

表 7-16　前 9 名亲密中心度用户汇总

序号	ID	入度	出度	度	亲密中心度	介数中心度
1	头条新闻	0	958	958	1	0
2	新京报	0	903	903	1	0
3	何 *	1	108	109	1	0
4	陆 **	2	38	40	1	0
5	朱 ** 律师	1	20	21	1	0
6	来去 **	1	17	18	1	0
7	芍药花白又白	4	0	4	0	0
8	伯明翰 1916	3	0	3	0	0
9	真实大海	3	0	3	0	0

4. 话题衍生

通过对“雄安新区”事件的相关微博和转发的微博内容进行整理分类可知，事件由最开始“雄安新区”宣布成立后，随着参与人数的增多，话题进一步发展，衍生出了雄安炒房热、“雄安迁都”不实传言等问题。雄安地区的房产成为投机者炒房的重点，若政府不加以控制恐会对社会经济造成比较大的影响。其衍生话题如图 7–34 所示。

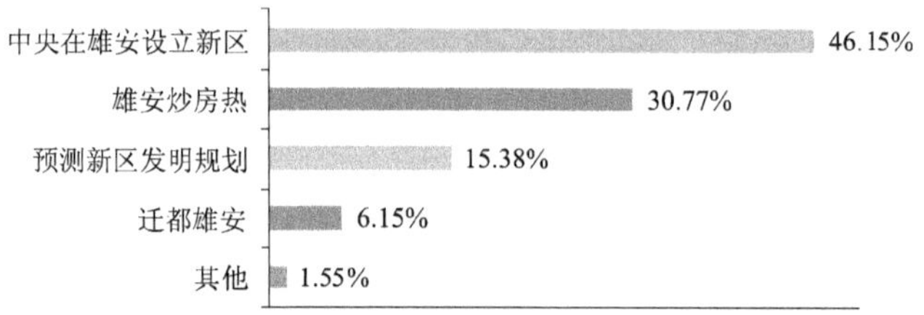

图 7–34 “雄安新区”衍生话题分布图

7.7.5 各领域事件对比分析

通过对娱乐领域的代表性事件“王宝强离婚案”与民生领域的代表性事件“辱母杀人案”以及经济领域“雄安新区”事件进行对比分析，其差别如下：

（1）用户性别比例不同。

娱乐领域的事件比较受女性用户的关注，男性用户则对该类事件关注度小于女性，如“王宝强离婚案”的转发用户中，女性占 62%，男性占 38%。而民生领域的“辱母杀人案”中女性用户占 32%，男性用户占 68%。经济领域的“雄安新区”事件中女性用户占 18%，男性用户占 82%，与娱乐领域恰好相反。这两个领域的女性用户数量明显低于男性用户。

（2）传播持续时间不同。

娱乐领域事件传播较快但是持续时间较短，“王宝强离婚案”主要转发持续时间为 8.14—8.17，共 4 天。而民生领域事件与经济领域事件传播快且持续时间长，其中“辱母杀人案”事件转发持续时间为 3.24—4.6，共 14 天；“雄安新区”事件转发持续时间为 4.1—4.14，也为 14 天左右。说明这两个领域的事件相对娱乐领域事件，转发持续时间较长。

（3）牵涉话题不同。

娱乐事件舆情的话题比较单一且话题大多不是敏感话题，如“王宝强离婚案”主要还是关于离婚的八卦爆料，话题不会牵涉群众自身利益，因此不敏感。而民生、经济领域舆情事件牵涉话题较多，且牵涉的话题多为敏感话题，更能吸引大量用户的关注，明显影响用户情绪。如“辱母杀人案”的话题不仅仅牵涉于欢的判刑是否过重，随着舆论的加强，话题更衍生出了警察渎职、民间高利贷等与群众自身利益相关的话题，更容易加剧舆情发展的方向。“雄安新区”的话题由雄安宣布建立新区衍生出雄安炒房热、“雄安迁都”等新话题，这些话题对群众以及社会经济都能带来重要影响。

（4）中介用户分布不同。

对比各领域事件的介数中心度的分布图可得，娱乐事件由于其娱乐性被人们转发后再转发，因此中介用户较多。而民生领域事件次之，经济领域因为大节点的转发微博具有一点专业知识性才能受到粉丝的转发，因此中介用户相对前两个领域较少。

（5）认证用户关注点不同。

认证用户中新闻媒体对各个领域的事件都有很高的参与度，但是其他用户却不同。政府机构和明星名人更加关注民生领域的事件，而企业更关注经济领域的事件。如“王宝强离婚案”中政府机构仅占 0.17%，明星名人占 0.42%，企业占 0.25%。而“辱母杀人案”中政府机构占 1.28%，明星名人占 1.70%，企业占 0.36%。在“雄安新区”事件中，政府机构占 0.18%，明星名人占 0.01%，企业占 1.14%。

7.8 本章小结

本章先介绍了基于社会网络结构的微博的相关基础理论以及网络舆情的传播演化过程与微博的传播模型理论，最后通过对微博热点事件的相关微博数据进行抓取，并运用“八爪鱼”采集器、北大可视化软件和 Gephi 等软件进行可视化分析。从网络传播趋势和网络拓扑结构两大模块来分析舆情事件的传播特点。本章选取了三个不同领域的案例，分别为娱乐、民生和经济领域。实验结果表明，不同领域的舆情事件传播过程中的传播持续时间、主要关注用户性别以及传播话题的多样化等方面都存在差异。下一章将对经济领域的传播进行详细的研究。

8 经济领域网络舆情传播问题的研究

本章是通过社交网络数据采集与可视化的分析来研究经济领域网络舆情传播问题，本章针对经济领域的网络舆情来进行演化分析，试图概括出经济领域网络舆情传播的周期特点。通过建立动力场均模型来将经济领域网络舆情的演化过程通过 Matlab 进行仿真模拟，以此来代入参数得到网络舆情传播的周期性仿真示意图。随后本章通过经济领域网络舆情的两个案例，即 3.17 二手房新政以及华万股权之争，分别从商品市场和证券市场两个方面阐述经济领域网络舆情事实上存在的周期特点。

8.1 经济领域突发事件网络舆情的演进机制研究

8.1.1 经济领域突发事件网络舆情的演化模式

突发事件的演化是指公共事务也就是突发事件从发生到发展的阶段中其特征、种类、人员数量、舆情及区域等相互作用变化的过程。大部分经济类突发事件十分复杂并且对很多人群非常敏感，很有可能衍生出来一系列的问题。也有可能会从单一事件衍生为多个事件。所以我们将突发性事件演化模式分为如图 8-1 所示的四类，分别是人数激增、事件蔓延、事件衍生和事件相互作用。

（1）人数激增和事件蔓延。

对于常规突发事件来说，针对的群体通常较为特殊，这部分群体一般有自己的特点。例如，对于学生产生重要影响的突发事件，由于学生群体的辨别能力较差，传播能力更强，学生群体会迅速利用社交平台进行网络舆情传播，从而出现人

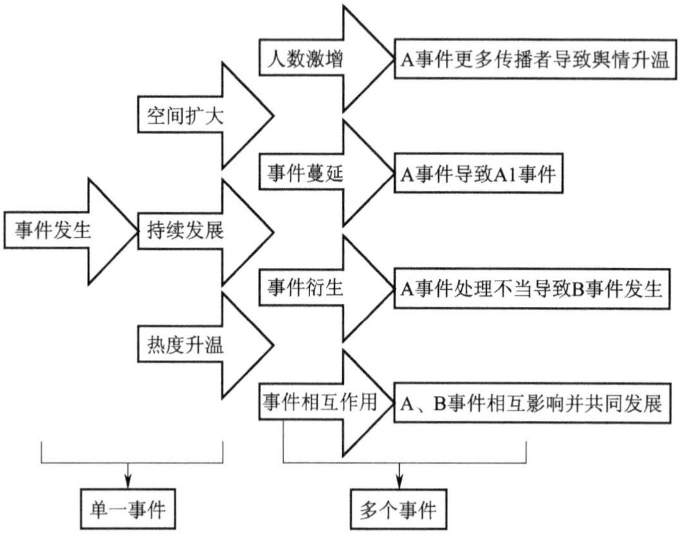

图 8-1 突发事件演化模式

数激增的情况，使非常多的舆论中立者和非舆论核心群体加入舆情大军中来。一旦群体态度过于偏激和非理性，将会对整个社会生活产生不良的影响。所以需要实时地进行这部分网络舆情的控制和引导，来防止引发社会不稳定。当某种突发事件产生后，网络舆情会迅速产生，如果有人发布非理性、反社会的网络舆情，很有可能被部分群体错误传播，事件蔓延会使整个社会被非理性的网络舆情覆盖，所以对于非社会性突发事件，我们更需要在特殊群体内加以控制引导。

（2）事件衍生和事件相互作用。

事件衍生和事件相互作用会发生在非常规性突发事件中。那么什么是非常规性突发事件呢？其实就是在突发事件发生以后又衍生出来一系列的后生突发事件。后生突发事件并不一定就是完全由前面突发事件产生，会有网络舆情的引导作用。而经济类突发事件就是如此，如美国次贷危机突发事件发生之后，不但引发人们对于次级债券的资本功能产生怀疑，更衍生出监管部门以及银行对于自己的资本充足性以及核心资本的定义产生怀疑，最终产生了新的“巴塞尔协议”来重新制定了商业银行资本监管标准以防止再次发生次贷危机。同时后生衍生突发事件还包括其他各国纷纷效仿美国对自己商业银行的资本标准做出了调整。事件的相互作用是指一个事件爆发后引起后生事件爆发，并带给人们重大的影响。

8.1.2 经济领域突发事件网络舆情作用要素分析

图 8-2 所示为经济领域突发事件网络舆情作用要素分析示意图。

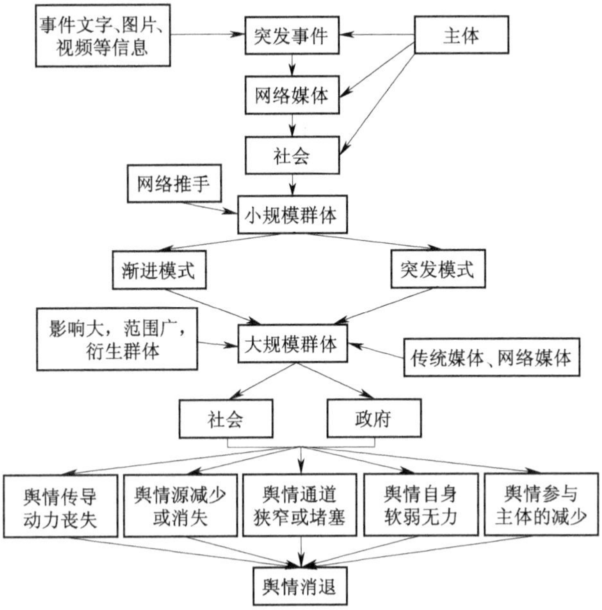

图 8-2　经济领域突发事件网络舆情作用要素分析示意

（1）突发事件网络舆论主体分析。

网民：所有网民都是网络舆论的传播者，在发生突发事件之后网民会根据自己的利益情况和周围环境来表达自己的态度立场和观点。所有网民都是网络舆情的主体。

公共事务：公共事务就是社会中发生的任何事件，突发事件可以是关于任何事件的，只要可以对一个群体产生影响。比如，2016 年 9 月份对房价出台的调控政策，引起了大部分炒房客的恐慌，也引发了很多网络舆论。再比如说证监会开通沪港通，对于炒股群体来说也会引起很大的舆论。

网络媒体：媒体形式就是传统媒体和网络媒体两种。传统媒体相对网络媒体来说，优势就是更受到中年以及老年群体的认可，但是传播速度比较慢，传播范围也不够广，有可能大部分群体会错过突发事件信息。网络媒体在互联网时代应用会更加广泛，微博、微信、知乎、新浪、百度和今日头条等众多应用都可以作为网络舆情的传播载体。网络媒体相对于传统媒体会更加广泛，因为现在无论什么年龄的人都可以通过手机看到新生事件。网络媒体是一把双刃剑，既可以传播采集更多个体的信息，也有可能被他人利用传播不良信息。网络媒体需要受到正确恰当的引导和控制，来实现社会稳定。

（2）发表观点的渠道。

传统媒体一般是通过电视、电报和广播等来发布事件信息的。网络媒体是通过博客、微信、微博、各种社交门户网站以及知乎贴吧这样的论坛来传播网络舆情，所以网络媒体传播途径更加迅速和广泛。

（3）演变的传播模式。

网络舆情需要一定时间才可以形成，分为渐进模式（见图 8-3）和突发模式（见图 8-4），渐进模式会需要更多时间，而突发模式只通过很短的时间积累网络舆情。

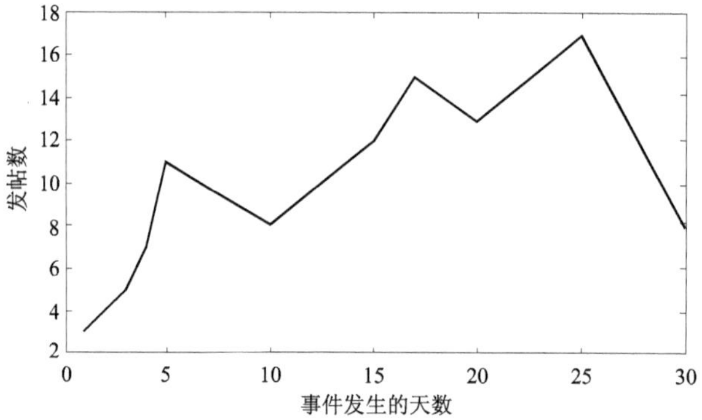

图 8-3 渐进模式下发帖数量随时间变化图

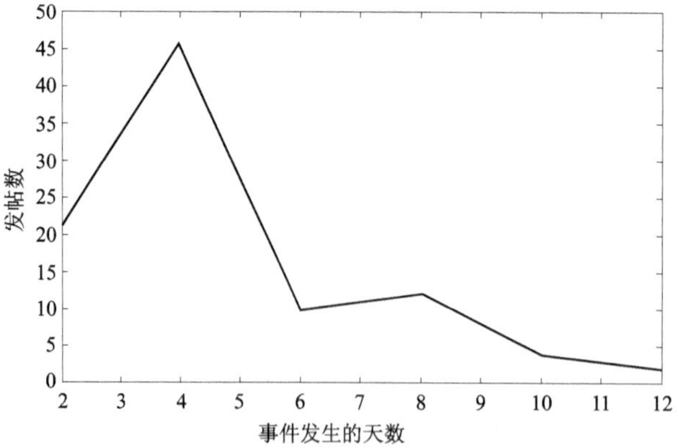

图 8-4 突发模式下发帖数量随时间变化图

图 8–3 所示是渐进模式下网络舆情的发帖量（表示舆情数量）和时间的函数关系，图中非常明显地展示出渐进模式下网络舆情的发生是循序渐进的。从零时刻开始慢慢上升并且波动下降，整体趋势呈现上升状态，直到 25 天之后网络舆情逐渐减少。

图 8–4 所示是突发模式下网络舆情的发帖量（表示舆情数量）和时间的函数关系，图中非常明显地展示出突发模式下网络舆情的发生是爆发式的。从第 2 天开始，网络舆情爆发式增长。过了爆发期，从第 4 天到第 6 天网络舆情又急剧下跌，直到第 6 天之后网络舆情才呈现平稳状态。

8.1.3 经济领域突发事件网络舆情的演化周期分析

经济领域网络舆情在网络媒体上形成的过程有着多种因素。每一个社会性突发事件产生后，都会被一些意见领袖通过发表自己的态度和观点进行引导，而人们是非常关注这样的观点的，随着关注度提升，舆论的传播会产生网络舆情的集合，这就是网络舆情形成的初始阶段。而当突发事件爆发出来一段时间后，关注度与舆情数量都会持续上升，达到顶峰。本章想要研究的经济类突发事件与人民财富息息相关，会受到更多关注，更多的不同态度组成网络舆情。网络舆情会呈现出一个爆发的趋势，直至随时间消逝。

1. 经济领域常规状态下网络舆情演化周期的特点分析

经济类突发事件是有前提才会发生的突发事件，这种事件发生的基础就是社会经济条件，由社会经济领域突发事件引起的网络舆情会对原本就对经济形势有过预期和态度的民众起到非常强烈的刺激作用，网民会根据自身利益情况对事件传播网络舆情。所以需要相关人员来关注网络舆情，控制引导网络舆情。本章研究的经济领域网络舆情和其他舆情类似，都有一定的传播规律存在。网络舆情传播可以分为以下三个阶段。

（1）潜伏期。

并非所有经济领域的突发事件都会迅速传播到广大群众视线里。首先，如果政府或者相关部门能够在第一时间，也就是事件发生后几个小时的黄金时间内控制住事件的传播，并且控制住小部分传播群体，这样就可以将这件突发事件扼杀在摇篮里，不会导致接下来爆发期和衰退期的产生。当然更多的情况就是事件没有得到有效控制，那么随着事件发展以及时间变化，会慢慢进入爆发期和衰退期。

（2）爆发期。

这种情况通常是由于事件本身在潜伏期没有得到有效的控制和引导并且事件非常吸引人注意，受到特定群体的重视。这样，事件一旦爆发就会呈现出滚雪球式的网络舆情爆发式增长，越传播吸引的群体和参与的群体就越多。其实这种情况也是目前大部分社会性网络舆情的常规性趋势，需要在爆发期做出正确的引导控制，让舆论迅速走入衰退期。

（3）衰退期。

当突发性事件已经被人们了解到事件完整的情况，人们会丧失对于事件的好奇心。或者是相关部门处理方法得当，受到社会各界网民的认可。当然也有可能是出现了某个更引人注目的突发性事件吸引了网民的关注。这些情况都会使事件进入衰退期。

2. 经济领域非常规状态下网络舆情演化周期的特点分析

经济领域非常规状态下的网络舆情其实在现实生活中也有存在，相对常规状态下的网络舆情处理起来更加棘手。在处理中很有可能发生很多衍生事件和引起几个不同群体的争端。所以我们在处理非常规状态下的网络舆情时需要更加谨慎并且做到对症下药。这类网络舆情可以分成三个时期。这三个时期是突然爆发期、发展演变期和衰退终结期。

（1）突然爆发期。

这种突发事件的潜伏期和突发期没有明显区别特征。这就是非常规性突发事件的特征，没有明显信息爆发期。这对于经济类突发事件其实是有例子的。比如，美国曾经发生过交易员为了投机套利在市场上采取杠杆交易，挪用公司资金作为保证金加杠杆，最后赔了公司数亿元。这样的突发事件爆发没有任何预兆，没有潜伏期和爆发期的区分，是直接爆发出来的非常规性突发事件。

（2）发展演变期。

非常规性网络舆论突发事件爆发后会导致一系列衍生型事件。这种时期对于网络舆论来说非常复杂，也可以分为三个方式：① 连锁式情境演化：突发事件和后续突发事件呈明显因果关系，通过因果关系去预测后续网络舆情的发生并加以引导和控制。② 扩散式情境演化：构成第一个突发事件的各种因素分别引发出相关的突发事件以及网络舆情，控制者需要分析产生突发事件的主要因素来实现控制。③ 循环式情境演化：衍生事件和源事件呈相互作用的关系。这类方式的网络舆情最难以控制，需要分析相关情境来预测事件发展趋势。

（3）衰退终结期。

非常规性突发事件出现的后果比较严重，所以在衰退期会经历一段相对较长的时期。我们需要在衍生事件和源事件中引导控制并逐渐平稳地度过衰退期。

8.2 突发事件网络舆情的演进及仿真模型的构建分析

8.2.1 经济领域突发事件网络舆情演进传播模型的构建

1. 模型假设

在实际中，经济领域类突发性事件发生后，谣言传播者和真实信息传播者其实是存在互相作用的关系的。突发事件发生后，在舆论传播的初始阶段中，中立者和免疫者是占大部分比例的。可是随着舆情不断地扩散，中立者和免疫者很有可能受到网络舆情的影响变成舆论传播者，那么这个舆论传播者既有可能是谣言信息传播者也有可能是真实信息传播者，并且在接下来的阶段中，谣言传播者和真实信息传播者也是可以相互转化的。在网络舆论的传播过程中，不仅仅虚假的信息会被传播出去，还有一些反社会分子会制造可能造成社会不稳定的谣言来搅乱社会秩序。因此相关部门需要认真对待、有效控制并进行正确引导。根据经济领域突发事件的舆情传播特性，还有网络信息传播的显著动力学特点，再用动力学均场微分方程加以辅助，构建了舆情演进阶段模型。那么我们可以做出以下假设：

（1）假设我们可以将网络用户的总数设为一个固定值 N，且网络用户总数保持动态不变，加入和退出的人数相抵消。我们又将网络用户分为三种，分别是真实信息传播者、谣言信息传播者和中立者或者免疫者。

（2）我们假设在 t 时刻时，谣言信息传播者占网民人数比例为 $y(1)$；真实信息传播者的比例为 $y(2)$；中立者或免疫者占总人数的比例为 $y(3)$；即 $y(1)+$

$y(2)+y(3)=1$。并且我们设初始阶段各比例表示为 $y_0(1)$、$y_0(2)$ 和 $y_0(3)$。

（3）第三个假设是真实信息传递者有 p 概率来传给中立者或免疫者；而谣言信息传播者传播的概率为 q；并且中立者或免疫者单次仅能被一个群体传染。

（4）假设对于经济领域非常态突发事件，某个突发事件产生的舆情所产生的衍生话题数无法计算并且不可预估，当衍生舆情发生后，这三种传播群体会跟随衍生事件重新涉入，重新开始新一轮的衍生舆情传播。

2. 模型的建立

（1）ISKS-ISK 二阶段网络信息传播模型及其动力学方程。

p：表示真实信息传播者传播率；

q：表示谣言信息传播者传播率；

$Y(1)$：表示谣言信息传播者的数量，即 S；

$Y(2)$：表示真实信息传播者的数量，即 K；

$Y(3)$：表示中立者或免疫者的数量，即 I；

$y(1)$：表示谣言信息传播者在网民群体里所占比例，即 s；

$y(2)$：表示真实信息传播者在网民群体里所占比例，即 k；

$y(3)$：表示中立者或免疫者在网民群体里所占比例，即 i。

传播规则：

第一阶段：在权威渠道未发布信息时（见图 8-5）

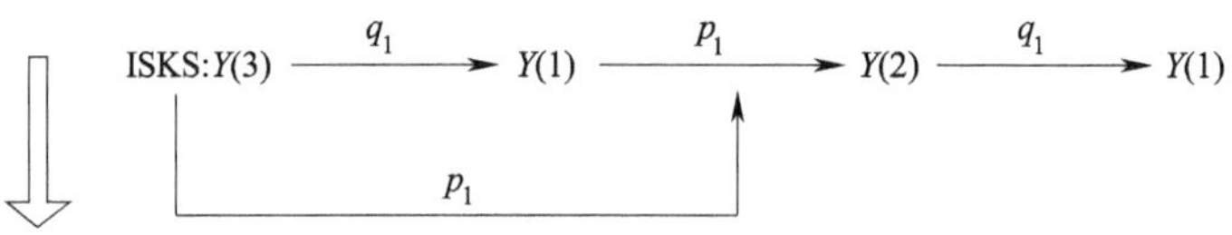

图 8-5 阶段一过程及方程

$$
\begin{cases}
\dfrac{dy(3)}{dt}=-p_1y(1)y(3)-p_1y(2)y(3),\\
\dfrac{dy(1)}{dt}=p_1y(1)y(3)+(q_1+p_1)y(1)y(2),\\
\dfrac{dy(2)}{dt}=p_1y(2)y(3)+(p_1-q_1)y(1)y(2).
\end{cases}
$$

第二阶段：在权威渠道开始传播真实信息后，节点变化，谣言感染率不会发生变化（见图 8–6）

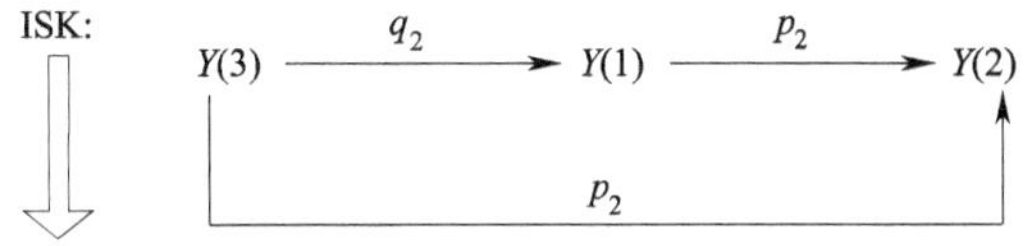

图 8–6　阶段二过程及方程

$$
\begin{cases}
\dfrac{dy(3)}{dt}=-p_2y(1)y(3)-p_2y(2)y(3), \\
\dfrac{dy(1)}{dt}=p_2y(1)y(3)-(p_2+q_2)y(1)y(2), \\
\dfrac{dy(2)}{dt}=p_2y(2)y(3)+(p_2-q_2)y(1)y(2).
\end{cases}
$$

（2）动力学均场方程。

前两个阶段都是可以进行微分的方程：动力学均场方程，也就是本书中经济领域突发事件网络舆情演进传播模型的原始方程。

$$
\begin{cases}
\dfrac{dy(3)}{dt}=-py(1)y(3)-py(2)y(3), \\
\dfrac{dy(1)}{dt}=py(1)y(3)+(q+p)y(1)y(2), \\
\dfrac{dy(2)}{dt}=py(2)y(3)+(p-q)y(1)y(2).
\end{cases}
$$

8.2.2 经济领域突发事件网络舆情演进传播模型

在经济领域突发事件传播的过程中，需要将常规性突发事件和非常规性突发事件分开来对待，真实信息传播率 p 还有谣言信息传播率 q，在每一阶段是不同的数值，所以需要根据每个阶段的特点来进行突发事件网络舆情演进。这里通过设定参数值，代入微分方程，利用 Matlab 作出数据的模拟图。下面简述过程：首先，用 Matlab 创建一个 fun.m 文件，将函数和构建的微分方程代入进去。将 p 和 q 代入公式中并且分别代入 fun1.m、fun2.m、fun3.m 这 3 个阶段的文件。其次，在 Matlab 中构建 xy 轴并导入函数文件。代入参数后得到传播演进图。再次，重申假定总网民数保持不变，即 $y(1)+y(2)+y(3)=1$，$y(1)$ 是谣言信息传播者占比，以下描述为蓝色，$y(2)$ 是真实信息传播者占比，用红色线表示，$y(3)$ 是中立者或免疫者占比，以黄色表示。

1. 经济领域突发事件网络舆情各阶段演进传播模型的分析

第一阶段：

图 8-7 中的阶段属于突发事件周期中的潜伏期，由于事件处于萌芽期，事件具体情况是未知的，信息还不明确。蓝色函数 $y_1(t)$ 表示谣言信息传播者占总人数的比例，与红色函数 $y_2(t)$ 即真实信息传播者占总人数比例重合，$y_3(t)$ 表示中立者比例。所以我们可以假设在潜伏期这个初始阶段大部分网民都是中立者或者是免疫者，可以占到总人数的比例也就是 $y_0(3)=0.94$，我们认为在初始阶段无论是真实信息传播者或者是谣言信息传播者都是小部分群众，可以设 $y_0(1)=y_0(2)=0.03$，这两种群众数量几乎是相同的。中立者或免疫者被传播的概率我们在这里可以设置为 p（真实信息传播率）$=q$（谣言信息传播率）$=0.18$。如图 8-7 所示，如果在事前舆情开始阶段对舆情不进行重视处理，中立者或免疫者慢慢受到传播影响最后甚至消失，最极端的情况就是只存在信息传播者和谣言传播者两个群体，并且他们的比例都为 0.5，此时红线跟蓝线重合。

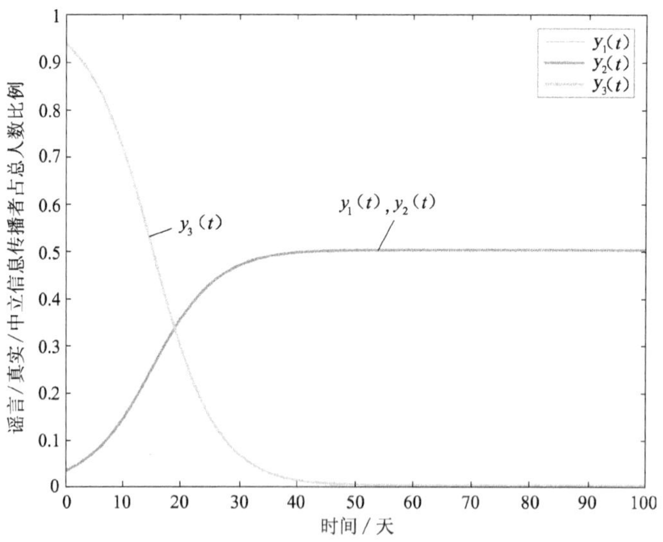

图 8-7 第一阶段网络舆情仿真示意图

第二阶段：

在这个阶段，真实信息并没有得到公布，谣言信息传播会变得更多，并且很有可能衍生出新的谣言，直到谣言信息传播比率大于真实信息传播比率。这就是网络舆情大规模扩散阶段。如图 8-8 所示，$y_1(t)$ 表示谣言信息传播者比例，用蓝色表示；$y_2(t)$ 是真实信息传播者比例，用红色表示；$y_3(t)$ 是中立信息传播者比例，用黄色表示。由于真实信息尚未公布，谣言者会在此时占群体大部分。当 t=18 的时候，真实信息传播者的数量所占总网民比例达到了一个顶峰值，随后真实信息传播比率会越来越低，直到真实信息公布前，大部分网民会是谣言的传播者。

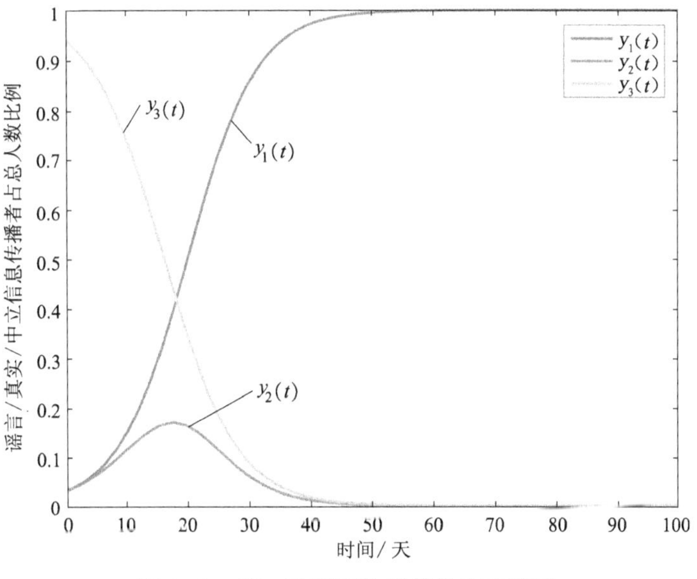

图 8-8　第二阶段网络舆情仿真示意图

第三阶段：

在这个阶段，随着事件的发展，相关平台会将真实信息公布并且传播出来。此时，大部分中立者或者免疫者和谣言传播者会逐渐转化为中立者或免疫者和真实信息的传播者。真实信息的数量越多，传播得越广泛，真实信息传播率就会越高，最终网络舆情进入衰退期。如图 8-9 所示，真实信息传播者比例 $y_2(t)$ 用红色表示，最终趋向于 1；谣言信息传播者比例 $y_1(t)$ 用蓝色表示，最终趋向于 0；

中立者比例 $y_3(t)$ 用黄色表示，也会趋向于0。综合来看，想要合理地控制和引导网络舆情，就需要在前期和中期、后期分别进行有效操作。

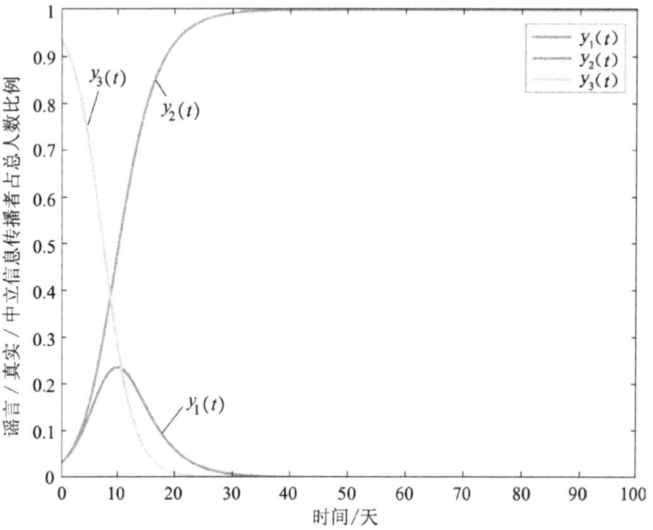

图 8-9 第三阶段网络舆情仿真示意图

2. 经济领域突发事件网络舆情演进各阶段传播的功能讨论

（1）经济领域突发事件前期网络舆论的社会预警功能。

经济领域突发事件一般都会有一个事件潜伏期，此时社会各界针对经济问题积累多重矛盾。如果矛盾可以在这个时期被解决，那么将不会产生后续问题，但是如果没有恰当解决，就会出现一系列事件。在经济领域突发事件中，无论是什么样的网络舆情产生，我们都要加以引导和控制。当发生突发事件时，需要相关管理部门在第一时间站出来澄清信息，这样可以有效防止网络舆情大规模扩散。在经济领域突发事件前期，网络舆情不会出现在公共媒体上，一般是在网络平台作为网络舆情传播，其影响主体在网络上。相关部门可以根据前期网络舆情尽快制定对策来预防造成更糟糕的影响。所以说，如果经济领域相关管理部门能及时掌握网络舆情信息，引导网络舆情走势，可以将经济领域网络舆情控制在一个萌芽期，防止事态恶化。

（2）经济领域突发事件中期网络舆论的阐释功能。

虽然在常态下经济领域突发事件的爆发期时间是比较短的，但网络舆情的数量是巨大的。可是经济领域也存在非常态下突发事件，爆发期会比较长，引发的事件比较复杂。在爆发期，相关部门应该做到的是控制事件的蔓延，不论突发事件对相关部门是好还是坏，都需要相关部门将真实信息传播出来以澄清事实，控制网络舆情的蔓延并且制定策略将网络舆情引导到正确的方向。相关部门一定要做到公正公开，才可以正确引导网络舆情，维护社会稳定。

（3）经济领域突发事件后期网络舆论的反思功能。

经济领域突发事件的发生对经济和社会是有利有弊的。在导致失败的同时也会为成功埋下种子。在经济领域内发生突发事件之后，相关管理部门会进行反思，根据社会经济实际情况来总结这样的事件是否应该再次发生。如果事件对经济环境起到了正面积极的作用，那么我们会反思下次如何处理得更好；相反，如果突发事件对经济环境造成了不好的影响，那么我们要反思如何进一步修正这个事件并且如何穿凿出对经济社会有利的事件。

8.3 经济领域突发事件舆情实例分析

8.3.1 常规状态下“3.17 北京房市调控新政”案例

1. 常规状态下“3.17 北京房市调控新政”案例剖析

自从 2017 年春节结束以后，二手房市场热度就一直持续上升，二手房价不断增长甚至要超过新房。社会各界对北京二手房市场十分关注，在几轮调控房价政策实施后，房价不降反涨。2017 年 3 月 1 日，任志强撰文讲到北京地区房子严重供给不足，土地供给不足，所以在未来一段时间房价还会继续飙升，而现在的价格正是我们买房合适的价格。3 月 6 日数据表示二手住宅价格上升，成交量暴涨，大量投资客准备资金即将入场。3 月 9 日，房子供小于求似乎被大多数人认可，投资热情高涨。3 月 12 日，有消息称“两会”即将宣布增加房产税，但是就这个问题网上争议很大。3 月 14 日，地产中介站出来给购买者打气，声称房价越控越高。3 月 17 日，调控新政出台，堪称史上最严调控，从购房资格、税收和贷款额度等方面全面打击二手房市场。后续日子，市场成交量暴跌，房价出现下降。网络舆情进入尾声。“3.17 北京房市调控新政”时间节点事件过程梳理如表 8-1 所示。

表 8-1 “3.17 北京房市调控新政”时间节点事件过程梳理

3 月 1 日	任志强发布文章表示北京房子供求关系不平衡，存在严重供小于求，房价还会大涨，并认为应该在低点买进。政策不会打压房价
3 月 6 日	北京二手住宅成交 801 套，环比上涨 10%，房价还会进一步升高
3 月 9 日	北京地区新房供应减少，二手房市场更加火热，二手房价格不断升高
3 月 12 日	“两会”新政将会加入房产税，对房价起到抑制作用
3 月 14 日	各大房屋销售中介表示房价只会越控越高，以往每年出台政策都是这样
3 月 17 日	“3.17 北京房市调控新政”正式发布，称为史上最严调控
3 月 25 日	二手房违约比例占全部二手房成交未网签房源的三成。 二手房房市降温
4 月 1 日	北京二手房价格下跌，成交量暴跌，市场主要持观望态度，调控成果显著

简单将这些时间节点（见表 8-1）分为三个时期，3 月 1 日至 3 月 16 日为时间的潜伏期，此时网络舆情大量增加，观点各有不同。爆发期为 3 月 17 日到 3 月 25 日，真实信息发布，舆情爆发期出现。3 月 26 日到 4 月 1 日为舆论的衰退期。

2. 常规状态下“3.17 北京房市调控新政”各平台模型分析

首先，针对网络舆情爆发的平台选取了百度贴吧和新浪微博平台进行舆情收集。在各平台通过高级搜索锁定时间和内容并利用“八爪鱼”采集器进行数据采集。

图 8-10 为百度贴吧中高级搜索“3.17 北京房市调控新政”相关的帖子。在高级搜索栏，将时间限定在 2017 年 3 月 1 日至 2017 年 4 月 1 日范围内，搜索网站为 tieba.baidu.com。这样采集的数据就全都是贴吧上关于“3.17 北京房市调控新政”突发事件相关的网络舆情。

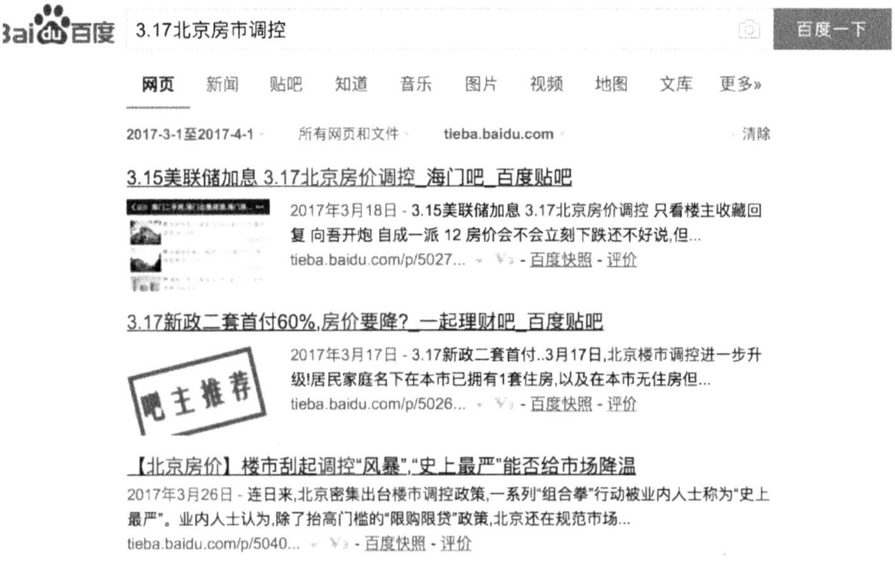

图 8–10　百度贴吧数据采集

如图 8–11 所示，在微博进行二手房相关的高级搜索，由于此处只统计原创微博的转发、评论和点赞情况，所以高级搜索中选择了原创选项。此外还设定时间栏范围，这样可以避免重复、无效的数据采集。

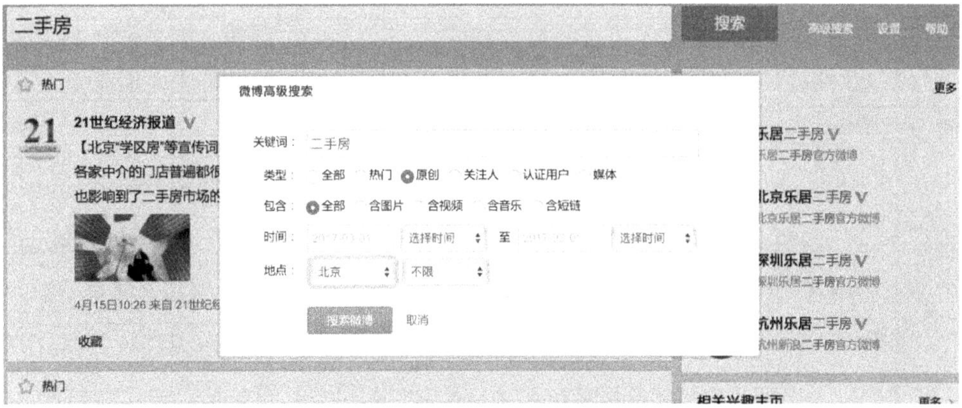

图 8–11　新浪微博数据采集

如图 8–12 所示，此图是在采集数据时利用“八爪鱼”采集器来进行数据采集的流程图以及数据提取过程的截图。利用“八爪鱼”进行数据采集，首先要打开网址，并作出循环翻页、数据分组，还有提取数据等流程，如图 8-12 右侧所示设计提取数据流程。最终完成提取数据后将提取的数据导出到 Excel 表。

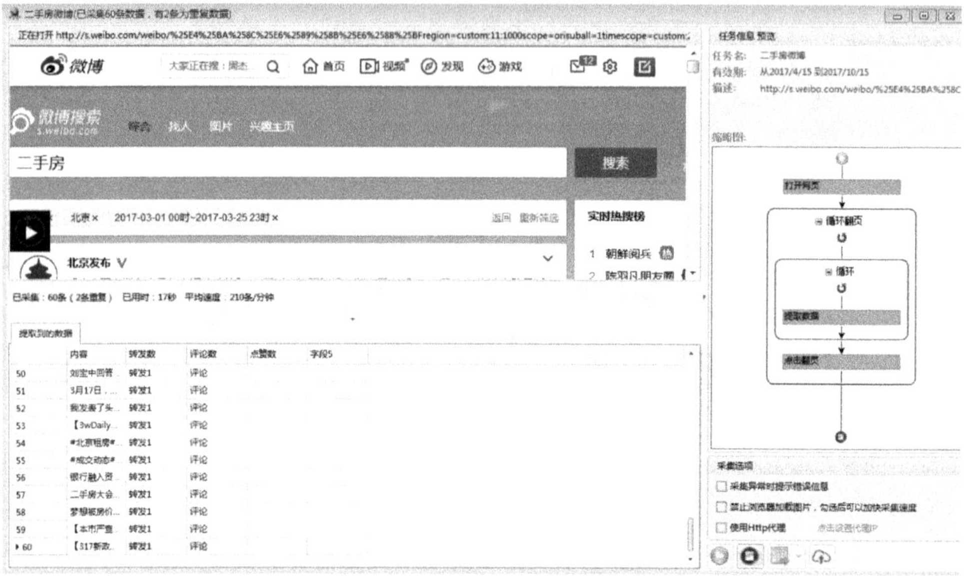

图 8-12 “八爪鱼”数据采集示意图

如图 8-13 所示，Excel 表格中是用“八爪鱼”采集器采集的数据，图中最左侧为采集的微博信息，接下来分别是转发数、评论数和点赞数。在 Excel 表中整理一下就可以得出网络舆情数量，这个整理过程需要投入大量精力，需要观察微博内容来决定舆情内容。

如图 8-14 所示，正是在 3.17—3.25 期间主要舆情传播节点的转发关系。可以看到主要的大节点是掌上链家、链家网、我爱我家、房天下，还有今日头条。那么可以利用这几个大节点来发布正确信息，消除谣言信息，引导控制网络舆情。

如图 8-15 所示，在舆情传播时期的 35 天里，各个主要传播节点的转发以及评论数量已表示出来，最大的节点是房天下、我爱我家、链家网和搜狐焦点二手房。

表 8-2 的数据是利用“八爪鱼”采集器采集的，是以某个事件发生到下一个事件发生为一个时间段，将每个时间段的网络舆情整理出来的表格。图 8-16 是根据每天贴吧实际数据导入 Matlab 作出的图像。

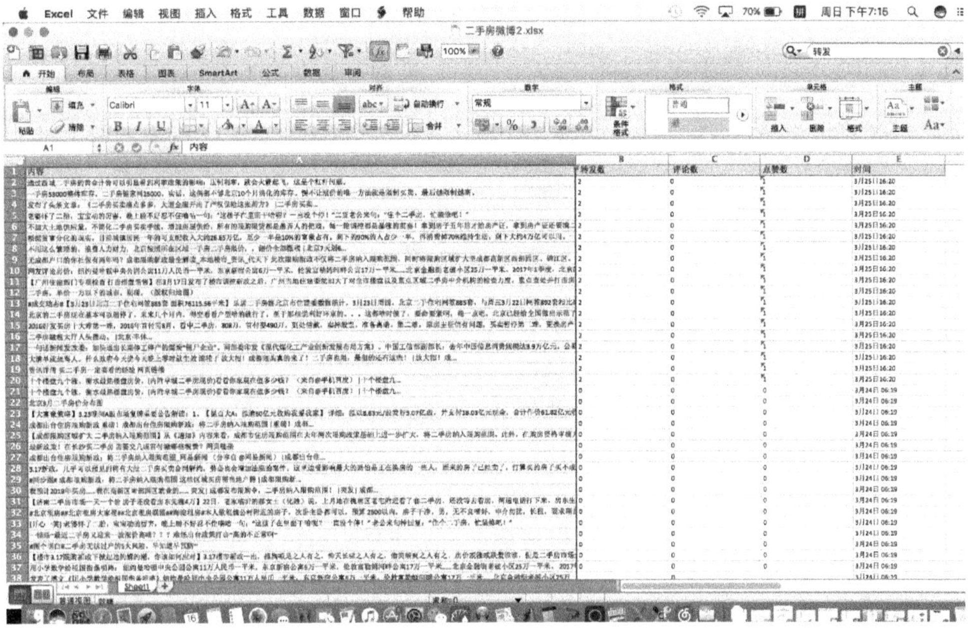

图 8-13　数据采集导出示意图

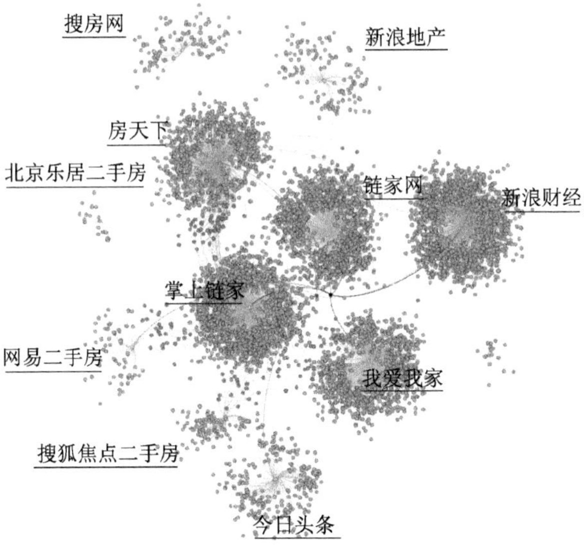

图 8-14　3.17—3.25 期间微博转发节点示意图

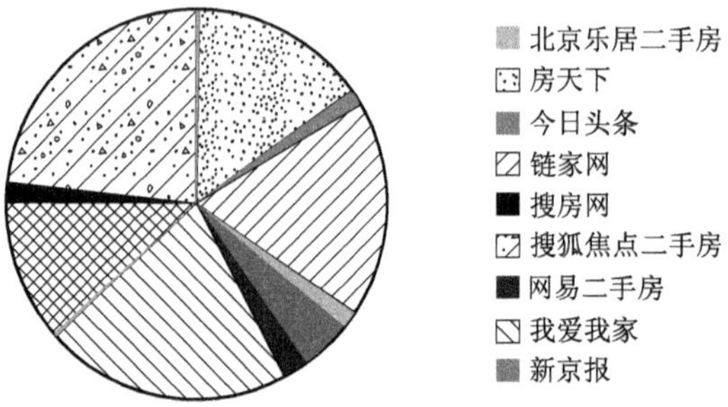

图 8-15 “3.17 北京房市调控新政”网络舆情传播节点示意图

表 8-2 不同时间节点的网络舆情数量

时间	贴吧发布量	贴吧评论量	微博发布量	微博转发量	微博评论量	微博点赞量	总舆情数量
3 月 1 日	3	9	18	343	1 823	897	3 093
3 月 6 日	4	18	23	67	157	32	301
3 月 9 日	8	24	28	23	72	13	168
3 月 12 日	12	61	31	98	324	112	638
3 月 14 日	28	134	27	131	357	323	1 000
3 月 17 日	38	282	91	1 123	7 123	3 210	11 867
3 月 25 日	17	71	39	181	534	234	1 076
3 月 31 日	5	8	11	13	56	21	114

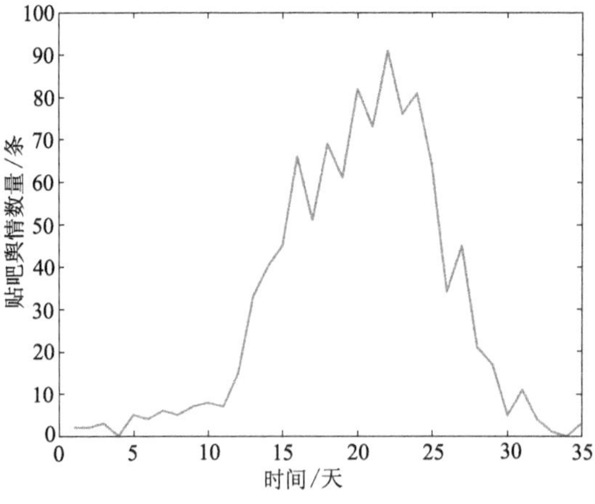

图 8-16 贴吧数据仿真图

图 8-17 是微博信息采集后的网络舆情图，网络舆情是根据每天的数据采集而得。

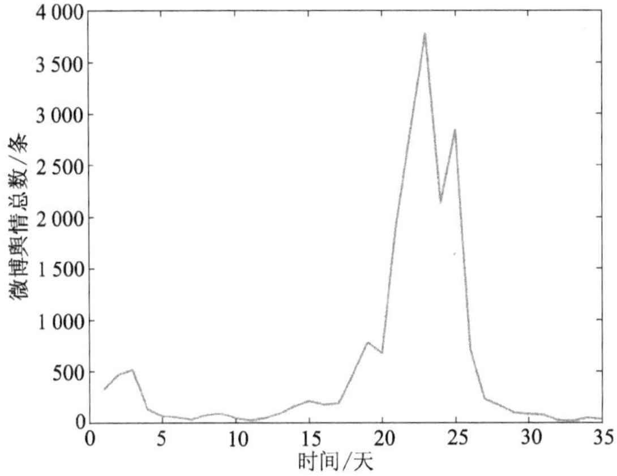

图 8-17　微博数据仿真图

由图 8-18 可以看出，常规状态下“3.17 北京房市调控新政”事件网络舆情主要处于潜伏期（3 月 1—16 日）末期和爆发期（3 月 17—25 日），进入衰退期（3 月 25—31 日）时网络舆情相对较少。处于舆情潜伏期时，没有太多的网络舆情。但是在 3 月 17 日之后，出现了很多大的转发节点来散播网络舆情，导致 3 月 17—25 日呈现出舆情爆发增长阶段，那么根据数据显示，主要的转发节点有新浪财经、链家网、掌上链家、我爱我家和房天下。政府在预防下次网络舆情时可以针对这些大的转发节点控制舆情发展。

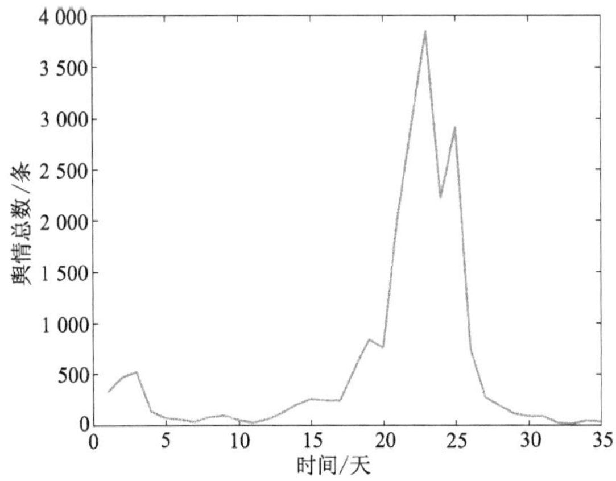

图 8-18　网络舆情仿真汇总图

8.3.2 非常规状态下“华万股权之争”案例

1. 非常规状态下“华万股权之争”案例剖析

在2015年年底爆发了万科的股权之争，由于万科管理层与股东分离，给了风险投资可乘之机，险资注入威胁万科股权，带来了一波又一波的网络舆情，这可以说是一件经济领域内非常规状态下的突发事件。在第一次舆情发生期间，突然爆发期是在2015年10月20日到2015年11月19日左右，万科股权突然被增持。事件演变期发生在11月27日到12月17日，股权收购演变成了公司之间资本的博弈。衰退终结期是在2015年12月17日到12月底，万科A停牌，人们对于万科的舆论暂时告一段落。然而不久，非常规状态突发事件的第二次网络舆情爆发了，眼看到了万科复牌的时间，但是万科却迟迟不复牌，这产生了第二次的事件突然爆发期，发生在2016年1月19日到1月29日，人们都在关注股权之争到底会是什么样的情况和结果。接着事件的发展演变期到来，也就是2016年2月29日到3月13日这个阶段，人们开始关注险资投入是否会搅乱社会秩序，以及出现金融问题等一系列观点。最后事件的衰退终结期是在2016年3月13日到3月底，万科股权之争告一段落。“华万股权之争”时间节点事件过程梳理如表8-3所示。

表8-3 “华万股权之争”时间节点事件过程梳理

第一次舆情（万宝安之争）	
2015年10月20日	钜盛华不断增持万科股份
2015年11月19日	万科公告宣布，从10月27日到今天为止，钜盛华回购其以收益互换的形式享有收益权的万科A股55 698.63万股，占到了万科总股本的5.04%，钜盛华和前海人寿共持有万科A的股票占公司总股本的15.04%
2015年11月27日	钜盛华通过南方资本安盛1号资产管理计划买入万科A股23 646 504股，占万科总股本的0.214%。此次权益变动后，加上前海人寿总共持有万科15.254%的股权，成为万科第一大股东
2015年12月7日	万科披露的详细权益变动报告书说明，浙宝基金花费48.91亿元持有钜盛华30.00%的股权，成为钜盛华第二大股东

续表

第一次舆情（万宝安之争）	
2015 年 12 月 17 日	在万科会议中，王石表示不欢迎宝能系成为万科第一大股东，王石提出要同华润置地商谈
2015 年 12 月 24 日	万科 A 在二级市场停牌
2015 年 12 月 29 日	万科发布公告，否认公司与宝能系、安邦三方召开和谈会及安邦将受让宝能系股份成为公司大股东的相关舆论
第二次舆情（万宝华之争）	
2016 年 1 月 29 日	万科宣称将会继续停牌到 6 月之后，并且会提前召开第一次股东大会
2016 年 2 月 5 日	网上有人说华润与宝能在新加坡密会，商讨如何转移万科股权，提出多个方案
2016 年 2 月 29 日	相关管理部门告诉媒体，保险资金整体风险可控，没有问题
2016 年 3 月 13 日	万科发布公告，已与深圳地铁签署合作备忘录，深圳地铁将以 400 亿 ~ 600 亿元获得万科股权 21% ~ 28.5%，宝能系持股将稀释至 19.18% ~ 17.36%

2. 非常规状态下“华万股权之争”各平台模型分析

本章中分析非常规状态下经济领域突发事件即“华万股权之争”的方法和上述常规状态事件一样，都是采用“八爪鱼”采集器在网络上收集数据。并且导入 Excel 表中，再用 Matlab 和 Gephi 实现数据可视化的作图，来展示突发事件网络舆情数量的周期性变化。

图 8-19 是在微博和经济论坛里采集的有关“华万股权之争”的网络舆情，Excel 表左边的内容是用户发表的观点，右边的内容是转发数、点赞数还有评论数。

图 8-20 是在 2015 年 12 月 24 日万科宣布停牌后，微博用户上的转发情况，其源于几个权威性节点包括金融界网站、巨潮资讯网、第一财经、新浪财经、中国经济周刊和财新网。这里用 Gephi 作出了转发关系图，从中可以看到巨潮资讯网、新浪财经、金融界网站、同花顺手机炒股和中国经济周刊信息大部分重叠，且都是最大的舆情传播节点之一。

图 8-19 “华万股权之争”网络舆情数据示意图

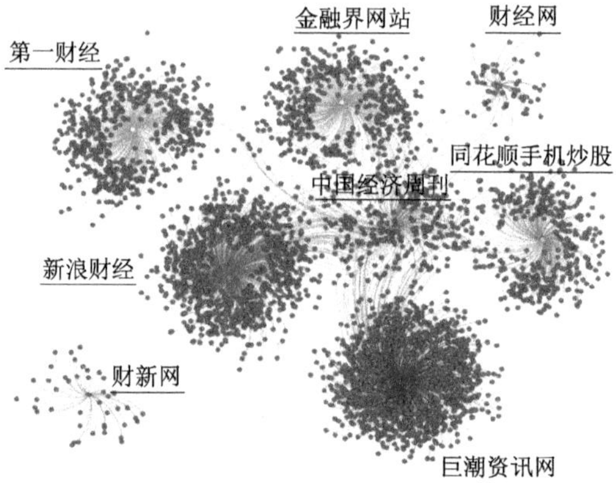

图 8-20 12 月 24 日微博转发关系图

如图 8-21 所示，在“华万股权之争”网络舆情信息传播阶段中各大节点的网络舆情传播规模。

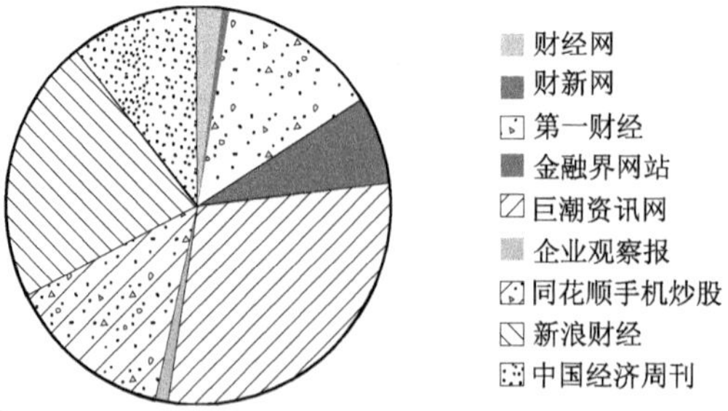

图 8-21 “华万股权之争”网络舆情节点示意图

如图 8-22 所示为以柱状图形式表现出来的各个节点在 2015 年 12 月 17—20 日网络上节点的转发情况。“华万股权之争”网络舆情数量表如表 8-4 所示。

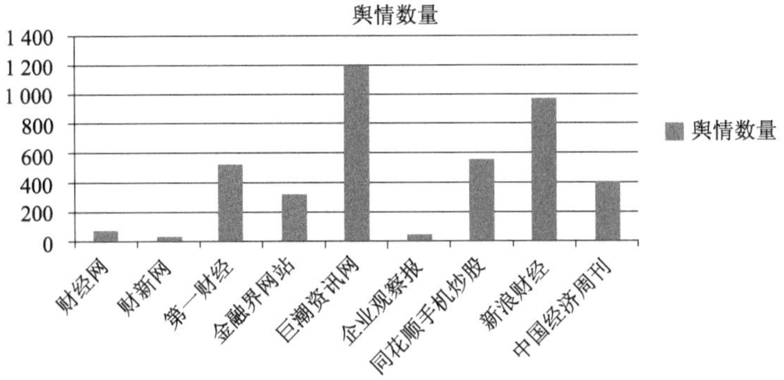

图 8-22　“华万股权之争”12 月 17—20 日网络舆情传播示意图

表 8-4　“华万股权之争”网络舆情数量表

时间	贴吧发布量	贴吧评论量	微博发布量	微博转发量	微博评论量	微博点赞量	总舆情数量
2015 年 10 月 20 日	0	0	2	5	2	6	15
2015 年 11 月 19 日	1	3	8	3	12	8	35
2015 年 11 月 27 日	12	61	112	3 415	7 135	4 524	15 259
2015 年 12 月 7 日	5	43	94	2 837	4 839	3 947	11 765
2015 年 12 月 17 日	9	94	134	5 964	11 385	7 383	24 969
2015 年 12 月 24 日	2	5	84	1 390	3 885	2 744	8 110
2015 年 12 月 25 日	0	0	12	194	233	194	633
2016 年 1 月 29 日	2	31	34	134	391	234	826
2016 年 2 月 5 日	4	45	74	1 421	3 948	2 213	7 705
2016 年 2 月 29 日	11	57	113	4 239	7 352	4 185	15 957
2016 年 3 月 13 日	21	158	283	13 234	22 384	15 028	51 108

如图 8-23 所示为 90 天的时间内，也就是第一阶段的“华万股权之争”网络舆情的发生情况。可以非常明显地看出在 50 天之前，网络舆情是非常少的，直到 50 天之后呈现两个阶段的爆发式增长，到了第 87 天左右舆情渐渐消退。

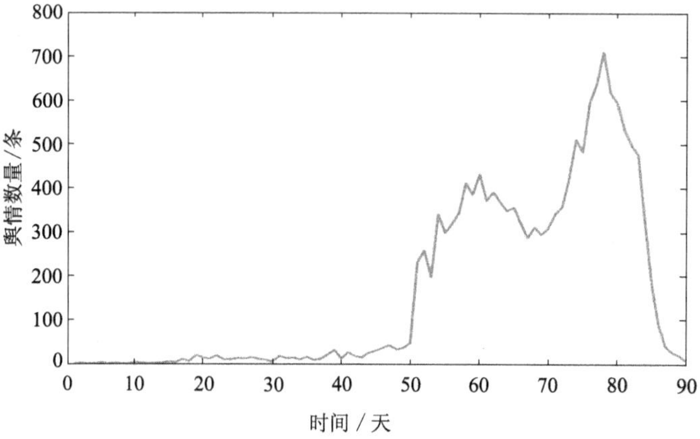

图 8-23 第一次舆情仿真示意图

如图 8-24 所示，第二阶段的“华万股权之争”网络舆情爆发时间也就 90 天。从第 30 天开始进入舆情爆发增长阶段，直到第 60 天时间蔓延，网络舆情呈现出暴增阶段，到第 85 天事件慢慢平息。

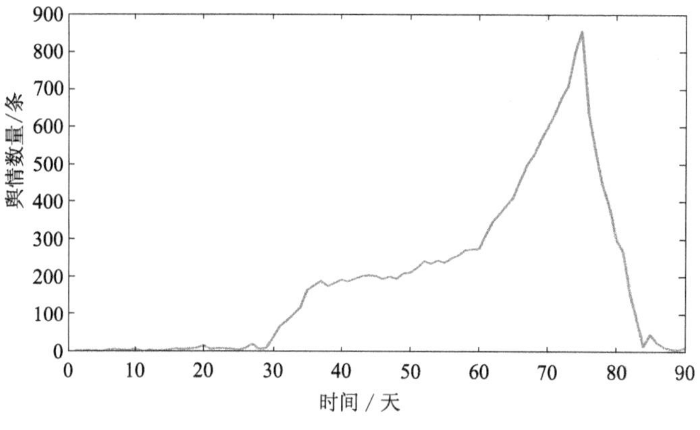

图 8-24 第二次舆情仿真示意图

由图 8-25 我们可以看出，非常规状态下经济领域突发事件有事件突然爆发期、发展演变期和衰退终结期。通常来说事件刚刚发生时，网络舆情会慢慢爆发，直到事件衍生期会出现舆论发生的峰值，最后逐渐进入事件衰退期。每次舆情都会有这三个阶段，我们需要把握这三个阶段的特点，尽量掌握引导和控制非常规状态下经济领域网络舆情。

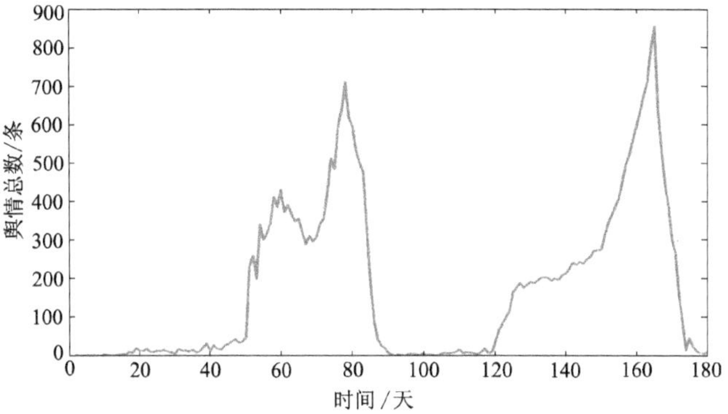

图 8-25　非常规状况下突发事件仿真示意图

8.4 本章小结

本章针对经济领域突发事件网络舆情进行分析。本章通过建立模型，仿真分析，利用“八爪鱼”采集器、北大可视化、Gephi 以及 Matlab 对两个不同种类经济事件进行数据采集、可视化分析，还有仿真模拟来详细地描述事件发生的周期特点。本章选取了两个案例，第一个案例是二手房市场的“3.17 北京房市调控新政”网络舆情。“3.17 北京房市调控新政”网络舆情主要是通过新浪微博传播，大的传播节点包括新浪财经、新浪地产、链家网等微博。这样的常规状态下经济领域网络舆情呈现为潜伏期、爆发期和衰退期三个阶段。利用大的传播节点可以有效增加真实信息传播率和降低谣言信息传播率，在舆情爆发期时迅速将网络舆情过渡到衰退期，以防网络舆情造成不良影响。第二个案例是 2016 年资本市场上非常火爆的“华万股权之争”，“华万股权之争”事件属于经济领域非常规性突发事件，这样的非常规事件分为突发期、衍生期和衰退期。其中事件衍生期是舆情爆发最难控制的时期，因为非常规性突发事件可能会产生多种衍生事件。“华万股权之争”的网络舆情爆发集中在新浪微博以及经济论坛上，爆发期网络舆情数量巨大，衍生期网络舆情又迎来更大的爆发。在爆发期和衍生期，相关部门同样需要利用大的节点来增加真实信息传播率和降低谣言信息传播率，以此来控制和引导网络舆情。

本章以及第 7 章是从网络舆情传播角度出发对网络舆情进行分析。要想对网络舆情进行全面的了解，我们需要从不同的角度对其分析，下一章我们将开启网络舆情的情感分析之旅。

9 网络舆情的情感分析研究

本章借鉴目前国内已有的关于微博情感分析方面的研究成果，设计一种基于微博情感分析的网络舆情热点发现模型。模型主要针对微博文本的特点和舆情中负向情感传播迅速的特征，基于朴素贝叶斯情感分类器将表情符号和情感词汇作为判断微博情感倾向的依据，分为正向、负向和极度负向情感三种。最后通过基于词共现的事件提取算法，从极度负向情感微博中提取的主题词，找出某时间段内的网络热点事件。

针对目前我国社会话题的关注热点，生态问题与人们的生活甚至生存等息息相关，因此在其被关注度愈发升高的同时，更容易受人们主观情感的影响，从而引发网络舆情事件。结合我国生态问题现状，本章选择“雾霾”为话题的微博舆情事件进行情感倾向性实例分析，得出网民的情绪和观点对舆情热度和发展趋势的影响。

9.1 文本情感分类基础研究

9.1.1 文本分词

在自然语言处理中，词是最小的分析单位，计算机处理英文时可以通过识别空格进行分词。但对于由汉字而非单词组成的字符串文本，就需要机器对文本进行语义理解、概念提取和主题划分的处理，即为文本分词技术。

目前应用最为广泛的三种中文分词技术如下：

（1）基于字符串匹配的分词方法：基于已有词典扫描整个文本进行匹配分词。根据不同的扫描方向又分为正向匹配、逆向匹配和双向匹配。这种分词方法主要依赖于词典中词语的数量和质量。

（2）基于统计的分词方法：基于词是一个稳定的组合的假设，相邻汉字在文本中同时出现的频率越高，这几个相邻的字就越有可能被识别成为一个词。计算汉字 A 和 B 之间紧密度的公式为：

$$M(A,B)=\lg\{P(A,B)/[P(A)P(B)\} \tag{9-1}$$

其中，P 代表频率。这种方法的不足是易将同时出现的但并不为同一词语的组合切分成词。因此，在实际应用中，通常与基于词典的分词方法结合使用，使分词更高效和准确。

（3）基于理解的分词方法：与前两种通过对词进行分析再切分的方法不同，该方法是期望在理解语义的基础上进行识别分词。核心思想是模拟人脑的处理过程，分词时进行语法解析和语义分析来解决歧义词识别的问题。此方法执行时需要获取大量的语言知识信息，但汉语过于复杂，使计算机很难读取，所以基于理解的分词系统目前尚未成熟。

9.1.2 文本表示方法

由于计算机不具备人类自身对文本的理解和分类能力，因此无法挖掘其中与情感相关的内容，需要借助文本表示方法处理成结构化的形式。文本分类采用最多的方法是向量空间模型。

1. 向量空间模型

20 世纪 60 年代向量空间模型正式被提出，初期应用于信息检索领域，近年来被普遍应用在文本分类领域，是一种简单、高效的文本表示模型。

向量空间模型的核心是把文档简化为多维空间中的一个向量，把全部文档看成其含有特征项的集合（T_1，T_2，…，T_n）。特征项包括字、词、词组和短语等，特征项权重 W_i 是反映该特征项在文档中相对重要性的指标。每个文档都表示为由 n 个特征项权重组成的向量（W_1，W_2，…，W_n），在空间内即为每个文档的坐标。该模型把对文本的计算转换为对向量空间中点的计算，便于计算机的分析处理。文档特征向量表示为：

$$\boldsymbol{T}=((T_1,\ W_1),\ (T_2,\ W_2),\ \cdots,\ (T_n,\ W_n)) \tag{9-2}$$

向量空间模型进行了非结构化的文本到空间向量问题的转化，降低机器处理的复杂性，同时提高了处理速度和精度。但该模型是在假设特征词出现时相互独立这一先决条件下成立的，实际并不能完全实现，所以在某种程度上会影响文本表示的效果。

2. 特征选择法

初始的文本特征空间由出现在文本集中的所有词语组成，通常所表现的高维度性和向量的稀疏性会影响分类算法的效率和精确度。因此，通过特征选择法，在保留主要特征的前提下，尽量去掉影响力小的特征，对文本特征空间进行降维处理。下面简单介绍目前常用的特征选择方法：文档频率（DF）、互信息（MI）、信息增益（IG）及 CHI 统计。

（1）文档频率（Document Frequency，DF）。

文档频率是特征选择方法中最简单的方法，DF 为特征词出现的次数，是衡量该特征词重要程度的指标。此方法基于一个假设：DF 大的特征词较为重要，被优先选取；反之 DF 较小的特征词对分类结果的影响较小，应被剔除。目前“高频比低频影响大”的假设与被广泛接受的信息检索理论相悖，如“的”“个”等的 DF 很高，但对分类并无太大意义。

（2）互信息（Mutual Information，MI）。

该方法是通过计算特征项与文档类别间的关联性来选择最佳特征。下面公式（9–3）表示文本特征词 t 和文档类别 C 的 MI 关系：

$$\mathrm{MI}(t,\ C)=\lg\frac{P(t\mid C)}{P(t)} \tag{9-3}$$

其中，$P(t\mid C)$ 表示文档被归为 C 类的条件下，特征项 t 同时出现的概率；$P(t)$ 表示文档 t 在文档集中出现的概率。

（3）信息增益（Information Gain，IG）。

信息增益通过衡量特征词是否出现而对导致的系统信息量的差别，来判断特征词的重要性。特征词 t_i 对于类别 C 的信息增益公式如下：

$$\begin{aligned}\mathrm{IG}(t)=&-\sum_{i=1}^{m}P(c_i)\lg P(c_i)+P(t)\sum_{i=1}^{m}P(c_i\mid t_i)\lg P(c_i\mid t_i)\\&=P(\bar{t})\sum_{i=1}^{m}P(c_i\mid\bar{t}_i)\lg P(c_i\mid\bar{t}_i)\end{aligned}\tag{9-4}$$

其中，m 表示文本类别数目，$P(c_i)$ 表示 c_i 类文档出现的频率，$P(t_i)$ 表示特征词 t_i 出现的概率，$P(c_i\mid t_i)$ 表示 t_i 出现的条件下，该文档属于 c_i 类文档的条件概率。信息增益表现了特征的类别区分能力，选择高于某一阈值的特征进行分类，可有效降低特征空间的维度。

（4）CHI 统计。

该方法衡量特征项与类别间独立性的缺乏程度。CHI 越大，独立性越小，相关程度越大。对于类别 c，文本特征 t 的 CHI 估计公式为：

$$x^2(t,c)=\frac{N\times(AD-BC)^2}{(A+C)\times(B+D)\times(A+B)\times(C+D)}\tag{9-5}$$

其中，N 为训练语料中的文档总数；A 表示属于类别 c 且包含特征 t 的文档数；B 表示不属于类别 c 但包含特征 t 的文档数；C 表示属于类别 c 但不包含特征 t 的文档数；D 表示既不属于类别 c 也不包含特征 t 的文档数。

与 MI 相同，每个特征 t 会有 m 个 CHI 值，求均值可得到特征选取所需的一个线性序，大于 CHI 均值的特征项被选取的可能性较大。

3. 文本情感分类器

文本情感分类是指挖掘并分析文本中的立场、情感和观点等主观信息，对文本的情感倾向做出类别的判断。因此，选择适当的分类器成为情感分类处理的关键因素。下面对基于情感分析的分类算法进行研究和学习。

目前，机器学习方法相较于基于最初人工建立的规则进行的分类方法，成本更低且准确性高，因此在文本分类领域的应用十分广泛。由于下文将会选择软件工具进行文本的分类处理，因此需要学习机器学习方法的原理基础。下面主要对三种文本分类器进行介绍。

（1）支持向量机（Support Vector Machines，SVM）。

SVM 是以 VC 维理论与结构风险最小化原理为基础，通过最大化分类间隔来构造最优超平面，以有限样本建立分类模型，来解决小样本、非线性和维灾难问题。其核心是寻求满足分类条件的最大超平面，在保证样本精度的前提下分为两类，可以最大化它们之间的分类间距。如图 9-1 所示，举例说明了分割间距及支持向量。

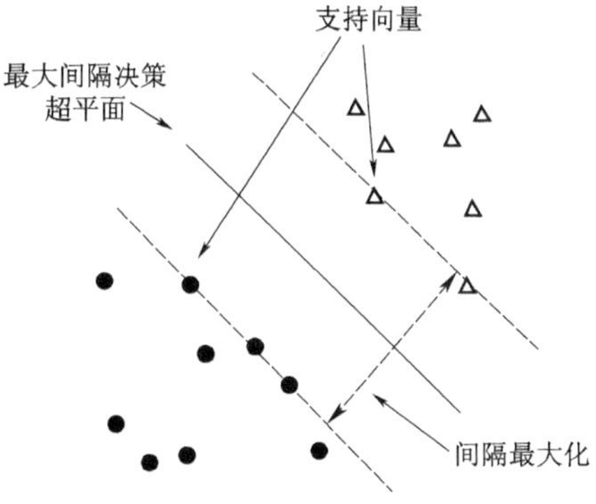

图 9-1　支持向量机模型示意图

（2）K 阶近邻法（K-Nearest Neighbor，KNN）。

K 阶近邻法在文本分类中有较好的效果。简单来说，是把训练文档集进行向量化得到各文档的特征向量；再对待分类文档向量化得到特征向量。最后计算该向量与每个训练文档向量的距离，寻找相似度最高的 K 个文档，确定待分类文档的类别，即归类于文档数最多的那类。

在 KNN 算法中，K 值的选择十分重要，常取决于经验或分类问题的有关知识，K 值的大小与分类效果紧密相关。算法优点为方法简单、易实现且速度快，缺点则是需要较大的存储空间来保留训练文档。

（3）朴素贝叶斯（Naïve Bayesian，NB）分类算法。

朴素贝叶斯算法的基础是贝叶斯定理，贝叶斯公式如下：

$$P(c_i|T)=\frac{P(c_i)P(T|c_i)}{P(T)} \tag{9-6}$$

利用贝叶斯公式计算文本 T 归属于类别 c_i 的可能性，C 是所有类别的集合，$c_i \in C$。式中 $P(T)$ 为文本 T 在训练集中的先验概率，$P(c_i)$ 为 T 属于类别 c_i 的概率，$P(c_i|T)$ 为类别 c_i 在 T 条件下的概率。即借助贝叶斯公式，通过已知事件预测另一事件的发生概率。

朴素贝叶斯分类的核心是训练数据集得到文本类别的先验概率和特征属性的后验条件概率。之后应用贝叶斯公式计算得到待分类文档属于全部类别的概率并划分到概率值较大的类中。

已知文档集 $T=\{t_1, t_2, \cdots, t_n\}$，类别 $C=\{c_1, c_2, \cdots, c_k\}$，即文本集中分

为 k 个类别，对待分类文档 $t=\{w_1, w_2, \cdots, w_l\}$，$w_l$ 表示文本 t 中的特征属性，具体分类过程如下：

① 文本类别 c_i 的先验概率 $P(c_i)$：

$$P(c_i)=\frac{N_i}{N}\ (i=1, 2, 3, \cdots, k) \tag{9-7}$$

② 判断待分类文档 t 特征属性的条件概率：

$$P(t \mid c_i)=P((w_1, w_2, w_3, \cdots, w_i) \mid c_i)=\prod_{i=1}^{l} P(w_i \mid c_i) \tag{9-8}$$

③ 利用贝叶斯公式得到待分类文档 t 归属到某一类别的概率：

$$P(c_i \mid T)=\frac{P(t \mid c_i)P(c_i)}{P(t)} \tag{9-9}$$

④ 将待分类文档 t 划分到概率较大的一类中。

由此可见，朴素贝叶斯分类算法实现简单，因此应用也较为广泛。但贝叶斯定理的成立假设为特征条件独立，实际很难保证各向量之间没有相关性，因此会对准确性造成一定的影响。如图 9-2 所示为朴素贝叶斯情感分类的框架。

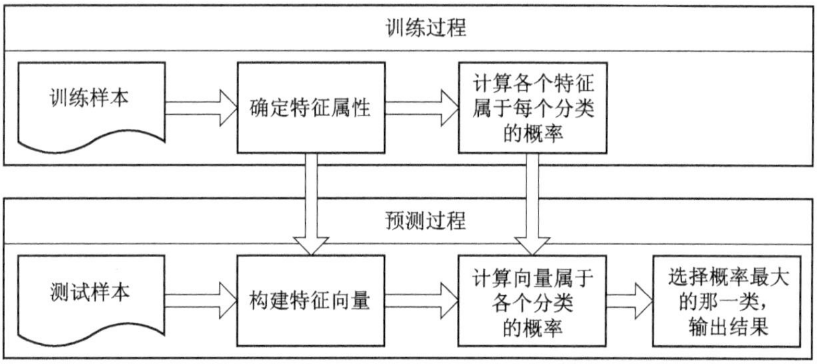

图 9-2 朴素贝叶斯情感分类的框架

9.2 基于微博情感分析的网络舆情热点发现模型

本章借鉴目前国内已有的关于舆情情感分析方面的研究成果，结合网络舆情监控系统中舆情分析的相关知识，设计一种基于微博情感分析的网络舆情热点发现模型。

9.2.1 模型设计

1. 网络舆情监控系统

由于网上数据的信息量巨大，仅靠人工的方法难以对其进行收集和处理，因此基于搜索引擎技术和网络信息挖掘技术，形成一套自动化的网络舆情监控系统，实现不同用户对于自己相关的网络舆情管理的需要，为掌握舆情动态并正确引导提供支持。

目前，典型的网络舆情监控系统主要包括以下几部分：

（1）舆情信息采集。

确定监控主题和对象（如国内主要网站、论坛、博客等），实时自动地从对象中获取该主题的网页信息。采集对象以文本为主，以微博为例可分为博文信息和博主信息，博文信息包括发布者、发布内容、发布时间、发布源、被赞次数、评论次数及内容、转发次数及内容等；博主信息包括基本信息、粉丝数量、是否为“大 V”和官方微博等。

（2）舆情信息预处理。

针对抓取的数据进行去噪、分词、语义分析等信息预处理。

（3）舆情信息分析。

主要分为热点话题发现和情感倾向性分析两部分。以微博为例，热点话题发现以回复转发数量、信息分类、重要性分级为分析依据，通过文本聚类算法等找出微博热点话题；情感倾向性分析则通过文本情感分类器进行处理。

（4）舆情预警。

自动追踪舆情事件并分析网络热点，对突发事件和热点话题进行预警和通报，同时制定应急处理方案。

（5）舆情评估。

对舆情事件进行事后分析、总结和备案处理，为后续系统优化和应急预案的评估提供参考依据。

2. 基于微博情感分析的网络舆情热点发现模型设计

以已有的舆情监控系统为基础，本章设计了基于微博情感分析的网络舆情热点发现模型，是舆情信息预处理和舆情信息分析的重要组成部分。其流程图如图 9–3 所示。

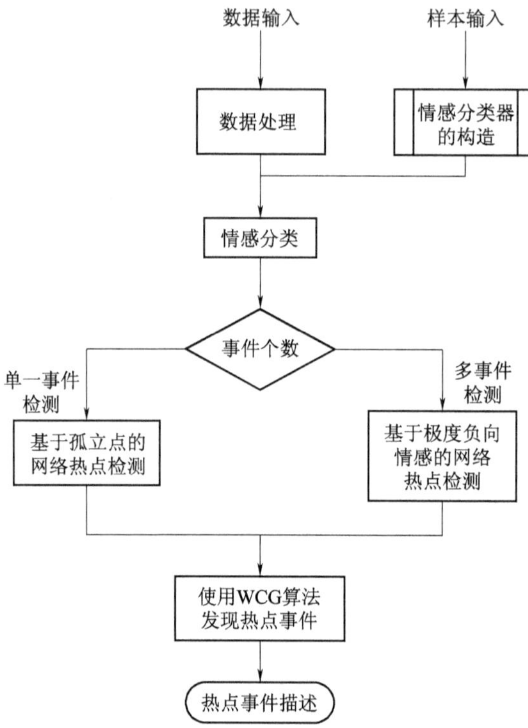

图 9–3 网络舆情热点发现模型流程图

本章的微博舆情数据采集主要通过“八爪鱼”和“集搜客”两种数据采集器来进行。这种搜索引擎爬虫是网页数据采集的一个重要分支，通常指通过搜索引擎爬虫根据各个网页上的超链接组成的关联性网络来到达各个网页，并索引整个网页，然后将快照及关键信息保存在资料库中，以便在用户搜索时根据关键词匹配及显示相关信息。

通过舆情采集模块获得数据信息并输入此模型，进行数据处理。前面章节已经介绍过微博文本分词处理的原理及方法和情感分类器及其主要算法的内容，基于以上内容，选择盘古分词软件工具进行微博数据的分词处理，并通过实验进行情感分析。

9.2.2 基于贝叶斯分类算法的情感分类器构造

1. 情感语料标注

基于微博的文本特点，本章选择表情符号和情感词汇作为判断微博情感倾向的依据。同时与传统的将情感分为褒贬两类不同，本书进一步将其区别为正向、负向和极度负向三种情感指标，利于分析情感与舆情热度和发展趋势的关系以及事件的区分判断。

（1）表情图片标注。

微博平台的表情图片在用户中很受欢迎，本章将这些表情图片进行划分，作为微博的情绪标签。目前微博中的表情超过 1 000 个，选择最具代表性的 90 个进行情感类别分类：正向情感 47 个、负向情感 20 个、极度负向情感 23 个，部分表情图片如表 9-1 所示。

表 9-1　表情图片分类及典型表情图片

情感分类	表情图片数量	典型表情图片
正向情感	47	
负向情感	20	
极度负向情感	23	

（2）情感词汇标注。

本章仅对形容词和心理动词中的情感词进行研究，原因为：在中文表达中，情感词广泛分布在名词、动词和形容词里，但名词中的情感词大多数同时与形容词或心理动词兼类。参考知网文献所提供的正负向情感词表进行筛选，选出正向情感词 46 个，负向情感词 49 个，极度负向情感词 16 个，表 9-2 列出部分情感词。

对情感词标注时，要关注否定词或相反情感词的数量和出现情况，主要分为以下三种：若出现一个否定词，则归为相反的评论中；若出现两个及以上的否定

表 9-2 情感词分类及典型情感词

情感分类	情感词数量	典型情感词
正向情感	46	高兴、开心、兴奋……
负向情感	49	失望、苦闷、难过……
极度负向情感	16	厌恶、悲痛、愤慨……

词，就应利用情感词典统计文本中的正向和负向两者的情感数目，同时用其中差值对情感属性进行有针对性的判断。对于一条微博内容同时存在两个及以上情感词时，本章的处理方法是直接将其删除。因为此类微博的情感分类需要根据文本的整体情感值来划分，不能依靠简单地计算情感词数量的差值。

2. 基于朴素贝叶斯算法的情感分类器构造

分类器作为机器学习领域一种重要的数学模型，通过分析或从训练集“学习”来构造它。分类算法采用 Mallet 机器学习工具包中给出的朴素贝叶斯算法。Mallet（Machine Learning for Language Toolkit）是基于 Java 语言环境开发的专门用于机器学习方面的软件包，主要用于自然语言处理、文档分类、文档聚类、主题建模、信息抽取等文本应用。对于文本分类，Mallet 主要是通过大量的训练集训练分类器，然后用测试样本集测试分类器的性能，将训练好的分类器保存下来。当未知类别的文本输入后，分类器对其自动分类，输出此文本所属各个类别的概率。

基于上文提供的理论支持和文献所提出的观点，朴素贝叶斯分类算法在对含有情绪知识的微博分类中效果最好，因此本章选取朴素贝叶斯算法作为最终的微博情感分类器。针对文本特征向量维度数高及情感分类的难点，对朴素贝叶斯算法进行改进，使其更适用于微博的情感分类。

基于改进的朴素贝叶斯情感分类算法的主要步骤如下：

（1）通过属性约简方法进行约简处理，只保留情感词及表情图片作为特征属性，去除冗余和无关属性。

（2）由上步骤得到一组最近似独立的属性约简子集，通过偏最小二乘回归方法对集合中的每个特征属性按其重要性进行加权。

（3）统计贝叶斯分类器所需要的各种概率值。

9.2.3 基于词共现图的事件提取方法

词共现模型是基于统计方法的自然语言处理研究领域的重要模型之一，在信息检索中应用较为成熟，其核心在于词之间的共现频率反映了语义关联，通过基于词共现图的事件提取算法，可以找出某时间段内的网络热点数据。

1. 算法描述

基于词共现图的事件提取算法首先将微博数据进行预处理，保留意义较大的名词和动词，以微博特征抽取作为主题词提取的依据，并考虑核心影响力因子的复合权值来评价特征词，包括词频、词频增减率和主题表现力。遍历全部节点并计算权值，选择权值较大的词构成主题词表作为词共现图的点集。计算每两个主题词间的共现度，连接大于阈值的两个节点后，剔除未连接节点。只出现单一连通图时，则该时间段内只有一个热点事件；当表现为非单连通图时，则进行连通区域分割处理，每个区域为一个热点事件。最后，在每个区域中选择几个权值较高的词作为对该事件的描述。

2. 主题词抽取

本章参考学习已有的关于中文文本内容的主题词抽取研究文献，分析微博数据的特点，以微博特征抽取作为主题词提取的依据，并把准确率作为结果的衡量指标。提出以下几个影响因子。

（1）相对词频。

若某词语在某时间段内频繁出现，且出现的频率比该时间段内的其他词语高时，我们认为它和该时间段内的热点事件相关联，故选择相对词频计算方法：

$$T_{ij}=\frac{f_{ij}}{f_{\max}} \tag{9–10}$$

其中，T_{ij} 是词 w_i 在时间窗口 j 的相对词频；f_{ij} 是词 w_i 在时间窗口 j 的频率；$f_{\max}$ 是时间窗口 j 的最高词频。

（2）词频增加率。

考虑某词语频繁出现的情况，故引入词频增加率公式表现某时间窗口中出现次数较上一时间窗口的激增行为：

$$G_{ij}=\frac{f_{ij}-f_{i(j-1)}}{1+f_{i(j-1)}} \tag{9-11}$$

其中，G_{ij} 表示词 w_i 在时间窗口 j 的增加率；$f_{i(j-1)}$ 是 w_i 在上一时间窗口 j–1 的频率。

（3）主题表现力。

考察相对词频和词频增加率的复合权值，评价特征词的主题表现力 W_{ij}：

$$W_{ij}=\alpha\ln T_{ij}+\beta\ln G_{ij} \tag{9-12}$$

其中，T_{ij} 是词 w_i 在时间窗口 j 的相对词频；G_{ij} 表示词 w_i 在时间窗口 j 的增加率；α 和 β 参数用来调节相对词频和词频增加率的比重关系。主题表现力 W_{ij} 越大，则该特征词是主题词的可能性越高。

最后将选出词语按 W_{ij} 从大到小排列，选出一定数量的权值较大的主题词构成主题词表，通过词共现图的方法检测热点事件。

3. 基于词共现图的方法发现网络热点事件

参考文献中的定义，给出如下公式：

$$R(w_x \mid w_y)=\frac{f(w_x w_y)}{f(w_y)} \tag{9-13}$$

其中，$R(w_x \mid w_y)$ 为词 w_x 相对于词 w_y 的贡献度；$f(w_x w_y)$ 为单位时间内词 w_x 和 w_y 在同一微博共同出现的次数；$f(w_y)$ 为词 w_y 在单位时间出现的次数。$R(w_x \mid w_y)$ 通常不等于 $R(w_y \mid w_x)$，计算其均值可得到词 w_x 和词 w_y 的共现度 $C(w_x, w_y)$：

$$C(w_x, w_y)=\frac{R(w_x \mid w_y)+R(w_y \mid w_x)}{2} \tag{9-14}$$

故

$$C(w_x, w_y)=C(w_y, w_x)$$

本章根据词共现原理构建词共现图，通过对词共现图中集合的划分发现网络热点事件，主要步骤如下：

（1）采集微博数据进行预处理后，利用上述公式计算得出主题词表，词共现图 G 的顶点为表中的每个主题词。

（2）计算两个主题词间的共现度，将超过阈值的两个节点连接起来。

（3）如果词共现图 G 为单连通图，则时间段内只有一个热点事件，如图 9–4 所示；反之，若 G 是非单连通图，则需进行连通区域分割处理，每个区域对应一个热点事件，如图 9–5 所示。

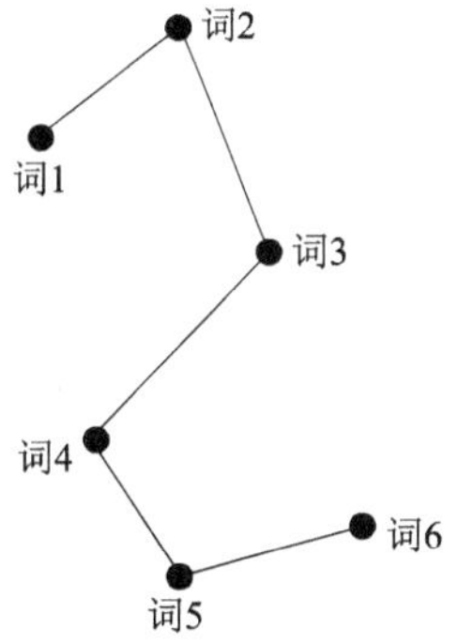

图 9–4　单连通图

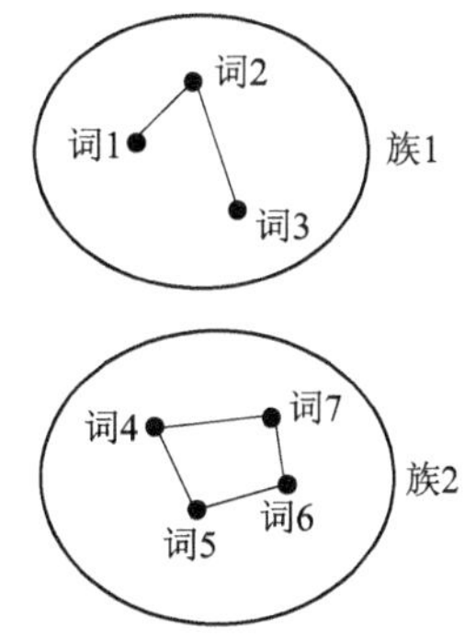

图 9–5　多连通图

（4）在每个连通图区域内，按照主题词权值从高到低的顺序排列，选出 N 个主题词权值较大的词语作为热点事件的描述标签。

9.3 生态领域的突发事件舆情实例分析

9.3.1 生态领域热点内容分析

生态环境是人类赖以生存的基本条件，也是人类社会中经济发展的物质基础。由于科学技术的高速发展，环境污染、生态体系的破坏和资源危机等问题已经成为现在举世瞩目的社会问题。随着网络的普及，人们对生态问题的关注和态度很大程度上通过网络快速表达和传递。针对生态领域的事件和问题，我们可以通过有效的方法快速获取各个地区的生态问题以及网民对于该问题的态度和观点，由此利于执政者制定措施快速解决问题或引导舆论传播正确的理念和思想。

根据 2017 年 4 月 6 日环境保护部宣传教育中心和中国日报社共同主办的“2016 年度全球十大环境热点”宣讲会的报告，空气污染导致的雾霾问题在全球十大环境热点问题中出现频率极高，尤其在与我国强关联的热点话题中均涉及此问题，如表 9–3 所示。

表 9–3 “2016 年度全球十大环境热点”宣讲会报告分析

热点专题的名称	核心词
《巴黎气候协定》正式生效	温室效应
第二届联合国环境大会	资源枯竭、空气污染、生物多样性减少
二十国集团（G20）峰会引领可持续发展	气候变化、绿色金融
空气污染侵扰多个国家	雾霾
全球就 HFCs 提出减排要求	温室效应
美国《清洁电力计划》	新能源发展
中国共产党力推生态文明	环境质量、雾霾
中国出台多项重磅环保新政	水、大气、土壤污染治理
英国重启大规模核电建设	新能源发展
2016 年成为史上“最热年”	温室效应、空气污染

下面将会结合从舆情情感角度针对生态领域的雾霾问题进行舆情案例分析，包括舆情事件发展演化过程、舆情事件内容分析和舆情引导结果及建议等。

9.3.2 生态环境问题舆情案例分析

1. 舆情案例及传播媒介选取

通过百度指数平台获取网民在百度关于“雾霾”关键词的搜索量趋势，分析发现：2012 年以前，网民对“雾霾”一词的搜索量与之后相比可忽略不计；2012—2013 年期间出现骤增，此后至今日每年春季和冬季的搜索量都远高于其他时间段，如图 9–6 所示。

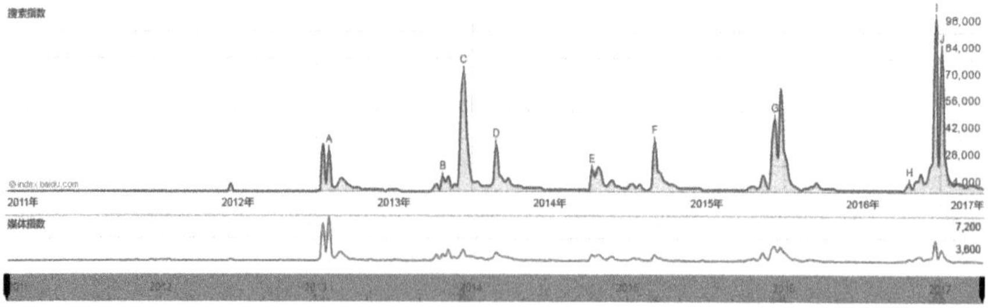

图 9–6 “雾霾”百度指数搜索量趋势

自 2011 年 10 月美国驻华大使馆在新浪微博的官方账号持续播报北京 PM2.5 指数，此行为引发了我国社会关注，同时在明星地产商潘石屹的微博转发下，关于“PM2.5”的激烈讨论在网络上展开，推动了舆论的发展。“雾霾问题”发展至今已经持续受到人们的广泛关注并呈现突发性激增情况，截至 2017 年 4 月，近半年的百度指数搜索量趋势如图 9–7 所示。

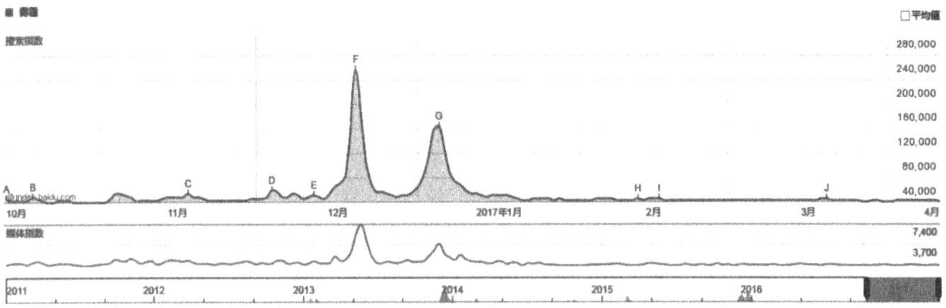

图 9–7　“雾霾”百度指数搜索量趋势（截至 2017 年 4 月的数据）

由此可以发现，2016 年 12 月关于“雾霾”一词搜索量骤增，经调查：我国华北大部分地区在此时间段内出现持续雾霾天气，12 月 16 日至 22 日超过 5 天的红色预警空气污染指数使得关于“雾霾”的搜索量出现激增。根据全网媒体的数据搜索结果显示，关于“最严重雾霾”的网络舆情事件的传播和发展媒介，微博占比最高，如表 9–4 所示。

表 9–4　“最严重雾霾”网络舆情事件传播媒介排名

媒体 / 途径	数量	占比
微博	10 387	0.667 72
网站	1 988	0.127 8
微信	815	0.052 39
论坛	694	0.044 61
新闻	692	0.044 48
博客	532	0.034 2
其他	448	0.028 8

综上所述，我国网民对于“雾霾”这一关键词的关注度从2012年开始显著上升，并呈季节性变化。至2017年4月，近6个月内出现“最严重雾霾”网络舆情事件，人们的关注度达到峰值，且在民众发表态度和意见的网络平台中，微博占比最高。因此，本章后续小节主要针对2016年12月出现的“最严重雾霾”网络舆情事件进行分析，包括舆情事件发展演化过程和舆情事件内容分析及提出的处理建议。

2. 舆情事件发展演化过程

实验采集2016年12月1日至2017年1月31日期间的微博数据，共计34 742条。由图9-8可明显看出，整个事件的首次爆发点是2016年12月18日，转发类型的数据较为突出，加上原创和媒体的关注，将事态发展推向高点。

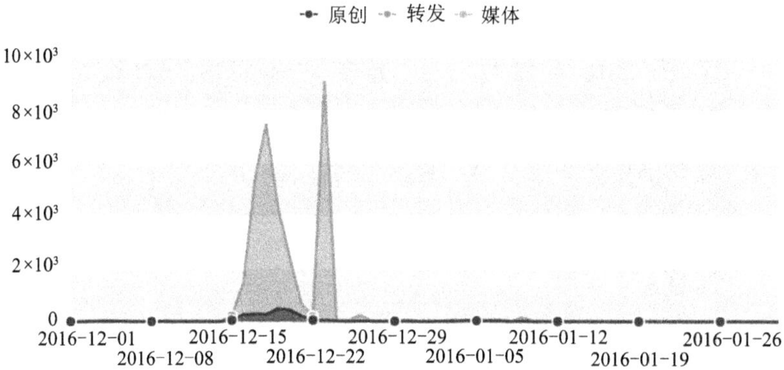

图9-8 “最严重雾霾”舆情事件发展趋势

本章选择2016年12月“最严重雾霾”舆情事件转发量在前两名的微博内容进行分析，分别为：头条新闻官方微博于2016年12月17日上午8时32分发布的博文（以下简称头条新闻微博）和新浪资讯台于2016年12月17日下午17时59分发布的博文（以下简称新浪资讯台微博），如图9-9所示。

头条新闻和新浪资讯台作为官方认证微博，粉丝量分别为5 100多万和790多万。头条新闻微博的转发量为4 379，点赞数5 250，评论数6 088，阅读数2 610多万；新浪资讯台微博的转发量为7 207，点赞数3 900，评论数5 729，阅读数697多万。

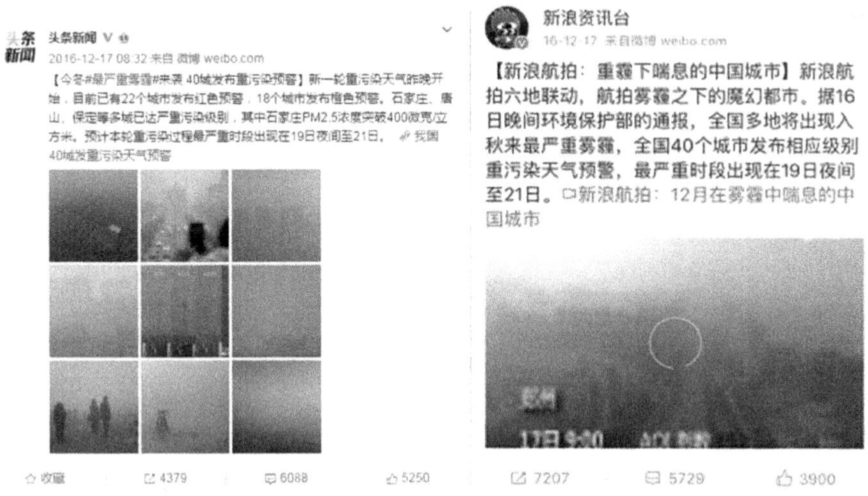

图 9-9　“最严重雾霾”微博热门话题内容

通过转发、评论时间趋势图（见图 9-10、图 9-11）可发现，在发布当日受到意见领袖的评论和转发影响，网民的关注度直线上升并迅速达到峰值，随后逐渐呈现减弱的趋势。

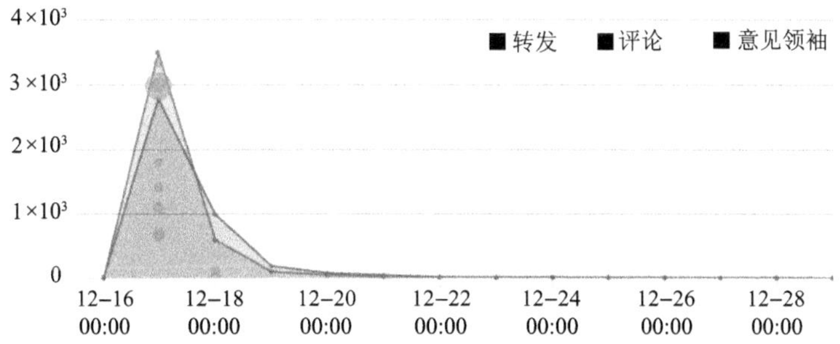

图 9-10　头条新闻微博转发、评论时间趋势

以头条新闻微博为例，使用北京大学 PKUVIS 微博可视化工具以及微博提供的数据分析接口做进一步传播关系的分析，如图 9-12 和图 9-13 所示。

图 9-12 和图 9-13 的阈值设定为 50，主要以节点的转发数量设定节点的大小。可看出，头条新闻微博的传播关系主要有 4 个核心节点，其中一级转发占比最高，为 63%，二级转发占比为 34%。共有 6 级转发，随层级增加而呈现转发数量减少的趋势。

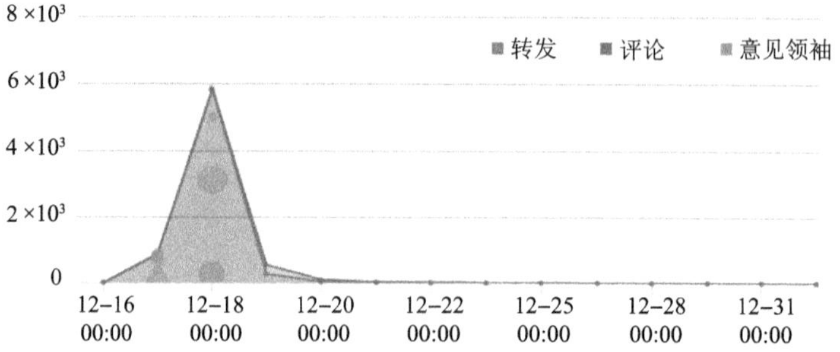

图 9-11 新浪资讯台微博转发、评论时间趋势

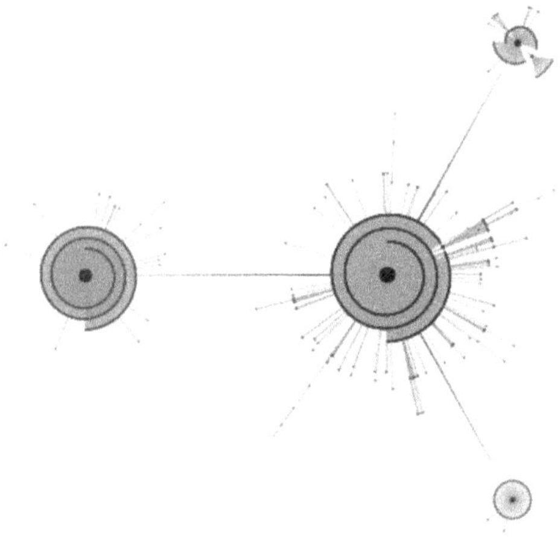

图 9-12 头条新闻微博全部转发的传播关系图（圆环视图）

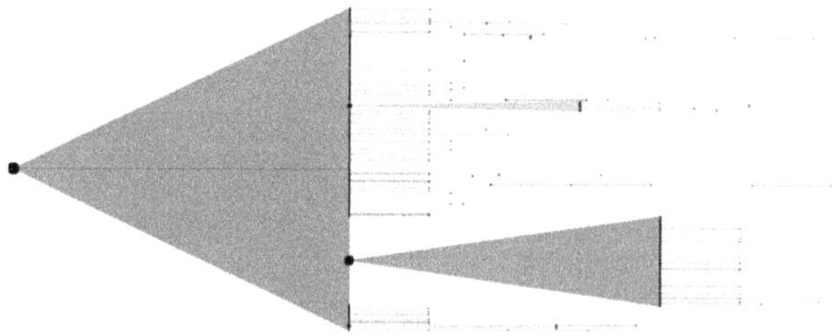

图 9-13 头条新闻微博全部转发的传播关系图（树状视图）

头条新闻微博与新浪资讯台微博的传播关系如图 9-14 所示，可发现在此舆情事件中，两条热门微博有共同的意见领袖，在舆情的演化过程中起到重要作用，包括官方微博、明星、“大 V”和普通网民。官方微博头条新闻、新浪资讯台和“大 V”在此舆情事件中表现出主流媒体的影响力和传播力。

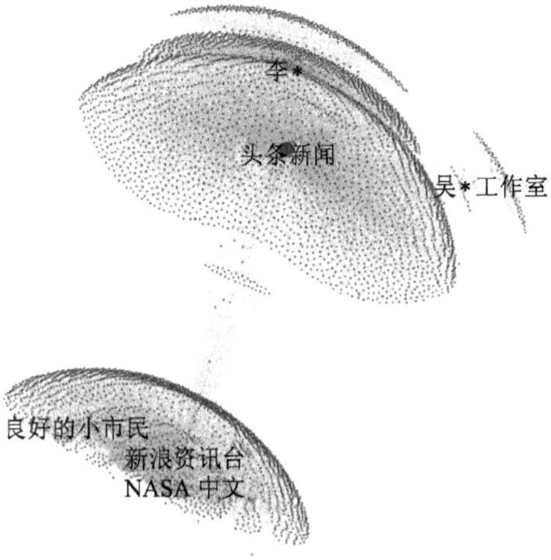

图 9–14　头条新闻微博与新浪资讯台微博传播关系图

同时，根据此微博转发用户的地域进行统计和分析，传播路径在一线城市和事件所涉及的城市传播更为广泛，网民在微博上关注事件和发表态度也与其城市的互联网使用特性相关。由图 9–15 可发现，排名前五的地域分别为：山东、北京、广东、河北和河南，以及排名靠前几个城市，与事件中雾霾污染较严重的城市相符，同时所显示的其他城市也包含我国的一线城市。

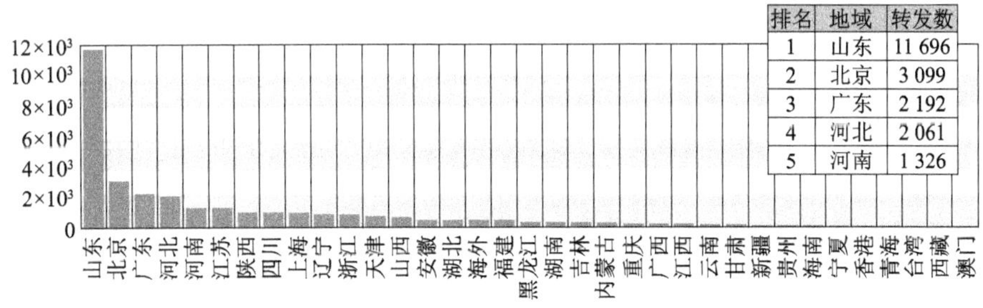

图 9–15　转发地域分布

通过研究两条微博的传播路径、时间趋势及地域分布等表现，我们可得出微博舆情传播的部分特点：

（1）微博信息传播的生命周期较短。

（2）微博信息表现自媒体特性和快速裂变性。

（3）不同用户对信息传播的影响不同，名人用户或官方微博转发的影响力较大且存在相互关注影响的关系，而普通用户的影响力相对较弱。

（4）微博信息的传播在一线城市和事件所涉及的地域传播范围较广。

头条新闻微博和新浪资讯台微博的发布时间分别在 2016 年 12 月 17 日上午和下午，即“最严重雾霾”舆情事件的爆发期内，通过数据挖掘和分析发现，其在微博上转发带来的效果和舆论导向有所区别，下面将分别从网民情感和谣言传播两方面对两条微博内容进行具体分析。

3. 关于头条新闻微博舆情的网民情感分析

头条新闻微博“最严重雾霾”的热点话题核心内容为：40 城市发布重污染预警，对于采集到的 4 000 余条转发评论数据进行预处理得到的主要传播关系如图 9-16 所示，其中影响力最大的是李 * 的转发评论“四十个城市”。提取转发评论中的表情图片进行统计和分析，排名前 2 位的表情图片含义为口罩防护和无奈，如图 9-17 所示。

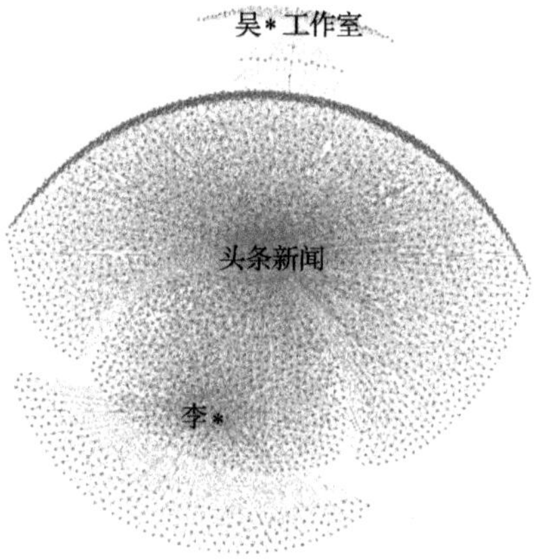

图 9-16 头条新闻微博的转发传播关系图

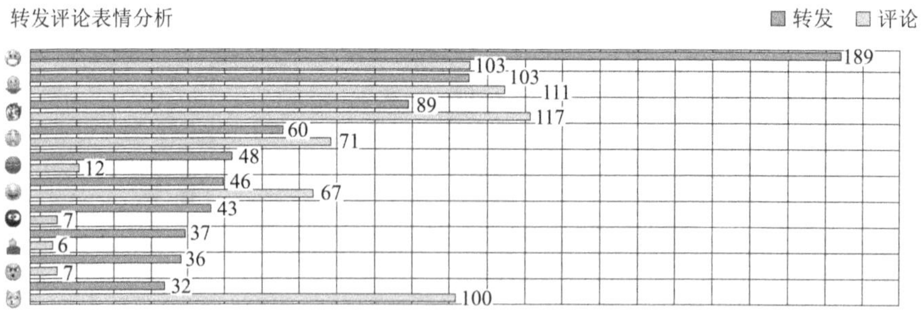

图 9-17 表情图片数量统计结果

头条新闻转发评论的微博数据的情感表现主要为表情图片和情感词，使用盘古分词软件进行处理，并对有效的分词结果进行词性标注。参考本章第二节构造的情感词典，对头条新闻微博的转发评论文本进行情感词的判别和抽取，并使用 Excel 工具进行情感词匹配和类别替换，如表 9-5、表 9-6 所示。

表 9-5　部分替换情感符号文本

微博转发评论文本	情感词所属情感类别	替换情感符号文本
不敢吸气儿，只能叹气了。	叹气：【负向情感】	不敢吸气儿，只能【负向情感】了。
保护环境人人有责。//@李*：四十个城市	保护：【正向情感】	【正向情感】环境人人有责。//@李*：四十个城市
唉 //@李*：四十个城市	哎：【负向情感】	【负向情感】//@李*：四十个城市
希望污染减少 //@李*：四十个城市	希望：【正向情感】	【正向情感】污染减少 //@李*：四十个城市
太恶心了！	恶心：【极度负向情感】	太【极度负向情感】了！
戴口罩出门保护自己！	保护：【正向情感】	戴口罩出门【正向情感】自己！

表 9-6　部分评论文本情感值

时间	微博转发评论文本	情感类别	情感值
2016/12/17 8:35	不敢吸气儿，只能叹气了。	负向情感	-1
2016/12/17 8:36	保护环境人人有责。//@李*：四十个城市	正向情感	1
2016/12/17 8:36	唉 //@李*：四十个城市	负向情感	-1
2016/12/17 8:38	希望污染减少 //@李*：四十个城市	正向情感	1
2016/12/17 8:38	太恶心了！	极度负向情感	-1
2016/12/17 8:39	戴口罩出门保护自己！	正向情感	1

根据情感词的数量对头条新闻微博的转发评论文本进行情感倾向性的数值计算，统计数据中正向情感、负向情感和极度负向情感类别的个数定义情感公式：

$$\text{Sentim}_1=\begin{cases} Q_{\text{正}} & (Q_{\text{正}}>Q_{\text{负}}) \\ 0 & (Q_{\text{正}}=Q_{\text{负}}) \\ -1\times Q_{\text{负}} & (Q_{\text{正}}<Q_{\text{负}}) \end{cases} \tag{9-15}$$

再通过公式计算每条转发评论的情感值：

$$\text{SumSentim}_2=\sum Q_i\,(i\in\{\text{正、负}\}) \tag{9-16}$$

根据公式计算出头条新闻微博的每条转发评论文本情感值并进行统计，由图 9–18 可以看出该微博发布后立即引起网民关注，12 月 17 日当天出现转发评论的峰值，12 月 18 日转发评论数量骤减，直至 12 月 23 日逐步减少至停止。

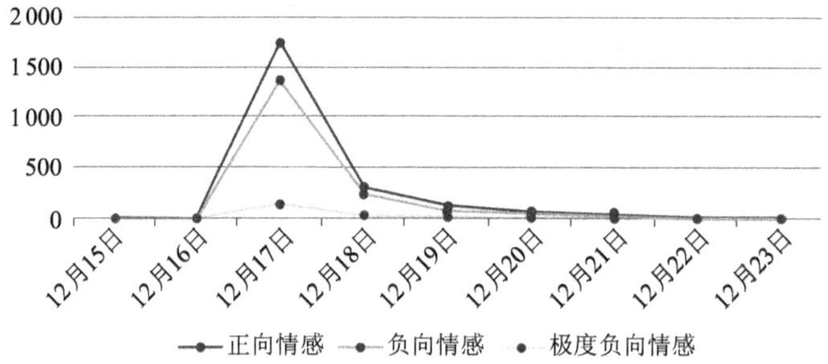

图 9–18 头条新闻微博情感分析

由图 9–19 可看出，随着负向情感微博数量的增加，极度负向情感的数量也会增加，且作为对立方正向情感的绝对数值在不断升高。正向、负向和极度负向情感的变化规律不谋而合，同时与此条微博转发评论的传播趋势大体相同。结合文献所提出的网民心理特征主要表现为倾诉欲望、期待被关注、传播后的满足感和渴望被关注，我们可得知，对于网络中出现的热点事件，尤其是具有刺激性的信息，会立即引发网民的情感波动，体现在图 9–19 中即为情感微博量的激增。

结合图 9–18 和图 9–19，在 12 月 17 日所处的评论高峰期中，负向情感占比非常大，约占 60%，极度负向情感约占 30%，正向情感占比极低。随后正向情感占比逐渐升高，负向情感占比基本保持不变。总体情感趋势处于负向情感状态，正向情感比较匮乏。同时随时间推移，正向情感所表达的“理性看待”的情感态度逐渐显现。

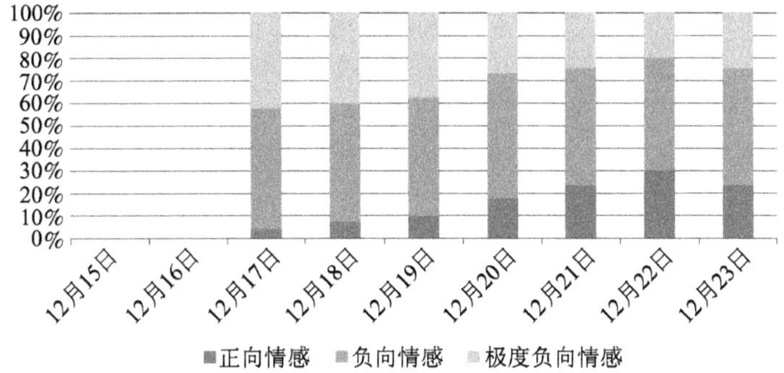

图 9-19 头条新闻微博转发评论的文本情感类别百分比堆积柱状图

针对上述出现的情感特性，结合实际转发评论内容进行分析，发现在 12 月 17 日网民所表现的情感焦点在关注自我和关注他人特征上较为明显，结合转发量较高的评论分析，主要表现在污染严重的城市和个人雾霾防护两方面。

4. 关于新浪资讯台微博舆情的网民观点分析

通过分析新浪资讯台微博转发评论数据并绘制传播关系图 9-20。其中影响力较大的传播用户包括官网微博、微博认证“大 V”用户和普通用户。

第一传播层级的核心用户为微博认证用户 NASA 中文，转发量 1 173 条；官方微博头条新闻（新浪新闻中心 24 小时播报全球重大新闻），转发量 458 条。第二传播层级的主要用户为微博普通用户良好 de 小市民，转发量 805 条。第三传播层级的主要用户为 NASA 中文转发良好 de 小市民二次转发内容，转发量 803 条。由图 9-21 可发现，除第四层级外均与头条新闻微博的传播关系趋势相同，逐层级呈递减趋势。

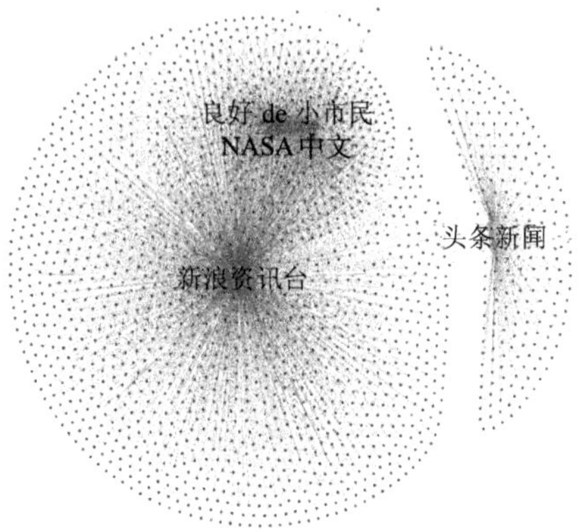

图 9-20 新浪资讯台微博的转发传播关系图

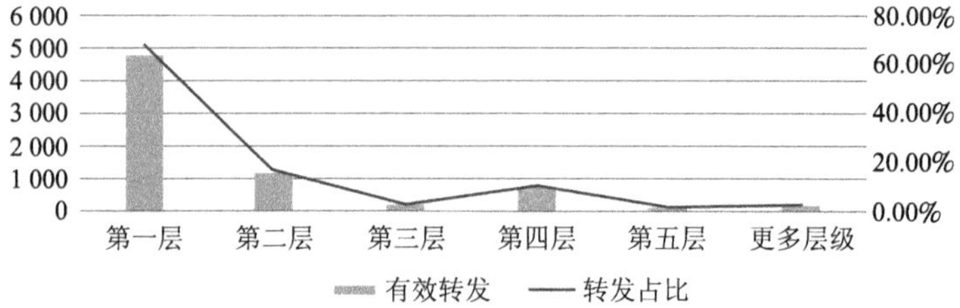

图 9-21　新浪资讯台微博的有效转发层级分析

针对此特征进一步统计主要转发传播用户的评论信息见表 9-7，网民评论的热词统计见表 9-8。在“最严重雾霾”舆情事件爆发后，在意见领袖的促动下引发大量微博转发和评论行为，同时意见领袖所提及的呼吸道和肺部等疾病问题成为公众意见和态度的雏形，在热词统计中得以印证，同样表现出对雾霾所引发疾病的高关注度。

表 9-7　新浪资讯台微博主要传播用户的转发评论统计

微博昵称	身份属性	转发评论内容	转发次数	转发层级
NASA 中文	官方微博认证	重霾之下的廊坊、石家庄、郑州、西安、邯郸、南京	1 173	一级转发
** 在田野	微博身份认证	钟 ** 怎么说的，几年毒死一个肺？	147	一级转发
良好 de 小市民	普通用户	背后就是多少年后的大面积疾病的发生……	804	二级转发 -NASA 中文
NASA 中文	官方微博认证	由于可以直接进入肺泡，悬浮颗粒 PM2.5 非常不利于健康。短期来看，可以刺激呼吸道，导致气喘，引发哮喘，降低肺部功能；长期接触，会导致心脏病、中风、肺癌和肺部疾病等［摊手］	802	三级转发 - 良好 de 小市民

表 9–8　新浪资讯台微博转发评论的热词统计

排名	热词	提及量	排名	热词	提及量
1	健康	768	11	悬浮	742
2	呼吸道	752	12	刺激	742
3	颗粒	748	13	不利于	742
4	肺部	747	14	气喘	741
5	导致	746	15	功能	740
6	降低	745	16	疾病	739
7	哮喘	744	17	肺癌	734
8	引发	743	18	长期	731
9	肺泡	742	19	中风	727
10	短期	742	20	心脏病	727

表 9–7 统计了此微博转发评论中转发量排名靠前的网民观点，具有舆论的引导作用。其中观点所提及的雾霾所引发的疾病，如“几年毒死一个肺”“直接进入肺泡”等，并非真相或事实。但由于生态环境问题与人们的生活甚至生存密切相关，且人们自身对这类问题缺乏判断性和相关知识，因此网民易受负面情绪影响下的言论误导，轻信谣言并传播，形成网络舆情。

9.3.3 生态环境问题的舆情引导措施

通过上文以头条新闻微博和新浪资讯台微博为主要对象所研究分析的生态领域雾霾问题网络舆情事件，发现由于生态环境与我们的生活息息相关，且近几年的“雾霾问题”对我国人民的身心健康造成了影响，网民依靠网络对此热点话题的关注和讨论越来越强烈，同时普遍表现出负向情感。负面情绪的热度变化与生态领域网络舆情的整体热度变化趋势大致相同，在负面情绪的作用下，网络上表现出舆情问题和舆论谣言。

笔者认为，应该通过分析网民的关注热点和负面情绪来源，做出正确积极的引导，避免谣言在社会和网络上流传而导致群众恐慌，并且在治理措施上进行万众行动、宣扬正确的环保理念。2016 年 12 月 30 日，环境保护部宣传教育中心和北京市环境保护宣传中心联合曝光了“2016 年度十大雾霾谣言”，并对这些谣言一一做出真相解读，如表 9–9 所示。

表 9–9 环保部门曝光“2016 年度十大雾霾谣言”

序号	谣言内容	真相解读
1	畏惧镜头中的北京雾霾	雾霾的组成物：雾滴和细颗粒物都是肉眼无法看到的，因此视频所见只是灰尘而已
2	汽车尾气比空气干净 10 倍，机动车对雾霾的影响并没有那么大	汽车尾气中的氮氧化物、挥发性有机物等气体对 PM2.5 的大部分贡献是间接产生的，是其产生的原材料和催化剂。例如，在北京本地污染源中，机动车排放的污染物对 PM2.5 的贡献是 31.1%
3	因为雾霾里存在硫酸铵才发布红色预警	根据《北京市空气重污染应急预案》规定，红色预警为预测连续 4 天及以上出现重度污染，其中 2 天达到严重污染；或单日空气质量指数（AQI）达到 500。硫酸铵不是发布红色预警的标准。在中国，农业氮肥和工业排放产生的氨气污染促进了二氧化硫和氮氧化物的反应，形成大量硫酸铵，但也中和了酸性环境，使得中国雾霾在酸碱度上呈现中性。中国雾霾的中性酸碱度尽管并不意味着中国雾霾没有伤害，但不具有伦敦的酸性大雾那样强烈的急性毒性
4	风电站、防护林阻挡大风导致雾霾	风碰到障碍物绕流是可以恢复的，局部风力发电局部防护林不会对距离较远的下游风力造成影响，雾、霾形成的根本原因还是因为地面污染物碰上大气静稳条件。目前没有任何的科学研究显示风电站或防护林与雾霾的形成有因果关系
5	雾霾不散是因为“核污染”	雾霾难散的主要影响因素为气急条件。铀元素本身是很重的元素，不容易被氧化，不会变成粉尘；而且电厂对排放物都会进行除尘、脱硫脱硝处理。就是真的有，也应该是留在燃烧渣里，进入空气中是很微量的

续表

序号	谣言内容	真相解读
6	“煤改气”加剧北京空气污染	按照我国当前的天然气消耗量计算，每年燃烧天然气产生的气态水在 3 亿吨左右，假如全部转化成液态水（但实际上不可能全部转化为液态水），平摊在全国人口集中的东部地区（估算面积约 360 万平方公里），液态水的厚度连 0.1 毫米 / 年都不到，仅占大气中可降水量的几十万分之一，影响微乎其微。“煤改气”不会显著增加北京市大气中的湿度，不是北京地区“丰富水汽”的主要来源
7	北京空气质量在逐步恶化	根据环境保护部监测数据，截至 12 月 27 日，2016 年北京市 PM2.5 平均浓度为 72 微克 / 平方米，同比下降 10.0%，比 2013 年下降 20%。联合国环境规划署今年发布的《北京空气污染治理历程：1998—2013 年》评估报告显示：1998 至 2013 年，北京二氧化硫（SO_2）、二氧化氮（NO_2）和可吸入颗粒物（PM10）的年均浓度分别显著下降了 78%、24% 和 43%。15 年间，北京的空气质量得到了持续改善。此外，美国 NASA 等国际机构的监测数据也支持北京空气质量持续改善的趋势
8	雾霾只能等风来，重污染应急措施没用	重污染应急的作用是通过一定的应急减排措施，尽可能地减少污染物排放，降低污染物累积程度，从而最大限度地保障公众身体健康。经专业测算，2016 年红警期间，采取应急减排措施比不采取措施，PM2.5 降低了 23% 左右，其他污染物平均降低了 30% 左右。雾霾的产生是在一定气象条件下，人类生产、生活排放的污染物超出环境容量所致。只有通过相应的治理措施把污染物排放强度降下来，才能从根本上解决空气污染问题，而这需要一个长期的过程

续表

序号	谣言内容	真相解读
9	北京因雾霾严重污染，空气中含抗生素耐药性细菌	细菌的耐药性和致病性是完全不同的概念，耐药性的增加不意味着致病性的增强。国内外多位专家表示，细菌耐药与雾霾无关，雾霾不产生耐药基因，雾霾与耐药菌无必然的因果关系。细菌耐药性的获得是由于进化选择和抗生素等诱导选择引起，并非由雾霾引起。雾霾中的危害因子主要为化学污染物，对呼吸系统、心血管系统等存在不利影响，微生物引起的健康风险很小
10	雾霾堵死肺泡？北京肺癌发病率远高于全国，呈现年轻化趋势，空气污染是元凶	2003—2012 年间，除去老龄化因素，北京肺癌年平均增长率为 1.2%。2011 年北京市肺癌年龄标准化发病率为 23.53%，而全国可比的最新肺癌年龄标准化发病率为 25.34%，可见北京市肺癌发病率略低于全国平均水平。北京市 2011 年肺癌发病中位年龄为 71 岁，相对于 2002 年肺癌发病中位年龄 69 岁增长了 2 岁，可见北京市肺癌发病并没有年轻化趋势

表 9-9 中的第 10 条谣言解读，与本书所研究分析的新浪资讯台微博的内容密切相关。主要传播用户网民“** 在田野”和官方微博“NASA 中文”的转发评论中都提到如“雾霾堵死肺泡”和“PM2.5 直接吸入肺中”等内容。与此同样备受关注和热议的雾霾谣言均受到我国相关部门的关注，并进行了真相解读。

由此可见，我国政府对于雾霾舆情所出现的引起网民广泛关注和误读的内容进行了及时澄清纠正，并做了进一步的说明处理。对于有关雾霾的不实言论和“伪科学”观点坚决给予回击，以安抚公众的恐慌情绪并做正确的引导。

综上所述，针对生态环境领域，网民容易出现因知识盲点和认知误区引发的舆情事件和恐慌情绪，管理部门应该关注社会舆论走向和情绪爆发趋势，通过易理解的方式和描述进行辟谣，同时发布正确积极的治理和防护措施进行相关知识的普及。

9.4 本章小结

本章主要以生态领域的雾霾网络舆情事件为研究对象对文本情感分类进行研究，包括文本分词技术、两种主要的文本表示方法和文本情感分类器。通过借鉴学习前人丰富的研究成果，设计了基于新浪微博的情感分析模型，它是常规的网络舆情监控系统中舆情分析模块的重要组成部分。模型基于朴素贝叶斯分类算法构造情感分类器，通过情感分类获得微博情感数据，对其中极度负向情感微博进行研究，通过基于词共现的方法发现某时间段内的网络热点事件。

本章通过对生态领域热点内容选取新浪微博为数据源，使用“八爪鱼”和“集搜客”等网络数据采集器获取雾霾话题信息，包括热门话题微博内容、转发评论内容、点赞数、核心传播用户粉丝数、关注数等，使用 Gephi 软件和 Excel 统计工具等数据进行预处理和可视化分析。选取事件中影响力较大的两条微博，分别从网民情感和网民观点两个角度进行分析。利用文本数据获取技术、情感词典的建立、盘古分词软件工具对数据进行预处理，并计算转发评论文本的情感值，分析情感倾向的特征状况；分析舆情事件中的网民观点和转发评论内容，进行热词统计，从中发现谣言的产生和影响。

10 网络舆情指标体系设计与分析

本章设计抓取流程并运用爬虫软件实现微博网页数据的采集，对采集到的数据进行相关指标的计算与分析，并用传播网络来分析网络的结构性特点。

10.1 Web 数据特征分析

10.1.1 数据源特征分析

由于网络数据具有表达与传播的自由度高、表现形式丰富等特点，这些特点会导致数据分析结果分散度较高、偏差较大、精确度低，同时冗余度高，进而对于数据挖掘的过程和数据分析的结果都将造成消极影响。因此，这就需要首先对数据进行清洗，通过降噪、消除冗余等手段来提高数据质量，为进一步进行数据挖掘和数据分析打下基础。

微博作为广大网络参与者表达个人意见和观点的平台，承载了海量的个性化数据内容，作为一种特殊的 Web 数据类型，其数据具有的关键特征为：文本数量的规模大；主题内容复杂，涉及领域广泛；内容表达不规范，口语化严重；广告与无用信息多；信息与事件分布不均匀；微博缺少统一完善的内容分类机制；论坛中的用户具有情绪倾向化的特征。特别是一些网络热词的表达，这些词语大多都融合了新衍生出来的口语化词语，给网络舆情数据的挖掘与分析带来不便。

10.1.2 微博的数据模型

网络参与者是网络中的主体对象，通过注册个人信息、在微博平台中发微博、浏览其他网络用户的微博并对感兴趣的微博进行评论等一系列行为，反映出该用户的个人基本轮廓特点。这些用户特点包含静态结构信息、动态操作行为、与其他用户的关联信息。其中，微博用户静态属性主要包含用户昵称、性别、所在地、简介、URL、用户等级以及注册时间等；微博用户动态属性主要包含关注数、粉丝数以及微博数等。微博用户轮廓模型如图 10–1 所示。

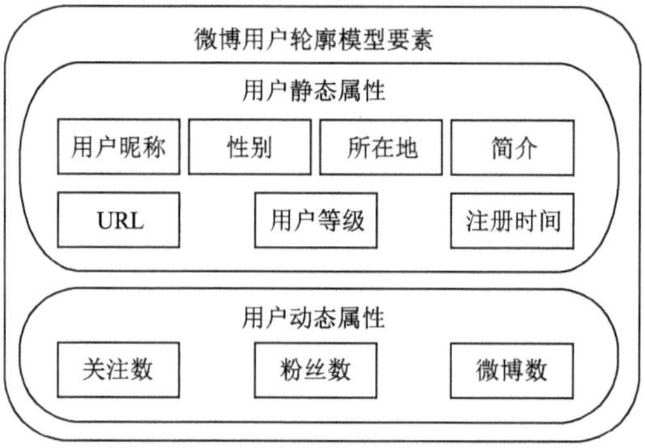

图 10–1 微博用户轮廓模型

如果以微博平台中的微博为分析对象，微博文本内容的属性可以具体细分为微博的静态物理属性、静态内容属性、动态内容属性和动态主体对象属性。其中微博的静态物理属性主要包含发表用户、内容、发表时间以及网址（即 URL）等要素；微博的静态内容属性主要包含特征词、聚类主题和倒排索引等要素；微博的动态内容属性主要包含转发数量、点赞数量、评论内容以及评论时间等要素；微博的动态主体对象属性则包含了转发用户和评论用户。微博的静态属性反映了微博的固有特征，动态属性则反映了微博的交互特征。图 10–2 为微博的文本特征要素模型。

10.1.3 数据收集和管理

通过对微博平台的功能属性进行分析可知，搜索关键词可以得到相关微博的文本内容与所有发布的微博，并且微博都是按发表时间由近到远排列的。由于这些信息的排列相对比较规则，所以可以将每个关键词搜索结果所对应的 URL 设计作为网络爬虫的入口。

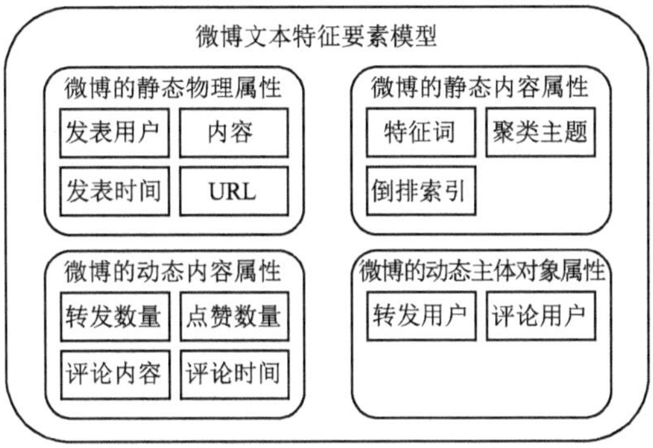

图 10–2　以微博为主体的文本特征要素模型

网络爬虫主要包含下列内容：第一部分为 URL 收集模块，收集所有想要获取信息的网页的 URL，并依次存入系统队列；第二部分为网页信息解析模块，即解析相对应的网页的结构特点以及元素特点。因为页面上的特征信息较多，所以要先将微博平台页面中的广告过滤掉，再解析需要部分的内容并进行存储；第三部分为存储模块，就是将第二部分的数据信息和索引关系存储到相应的数据库内。如图 10–3 所示为网络爬虫模型。

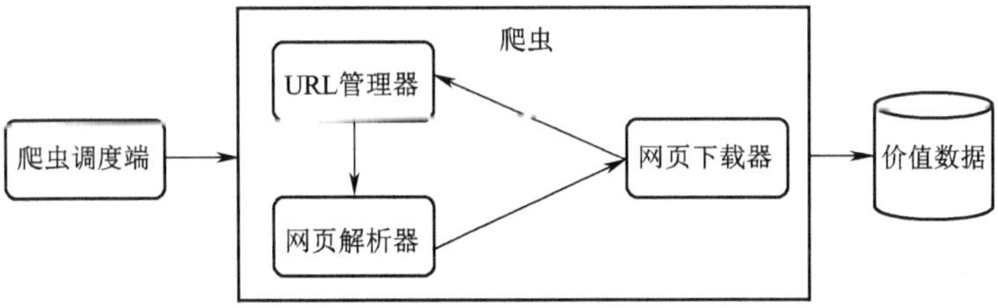

图 10–3　网络爬虫模型

10.2　模型和数据指标的构建

10.2.1　突发事件网络舆情数据主要分析指标

对突发事件网络舆情数据进行分析的主要衡量指标可分为基于内容的指标和

基于结构的指标两个方面。

（1）基于内容的指标。

通过分析网络舆情的传播过程能够发现，网络舆情可以从舆情传播者、舆情受众、舆情要素和舆情传播属性四个方面来描述。相应地，基于内容的指标体系也包含了四个部分，分别是舆情发布者、舆情受众、舆情要素和舆情传播。

（2）基于结构的指标。

基于结构的舆情指标即社会网络分析指标。基于结构的指标体系包含三个部分，分别为关联度和凝聚度、社会网络基本指标和网络结构指标。

10.2.2 什么是指标体系

指标由指标名称和数值构成，是为了对某些研究对象进行评价而确定的依据和标准。指标体系主要用于对研究对象进行综合状况评价，是由相互关联又相互补充完善的一系列指标组合而成的一个统一的整体。

10.2.3 主要算法

通过算法来挖掘文本信息，能在大数据下从海量的结构化或半结构化的文本数据中过滤掉无关内容并提取出所需要的数据，进而实现数据分类、摘要、抽取关键字、情感计算等目标。主要涉及的算法有六种，分别为数据分类、专题聚类、专题标题抽取、专题内容摘要的自动抽取、专题情感计算和专题观点挖掘。

10.3 突发事件网络舆情监控预警指标体系的设计

10.3.1 网络舆情监测指标体系框架设计

1. 指标体系的设计原则

指标体系以多层次、多指标的方式揭示事物之间的系统性和关联性，将一个复杂的问题分解成多个相互关联的部分，通过研究各部分之间的联系，能对整体有透彻的认识，并对关键制约因素进行准确的定位。因此，构建网络舆情指标体系的原则可以归纳如下。

（1）目标性：对于一条舆情信息而言，为了满足多方面的实际需求并实现一系列的相关目标，常常需要通过多个维度来获取相应的信息要素并对其进行分析。因此，网络舆情工作者在采集、分析舆情信息时应涉及不同方面的指标来反映网络舆情的形成以及变化模式，进而挖掘网络舆情信息的特征和本质。

（2）科学性：在设计指标体系的过程中，要求定性与定量相结合，不仅仅要进行定性的分析，还应当在此基础上进行定量处理。在对指标进行量化处理的过程中，需要用到与网络舆情信息内容相关的数据和资料，此时应注意对数据进行筛选，确保数据资料的相关性和可靠性。另外，指标体系中同一个层次的指标应具有可比性并尽量采用相对值。

（3）系统性：在网络舆情监测预警的过程中需要用到多项不同的指标，以便能够从各个方面多角度地研究网络舆情的特征和趋势。这些评价指标应当满足下列要求：① 相关性：在对评价体系进行设计的过程中应当不断地运用系统论的相关性原理对指标进行分析；② 层次性：设计的指标体系应分为几个不同的层次，同时应注意每一项上层指标都应该具有与其相适应的下层指标；③ 整体性：设计的指标体系除了体系内的指标相互之间应当具有联系外，整个体系的功能和目标也应当清晰明确；④ 综合性：设计的指标体系除了包含反映已发生的情况的指标外，还应当包含预测性指标。

（4）定量性：指标的选取除了要求在定性上概念明确之外，还应考虑量化处理的可行性和难度大小，尽可能选择能够有效实现数据收集并进行定量分析的指标。

（5）可操作性：设计指标体系的目的就是运用到实际操作当中。因此，指标体系应当尽可能清晰明确、简单易行，以提高网络舆情评价的效率。

2. 指标体系设计

网络舆情产生于舆情的发布者，通过各种媒体渠道传播，然后影响舆情受众。所以，选取以下四个指标作为对网络舆情监测预警进行评价的一级指标：舆情发布者指标、舆情受众指标、舆情要素指标和舆情传播指标。若干二级指标组成一个一级指标，若干三级指标（也称为叶节点指标）组成一个二级指标。三级指标为指标体系中颗粒度最小的指标单位，二级指标根据三级指标计算得来，如图 10–4 所示。

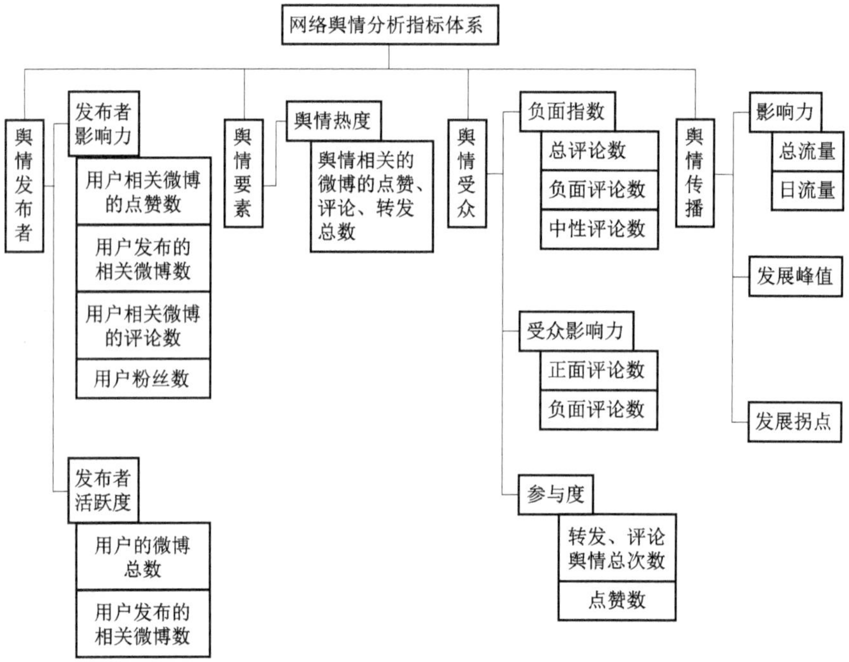

图 10–4 网络舆情分析指标体系

10.3.2 舆情发布者指标

舆情发布者指标主要用来度量由网络舆情发布者所引起的网络舆情受众对其的关注程度的大小，是监测具有号召力与舆论影响力网络用户的特征性指标。

发布者影响力：用来度量发布者在某一话题下的作用与影响力的大小。该指标通过用户特定话题的相关微博的点赞总次数、用户在该话题上发布的微博数、用户在该话题上发布的微博的评论总数和粉丝数四个微博动态参量来进行度量。

$$N=g_2N_2+g_3N_3+g_4N_4 \tag{10–1}$$

$$AI=2\times \text{sigmoid}((g_1\times N_1/\text{Max}(N_1)+g_5\times N/\text{Max}(N))\times 6.0)-1 \tag{10–2}$$

式中，AI 为发布者影响力；N_1 为用户特定话题的相关微博的点赞总数，N_2 为用户在该话题上发布的微博数，N_3 为用户在该话题上发布的微博的评论总数，N_4 为粉丝数，权重分别为 g_1、g_2、g_3、g_4；N 为中间计算结果，g_5 为其所占权重。在计算发布者影响力中用到了 sigmoid 函数，即

$$\text{sigmoid}(x)=1/(1+e^{-x}) \tag{10-3}$$

由于当 x=6 的时候该函数已经非常接近 1，而且随着 x 继续增大该值变化特别小，所以通过归一把 x 控制在［0，6］，因为 sigmoid 函数的值域为［0.5，1），$2\times\text{sigmoid}(x)-1$ 的值域为［0，1），故最后的函数定义如式（10-3）所示。

发布者活跃度：用来度量发布者在特定话题上的活跃程度，可以通过该用户在该话题上发布的微博数和用户的微博总数来衡量，计算公式如下：

$$N=g_1\times N_1+g_2\times N_2 \tag{10-4}$$

$$AC=(N/\text{Max}(N)) \tag{10-5}$$

式中，AC 为发布者活跃度；N_1 为用户在该话题上发布的微博数，N_2 为用户的微博总数，权重分别为 g_1 和 g_2。

10.3.3 舆情热度指标

舆情要素指标主要评价观测舆情演变的深化进程与整个主题的全生命周期，舆情热度指标是衡量舆情最为关键的指标。

舆情热度：主要用来度量舆情受网络用户关注的程度。网络舆情如果没有一定数量的网民关注，信息的传递渠道、方式和速度都会有所限制，从而无法形成规模。这里用舆情相关微博的点赞、评论、转发总数（即参与人数）来衡量舆情的热度。

考虑到将舆情热度的值控制在（0，1）范围内容易进行指标值比较，有学者采用对数 sigmoid 函数对舆情热度进行定量计算。x 表示舆情的参与人数，某舆情的热度函数为：

$$\text{sigmoid}(x)=1/(1+e^{-x}) \tag{10-6}$$

由于 x 的取值范围是［0，+∞］，sigmoid 函数的值域为［0.5，1），这意味着舆情的参与人数为 0 时，从计算结果来看该舆情也具备相当的热度 0.5，这明

显不合理，进行改进后提出舆情热度的算法：

$$f(x)=2\times \text{sigmoid}(x)-1 \tag{10–7}$$

其中，x 表示舆情的参与人数，x 的取值范围是［0，+∞），函数值域为［0，1）。

10.3.4 舆情受众指标

舆情受众指标主要针对所有被舆情影响到的网络用户（网民），它主要包含以下三个子指标：舆情负面指数、参与度和受众影响力。

舆情负面指数：描述的是舆情对网民思想冲击而产生的负面情绪的程度。

$$NI=(g_1\times N_1)/N \tag{10–8}$$

式中，NI 为舆情负面指数；N_1 为负面评论数量；g_1 为相应权重；N 为评论总数量。

参与度：指网民参与舆情讨论的程度。

$$PF=RN/N \tag{10–9}$$

式中，PF 为参与度；RN 为评论数量；N 为点赞数量。

受众影响力：用来度量微博用户的评论（舆情回复语义信息）引发共鸣的程度，通过对该评论的回复率（支持率和反对率）加权计算分析得出。计算同样运用了 sigmoid 函数 $f(x_1)=1/(1+e^{-x})$：

$$PI=f(x_1)\times g_1+f(x_2)\times g_2 \tag{10–10}$$

式中，PI 为受众影响力；x_1 为支持数；x_2 为反对数。

10.3.5 舆情传播指标

舆情传播指标的主要目的在于确定舆情在网络中的传播渠道和传播影响的环节，并可以着重分析网络舆情所处的传播和扩散阶段。它包括以下三个子指标：

舆情影响力：主要是指舆情传播过程中对网民的影响程度，通过某一专题下所有微博的日流量和总流量随时间变化的趋势图来衡量。日流量即所有微博的日评论数量之和，总流量即所有微博的总评论数量之和。

发展峰值：舆情讨论最激烈的点，即单位时间内评论数量最高点（发展峰值），监控该点可以得知导致舆情变化的原因与趋势。

发展拐点：即情感倾向发生变化的点，可以通过正面态度的评论数与负面态度的评论数的差值来进行计算。监控该指标有助于分析引发网络大众情感发生变化的拐点与原因。

10.3.6 指标体系权重系数的确定

指标体系权重系数的确定如表 10-1 所示。

表 10-1　网络舆情监测评价指标体系

一级指标	二级指标	叶节点指标
A 舆情发布者指标 0.228 8	舆情发布者影响力 0.521 3	用户该话题的相关微博的点赞总数 0.227 8； 用户在该话题上发布的微博数 0.212 6； 用户该话题的相关微博的评论总数 0.252 1； 用户粉丝数 0.307 5
	舆情发布者活跃度 0.478 7	用户在该话题上发布的微博数 0.492 0； 用户发布的微博总数 0.508 0
B 舆情要素指标 0.294 5	舆情热度 1.000 0	舆情相关的微博的点赞、评论、转发总数 1.000 0
C 舆情受众指标 0.212 7	负面指数 0.340 7	评论总数 0.339 4； 负面评论数 0.371 8； 中性评论数 0.288 8
	受众影响力 0.327 4	正面评论数 0.500 4； 负面评论数 0.499 6
	参与度 0.331 9	转发、评论舆情的总次数 0.492 8； 点赞数 0.507 2
D 舆情传播指标 0.264 0	舆情影响力 1.000 0	总流量 0.488 1； 日流量 0.511 9

10.4 本章小结

随着经济科技发展步伐的加快，我国政治经济发展形势将会更加错综复杂，突发事件也将会发生得更加频繁。因此，为了维护社会环境的稳定，有关部门应当对突发事件网络舆情进行更严格的监控预警。随着移动互联网技术的不断发展，突发事件中的网络舆情的应对方法也在不断改进，这就需要有关研究人员进行新的更为深入的研究来丰富完善突发事件网络舆情监控预警体系。

11 网络舆情预警机制研究

本章将重点讲述以情感计算为基础的预警机制研究。选取了当下影响力最大的新浪微博作为研究的点，通过微舆情分析系统以及“八爪鱼”和Gephi配合的信息可视化方案对文中事件的传播模式和扩散效果进行分析，并对其验证情感分析模型；同时，还对传统平台的传播模式进行分析。力求从舆论演变的过程中看出复杂网络里小世界特性。通过多个实例辅助分析，秉承理论对应实际的真实性。

网络舆情预警的意义在于，尽早发现危机的苗头，及时对可能产生的现实危机的走向、规模进行判断，以便通知各部门做好应对危机的准备。

11.1 绪论

11.1.1 网络舆情监控预警

在构建突发事件网络舆情分析的预警指标问题上，有学者想到在建立有预报警告机制的舆情指标体系时要树立以真实可靠为前提的指导原则。随后要考虑的问题包括：① 网监部门方便使用；② 这个进行预报警告提示机制的模型面对突发事件时能快速响应；③ 既然有预报机制就要能够显示出网络舆情实时与将来的变化方式；④ 最高要求就是能自动筛选出分析因素更新并且平稳运行。

11.1.2 存在的主要问题

伴随着新媒体方式革命性产生和壮大，网络舆情随即显示出新的特性：实时、交互以及扩散的特点，爆发毫无征兆，并且由于传播人员广泛而同时带来了强大的影响力。新媒体的时效性也让舆情的动态变化数据收集难以全面覆盖并且归总得当，而且多种自媒体平台上的用户覆盖范围之广以及海量信息的难辨真伪，网络中信息通常以类似病毒的无序式传播，毫无规律可言，这就使得分析舆情的传播规律变得十分困难，过去多年的传统舆情归纳方式已不再适用于当前新媒体时代的舆情传播分析了。

11.2 突发事件网络舆论的传播机制

11.2.1 突发事件网络舆论震荡周期

1. 舆论爆发期

在这个阶段信息爆发，但还没有得到任何官方权威消息，网民基本都在各自诉说自己的观点，网络舆论呈现分散式或者碎片化的表达。在这个阶段，观点众多而且分散，基本上以民间的舆论场为主体。因为没有具体的实地考察和事实依据，权威媒体的发布以及官方的消息几乎没有，也就无法构成有力的舆论引导。全国各地网民往往会利用能用到的所有网络渠道来进行自我意见的分享，如在新浪博客、QQ 空间、各大贴吧上撰写长篇博文并进行发布或是即时拍照，这里的不同人的主观性就十分明显，而且倾向性差异也非常明显。

（1）信息发布。突发性事件顾名思义都是毫无征兆地爆发出来的事件，所有消息的源头总是由第一目击者最先发布爆料出来，并且通过移动端社交媒体进行初次发布。当下绝大多数像地震、海啸、火灾等自然灾害和发生于公共场合的群体性、危害性事件往往会在第一时间最快地进行发布和扩散。

（2）舆论聚焦。当即将成为热点事件的事情爆发伊始，网民会不自觉地聚焦于应该对事件进行处理的政府负责部门以及产生这个事件的更深层的社会矛盾。

以 2016 年天津港“8·12”特大火灾爆炸事故为例，火灾发生后浓烟滚滚，周围目击群众在微博等平台上第一时间进行发布，同时也引发各界网民的迅速反应。在舆论爆发阶段，网民的转发和评论基本都集中在事发后的一小时之内，但伴随着事态的严重发展和升级又以极快的速度递增扩散和新消息的二次扩散。

2. 舆论快速发展期

舆论在此时表面看似语言感情是冷热波动，实则是在快速增加这其中的话语数量，此时一定也会有一个观点被众多的围观网友所公认，这样也就认定了之后比较有序的舆论体系。随后的时间在这比较统一的舆论扩散分享氛围内，进入快速发展期。

随后而来的各种舆论便会有相当大的交集，由于各自观点的重合度变高也就有了一呼百应的效果。以“罗尔骗捐”的事件为例，2016 年 11 月末那篇《罗一笑，你给我站住》，读者一定还有印象，在腾讯微信当中的熟人社交平台朋友圈里巨大的转发量超过十万次。文章讲述了身患绝症的女儿和爱女心切父亲的事，以此来募捐治疗费用，适逢社会爱心爆棚，收到了超乎其想象的捐款。但是到 11 月底事态却急转直下，有人曝光医疗费用并没有达到这个家庭难以接受的程度，还有炮制这篇文章的公司也是借机营销，至此二次引爆了愤怒的舆论狂潮。其中以“利用公众的善意来进行商业营销”的观点占据了绝大多数网民的思想。到了 11 月最后一天的中午，当事人罗尔颤抖着和记者解释，这其中影响超乎自己预料，会把捐赠金额返还。

从图 11-1 ~图 11-3 可以看出，从 360 指数数据平台获取的三个指数指标来进行分析，11 月的最后两天，关键词“罗尔”和“罗一笑”搜索指数均出现了高潮，媒体指数高潮的出现，关键词“罗尔”早于“罗一笑”，前者在 11 月 29 日媒体关注度达到顶峰，后者在 11 月的最后一天达到顶峰；一天 24 小时中，舆论的关注时间段集中在 8:00 —16:00，也就是白天时段。

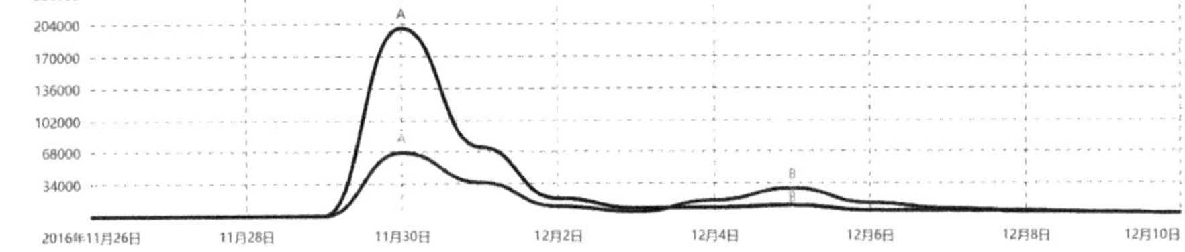

图 11-1　罗一笑、罗尔搜索指数

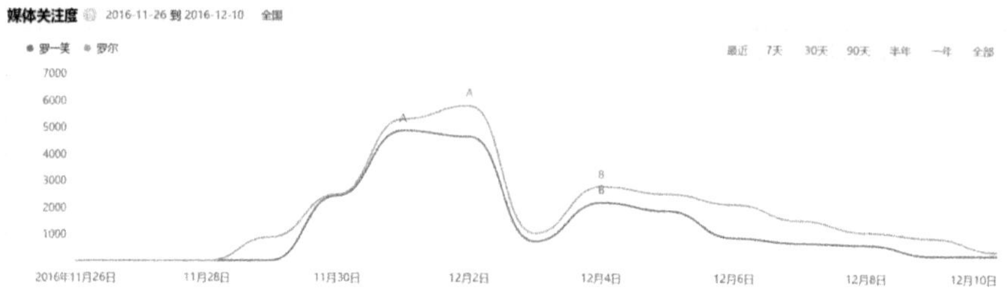

图 11–2 罗一笑、罗尔媒体关注度

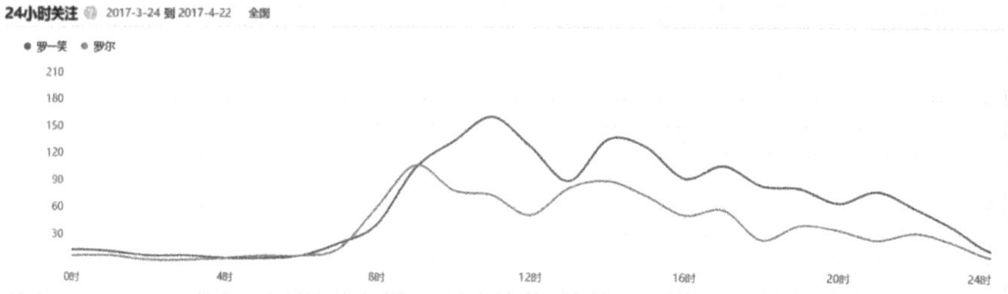

图 11–3 罗一笑、罗尔网民关注度

此外，上文曾提到的公共场合突发事件爆发之后的短时间内固定相关的主流舆论风向，需要政府或者官方媒体发声及时介入其中就能有效地控制住舆论方向，“银川 1.5 公共汽车纵火案”就是个案例。2016 年 1 月 5 日早晨 7 点多，车牌号为“宁 A22870”的一辆银川市公交公司 301 路公交车瞬间起火，同一时间就有目击网友上传秒拍视频。这个时候随着越来越多的信息不断被上传，事实情况也就越来越清楚，一些急切渴求真相的网民看不到权威的消息源，质疑官方信息失声的不满也多了起来。到上午 9 点 22 分，微博“@ 银川发布”权威发布该辆 301 路公交车突发大火的官方消息并说明其中原因。随后，各大媒体纷纷引述报道，事件舆论场正式生成。时至此时距离事件发生过去了两个多小时。据官方晚些时候公布，大火事故中共造成 17 名无辜市民遇难，另有受伤人员 33 人，其中 8 人重伤。至此公众得到回应未有更恶劣的发展。

3. 舆论平静期

这时，官方或者事件涉及的主体人员把所有的信息已经分享给关注其中的公众，把人们的聚焦点分解开来，让关注该事件的人回归到自己所关注的细枝末节上。对公开信息的推测变成了由事实而论证的同意，对政府的处置措施和成果也从质疑转向理解和认同。当网友重新变得理性了，舆论也就真正地消退平静了。

11.2.2 突发事件网络舆论的媒介路线

规律是普遍存在的，像哈尔滨“天价鱼”、罗尔涉嫌诈捐风波、多地大学生陷“校园贷”旋涡等这些事件的引爆，背后必有关联。

第一，源头往往是从微博、贴吧或是移动端 APP 中发出，随后因突发事件自身的新鲜热点被关注而爆发，就有了各种“大 V”、小报、论坛和网红的疯狂转载。在线下的网友也有很多动作，如有的人就真的去找到当事人或是去实地获取线上人们所关注的信息；有的线上网民也就能快速地把这些信息整合理清主线。此时此刻非常关注事态发展的网民似乎都变成了私家侦探。

第二，有着职业证件的记者会介入其中，这里也不乏事件的炮制者。记者的优势在于实地采访的娴熟和有着可以冲破一些阻拦的方法，对那些网上流传的只言片语进行系统调查，并在纸质版面进行印刷和进一步扩散为更大范围的社会认识，创造新一轮舆论，也就让相关负责人必须对事件发声。

11.2.3 突发事件网络舆论噪声流的形成

突发事件爆发伊始时的不确定信息和交流受阻使得人们会根据自己的过往经验而对事件胡编乱造，因此舆论复杂。随着主要人员的一举一动和心理变化，网上又会有只言片语流露从而让消息真假更为不清晰。同时发生事件的当事人的任何思想以及随后行动和那些热心群众没有信息同步，也就会使大众产生猜测。另外，所有网民在网上可以不负责地发表任何观点，因此那些博人眼球的消息就会越来越有爆炸性和煽动性。于是，突发事件网络舆论噪声流便形成了。突然爆发的网络热点事件中舆论舆情噪声流通常表现为以下多种形式。

以主观臆断的各种凭空捏造、没有事实的流言为主的虚假信息；以主观断章取义以及用偷换概念、诡辩等方式和挑拨离间而产生的错误和不良信息；还有以发布人主观指向严重的，对于热点事件想要炮制并煽动群众，从而达到自己目的或者唯恐天下不乱的偏激信息。

还有更重要的一点就是社交平台中存在大量受控制的机器账号，总量惊人，这些机器账号可以被利用来快速增加某些内容的转发量。因此需要有技术识别舆情的真假，防止被错误引导。

如图 11-4 所示，这里的实例就很明显了，营销事件大多都会用大量的机器人来为其进行宣传，而一些明星的感受还是真实的用户为其转发的更多，说明公司营销的时候为形势所迫，只能借助机器人来使其变成热点事件，当然其中也不乏明星造势的可能。同时也就有恶意炮制热点事件的可能，这点要通过真实度算法识别网络机器人，确保去除虚假的互联网声音。

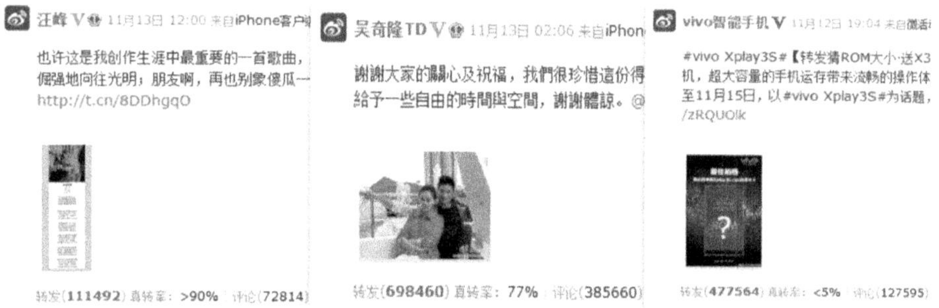

图 11-4 微博真实传播评估

11.2.4 突发事件网络小世界特性

离散数学中图的概念经过技术的演化就变成了计算机中网络的概念。由顶点以及连接这些顶点的边所构成的就是图，有向图就是让图中的边都有方向。在网络的概念中，是把图中的顶点变成了节点，顶点相连的边变成了节点相连的连接。当网络中的连接存在方向的时候就称为有向网络。

小世界网络是有一些特性的网络，可以理解为这类网络中有相当多的节点是不互相连接的，然而两个节点间依然可以通过很少的连接线到达。就像现实中六度分隔理论说的一样两个不相干的人能通过六个中间人联系到对方，在微博中同样如此，不直接相互关注的两个用户也能通过他们本身关注的人来间接地找到对方。

在分析小世界网络的时候，有这样两个特征量：一个是聚类系数，一个是特征路径长度，在第 4 章已有介绍。

简而言之，小世界网络就是有数值相当大的聚类系数和数值很小的平均路径长度的复杂网络。

从表 11-1 中数据能够发现，我国突发事件微博网络中计算的聚类系数是远远比随机网络的聚类系数要大很多，并且介于国际流行平台 Twitter 以及 YouTube 的数值中间，但才只是新浪微博所计算的网络聚类系数的一半。对比特征路径长度可知突发事件微博网络的值最小，意味着传播速度也就最快。两个本身无关系的用户平均只需通过不到三个人就能传达到对方，至少比其他统计量少一人，所以突发事件在微博网络中的消息传播速度是最快的。从这两点来看，在微博中传播的突发事件网络有着小世界网络的特性。在新浪微博网络中突发事件也是迅速地在传播，对社会安定和整体经济效益有反向影响的突发事件就能在很短的时间内让众人皆知，这也给网络舆情的监控和网络信息监管造成了难以想象的困难。

表 11-1　线上网络的小世界特性

网络	特征路径长度	聚类系数
随机网络	3.9	0.000 04
新浪微博网络	4	0.213 7
Twitter	4.3	0.106
YouTube	5.1	0.136
突发事件微博网络	2.99	0.113 7

用笔者本人的微博来举例说明小世界特性，笔者本人的微博只有 64 个好友并且很少使用，但是仅仅抓取三层好友（即笔者好友的好友）中的一部分人就能覆盖到三千多人。如表 11-2 所示为笔者微博的好友大节点。

表 11-2 笔者微博中的好友大节点

ID	入度	度	中心度
双子座的典当柒秒？鱼 20609	145	146	4
姜 **	135	136	4
向 **	133	134	4
Faye 合乐	125	130	3
哪有岁月可回头啊	106	107	4
婷小猪快跑 200511	105	106	4
韩 **	97	99	3
Burgess 小辉	77	78	4
DevilSmile	76	78	3
型男时尚指南	68	69	4
Rajon9	66	67	4
姚 **	61	62	4
Cassmoujik 加油	59	60	4
2011 届石中人弘雅 1982	59	60	4
TYPHOON	59	60	4
季 **	51	52	4
廉 ** cjx0w	50	52	3
我还是温柔小彤彤	50	51	3

图 11-5、图 11-6 所示就是笔者自身的微博网络小世界，这里网络直径长度为 5，略高于整个微博的平均路径长度 4，但依旧符合“六度分隔”理论。

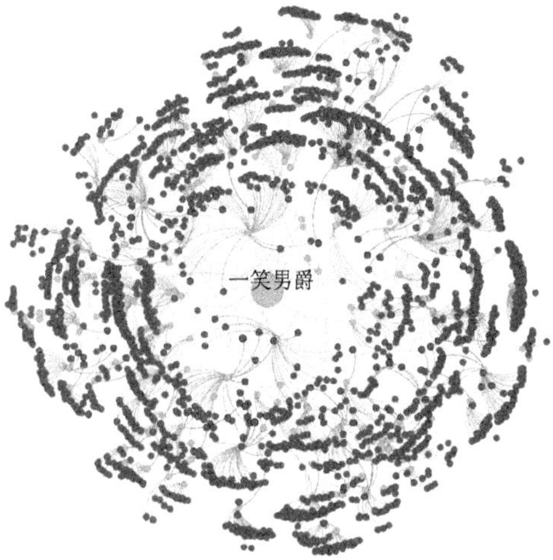

图 11-5　笔者微博好友关系分布图

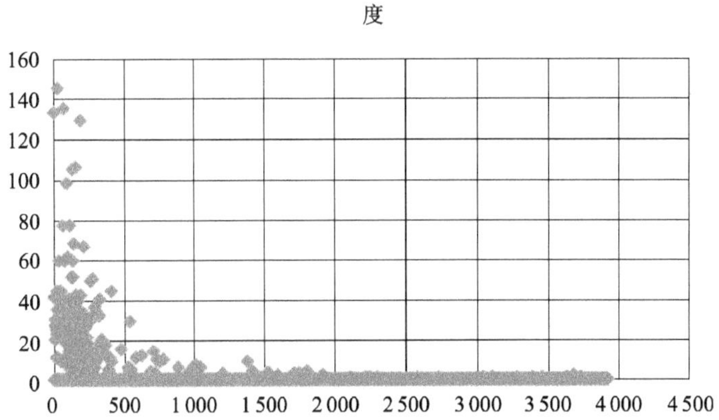

图 11-6　笔者微博好友关系节点间的度

11.2.5 突发事件网络中联合度分布

度表示的是相关性，联合度分布即是相邻节点之间度的关系。这个数值用于表示靠近的两个节点可能会互相连接的程度。因此，联合度分布为节点的出度和入度的平均值。在新浪微博的应用中，关注数为出度，粉丝数为入度。所以采用定义进行计算的公式为：

$$K_{nn}=\frac{\sum k_{out}k_{in}}{k_{out}} \tag{11-1}$$

式中，K_{nn} 为联合度分布；k_{out} 为出度值；k_{in} 为入度值。在微博中节点就是突发事件的用户，k_{out} 是这些用户的关注量，k_{in} 是该用户的粉丝数。

从图 11–7 显然可知，节点的联合度分布随节点出度均值的增加而递减。这和新浪微博的网络“大 V”推荐相关，很多度小的一般用户都会自然地关注度大的网红，由此形成意见领袖。所以在微博中的突发事件没有明显的核心网络，让突发事件变成舆论甚至大规模舆情的是一般用户，也就是人民的力量。由此显然可知，要是在微博散布谣言或者其他有爆炸性消息，可以迅速在普通民众当中扩散开来，对网络安全和社会安定会有极大的影响。

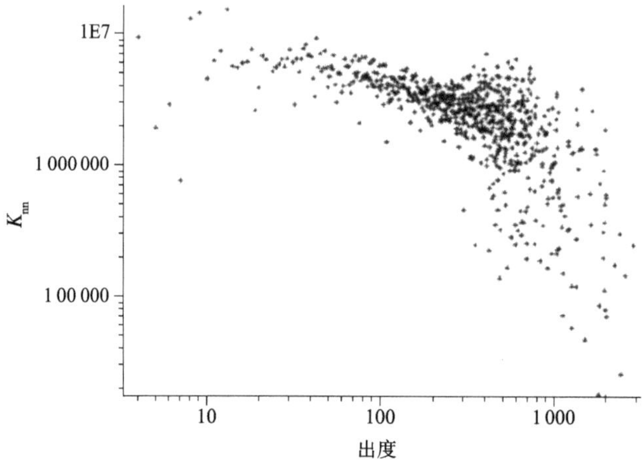

图 11–7 联合度分布随节点出度均值的变化

11.3 基于情感计算的网络舆情预警指标体系

11.3.1 基于情感计算的网络舆情预警指标体系

首先要解释一下网络舆情预警指标体系，它是用来预测事件会不会对区域社会的和平现状产生影响，会不会引发一定范围内的有规模的群体性事件，这个指标体系就是判断上述问题的依据以及评判标准，当中有多种指标用于显示其效果的具体赋值。

综合日前学者在网络舆情预警方案与机制相关领域的研究成果并且结合对社

会人员情感计算的方式方法，建立了表 11–3 中的一级、二级、三级指标体系，其中包括情感发生的主客体、情感明确的倾向以及强度，进而形成针对网络舆情更加完善的指标体系。

表 11–3　网络舆情的预警一、二、三级指标

一级指标	二级指标	三级指标	主要测量要素描述
情感主体	一般网民	参与初始话题的用户总数、原帖总数	判断主动参与讨论的网民数量和留言情况，对热点舆情进行识别
	意见领袖	参与话题的领袖人数，发言总数	判断其发言频率和情感倾向
	新闻媒体	参与话题的媒体数量和其发布信息数量	媒体发布信息的频率和立场
情感客体	人为事故	交通、生产、医疗事故	用在同一阶段内各类话题被讨论的次数来判断网民关注的话题类型以及热点舆情
	公共卫生	食品卫生、疾病、环境污染	
	自然灾害	飓风、地震、火灾、暴雨	
	国家政治	政府公信力、群众运动、官员腐败	
情感倾向	支持	正面的帖数	持正负态度倾向人数的差值
	中立	中立的帖数	反对观点的强度
	反对	反对的帖数	反对观点的覆盖面
情感强度	情感激烈程度	文本中的愤怒情绪值	抽样主观赋值某一阶段文本中的情感值
	情感扩散程度	点击数、评论数、转发数、点赞数以及用户覆盖面	一定时间内该话题的用户地域覆盖面、媒介、网民、意见领袖等覆盖程度

11.3.2 网络舆情预警指标的权重系数

既然有多种情感指标，那么就一定有不同的重要性，反映在模型里就要为不

同事件给予不同的比值和权重再进行运算。鉴于笔者对数学领域的陌生所以对赋值进行了简化，只是应用比较容易实现的专家法来确定具体数值。

在同相关方面人员的慎重筛选中确定的比值系数见表 11–4。

表 11–4 网络舆情预警指标权重系数

一级指标	二级指标	三级指标
情感主体（0.264）	一般网民（0.015）	参与初始话题的用户总数（0.007），原帖总数（0.008）
	意见领袖（0.175）	参与话题的领袖人数（0.086），发言总数（0.089）
	新闻媒体（0.074）	参与话题的媒体数（0.052），发布信息的总数（0.022）
情感客体（0.291）	人为事故（0.071 9）	交通（0.018 7）、生产（0.023 5）、医疗事故（0.029 7）
	公共卫生（0.074 0）	食品卫生（0.018 2）、疾病（0.026 3）、环境污染（0.029 5）
	自然灾害（0.069）	飓风（0.016 3）、地震（0.016 8）、火灾（0.018 7）、暴雨（0.017 2）
	国家政治（0.076 1）	政府公信力（0.021）、群众运动（0.035 8）、官员腐败（0.019 3）
情感倾向（0.184）	支持（0.058）	正面的帖数（+）
	中立（0.028）	中立的帖数（+）
	反对（0.098）	反对的帖数（–）
情感强度（0.261）	情感激烈程度（0.126）	文本中的愤怒情绪值（0.126）
	情绪扩散程度（0.135）	点击数（0.021 7）、评论数（0.036 2）、转发数（0.031 4）、点赞数（0.024 5）、用户覆盖面（0.021 2）

11.4 网络舆情预警模型系统构建

11.4.1 各个指标具体的情感值计算

情感主体：

$$s_1=\frac{b_1B_1\times N_1+b_2\times B_2\times N_2+b_3\times B_3\times N_3}{\text{count}(n_1)}=\frac{\sum_{i=1}^{3}b_iB_iN_i}{\text{count}(n_1)} \tag{11-2}$$

式中，s_1 指的是情感主体的情感值；B_1、B_2、B_3 指的是上述章节表格中所指的三个具体的主体量数值；N_1、N_2、N_3 指的是二级指标下属三个量的具体数值；b_1、b_2、b_3 指的就是这三个二级指标所占有的比值权重；最后一个对 n_1 求代数和表示的是所取特征值的总数。

情感客体：

$$s_2=\frac{b_4\times N_4+b_5\times N_5+\cdots+b_{16}\times N_{16}}{\text{count}(n_2)}=\frac{\sum_{i=4}^{16}b_iN_i}{\text{count}(n_2)} \tag{11-3}$$

对于情感客体的分析也要通过模型进行计算，这也是出于想要对一定时间范围内全国网民对该事件或话题的关注度要有一定把握的考虑。由此也能关注舆情的大小。

这里的情感值 s_2 所赋予的数据指代的是情感客体的具体值，对应于各自权重系数 b 相乘的 N_4 ~ N_{16} 所代表的就是上述三级指标中所指代的 16 个具体事故事件在一定时间范围内所提取的相关网站或者平台上的采样样本数量，最后对 n_2 求代数和还是表示的是所取特征值的总数。

情感倾向：

$$s_3=\frac{b_{17}\times N_{17}+b_{18}\times N_{18}+b_{19}\times N_{19}}{\text{count}(n_3)}=\frac{\sum_{i=17}^{19}b_iN_i}{\text{count}(n_3)} \tag{11-4}$$

这里的 N_{17} ~ N_{19} 三个字母指代的是对应二级指标中三级指标中所指代的具体数值，最后对 n_3 求代数和还是表示的是所取特征值的总数。

情感强度：

$$s_4=\frac{b_{20}\times B_{20}\times N_{20}+b_{21}\times B_{21}\times N_{21}+\cdots+b_{25}\times B_{25}\times N_{25}}{\text{count}\,(n_4)}=\frac{\sum_{i=20}^{25} b_iB_iN_i}{\text{count}\,(n_4)} \tag{11-5}$$

这里的 s_4 是为了计算情感强度而确定的具体数值。B_{20} 指代的是单个文本中的情感值。笔者使用的工具在抓取时会出现不同的情感指代表情数量，为了方便计算我们把取值的宽度设定在 1 到 10 之间，随着数值的增加重要性也就越大，最后的愤怒平均值就是做一个除法所得。B_{20} 即愤怒均值，N_{20} 为统计愤怒的数量，b_{20} 是与事件相对应的比值权重。同理显然可知 B_{20} ~ B_{25} 与 b_{20} ~ b_{25} 的对应以及指代关系，此处不再赘述。

11.4.2 综合指标情感值计算

我们还要对上述多个情感指标进行统一，得到一个具体的量用来衡量事件热度并进行预警和监测。所以总情感值公式设置为：

$$S(s)=\frac{\sum_{i=1}^{4} s(t)}{\text{count}\,(T)} \tag{11-6}$$

式中，$S(s)$ 为样本事件的总情感值；$s(t)$ 为用上节所述的 s_1、s_2、s_3、s_4 所指代的具体情感值；count（T）表示指标的选取个数。

11.4.3 对于网络舆情严重性的预警等级

笔者把当下网络舆情严重性的预警等级划分为轻微级、一般级、严重级和特大级这四个等级，分别采用国际通用的蓝色、黄色、橙色以及红色这四种颜色表示其等级。

综合考虑笔者的赋值具体数值，实事求是地进行假设（见表 11–5）。当套用上述模型公式计算所得的总情感值小于等于 50 时划入轻微级并用蓝色表示。当模型运算结果位于 50 到 70 这一左开右闭的区间中时事件情况算作一般级用黄色表示，此时要提醒网络监管等相关部门注意，要有及时疏导的准备。橙色和红色分别指代的是严重级和特大级，当计算值大于 70 时也即需要相关负责部门和权威媒体必须出面的时候，否则很可能会进一步引发舆论狂潮，产生影响局部社会稳定的群体性事件。

表 11-5 情感值处于不同严重性时的预警等级表

警报颜色	蓝色	黄色	橙色	红色
情感值	50 分以下	50 ~ 70 分	70 ~ 85 分	85 分以上
预警级别	轻微级	一般级	严重级	特大级

11.5 以世界卫生组织关注中国疫苗事件及“辱母杀人案”为实证研究

11.5.1 取证过程及方法步骤

本章使用了两套工具进行取证研究，由于选取的是新浪微博进行研究，所以先应用新浪微博舆情自己的工具进行分析。这是因为很多过去的数据只有他们公司本身能够调用，外部软件难以合法并简单地获取到，并且转发人已经删除的转发，他们的平台依旧可以通过历史记录获得。其次应用的是“八爪鱼”采集器和 Gephi 组合的分析方法。先用“八爪鱼”采集器对微博数据进行爬取，再用 Gephi 对爬取的数据进行可视化操作，让我们能直观地看到数据之间的关系。

微博网络中突发事件爬取的数据主要是：首发突发事件的转发量、转发的时间、转发评论以及点赞的数量，随后进行预处理，将其中“@”的人也就是二次以后的转发量从转发评论中提取，用以计算用户关系、度，以及聚类系数、最短路径等特征值，进而进行小世界特性以及出入度相关性的计算。

对爬取部分设计相应的采集规则，这里为了提高采集速度所以要转化为旧版本微博的手机访问页面，并通过不断的会员认证来进行全部的转发翻页调取。爬取规则如图 11-8 所示。

具体的操作过程为：

首先打开微博并确认登录用户；循环网页并对每页元素进行遍历；提取其中的关键数据。

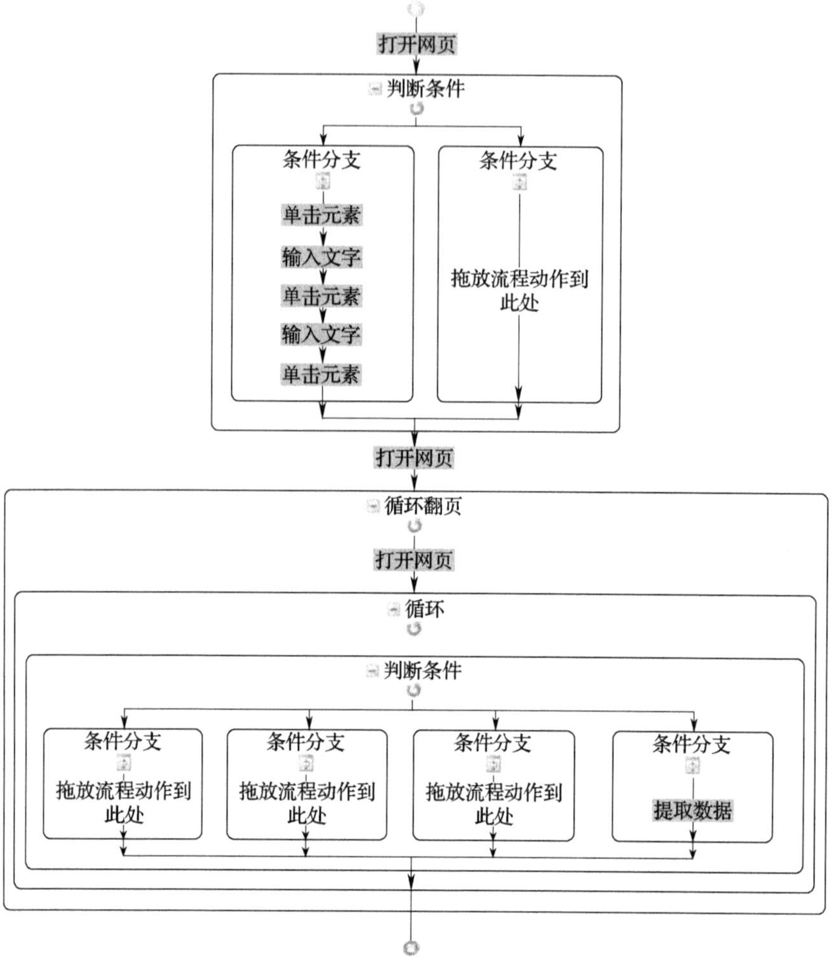

图 11-8 “八爪鱼”爬取规则

11.5.2 世界卫生组织关注中国疫苗事件

2016 年 2 月，山东济南市人民警察局通报案件并移送监察机关受理。

2016 年 3 月 18 日，涉案母女非法经营疫苗被查出，预计总金额达到人民币 5.7 亿元，并且已经进入我国十八个省市并公布流经地区名单。

2016 年 3 月 21 日，山东省药监局发布公告《山东采取有力措施严查非法经营疫苗案件》，三部门联合发文，要求地方各级单位配合调查工作。

2016 年 3 月 22 日，国务院总理李克强对该案件作出重要批示。

11.5.3 世界卫生组织关注中国疫苗事件舆情取证

此时世界卫生组织在 2016 年 3 月 22 日当天连发三条微博为中国疫苗背书并引发舆论传导效应。从世界卫生组织始发微博密切关注中国问题疫苗事件开始，便有以联合国、NASA 中文等为首的“大 V”开始进行转发，并逐渐扩散消息，详见图 11–9。

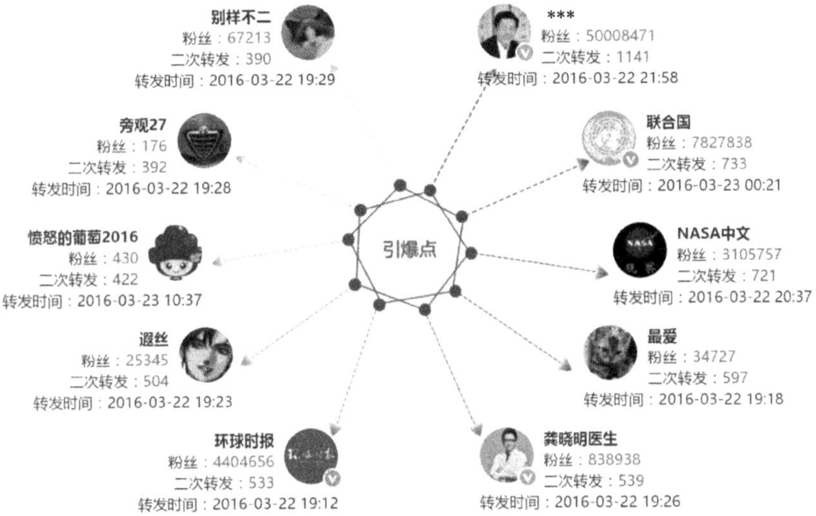

图 11–9　世界卫生组织关注中国问题疫苗事件扩散过程

这 10 个一级“引爆点”便将最初的世界卫生组织微博消息在微博空间进行扩散。笔者通过统计数据描绘出图 11–10。

参与整个扩散的影响力大的用户参见图 11–11。

对于问题疫苗问题，网友的态度由于官方表态及时分布尚比较均衡，因此情感分析在随后案例分解。如图 11–12 所示为世界卫生组织关注中国疫苗微博转发评论表情分析。

事件结束于 2016 年 4 月 13 日，国务院总理李克强主持召开国务院常务会议，听取案件处理汇报并对责任人问责；通过《国务院关于修改〈疫苗流通和预防接种管理条例〉的决定》来强化监管。

图 11–10 世界卫生组织关注中国问题疫苗事件传播路径

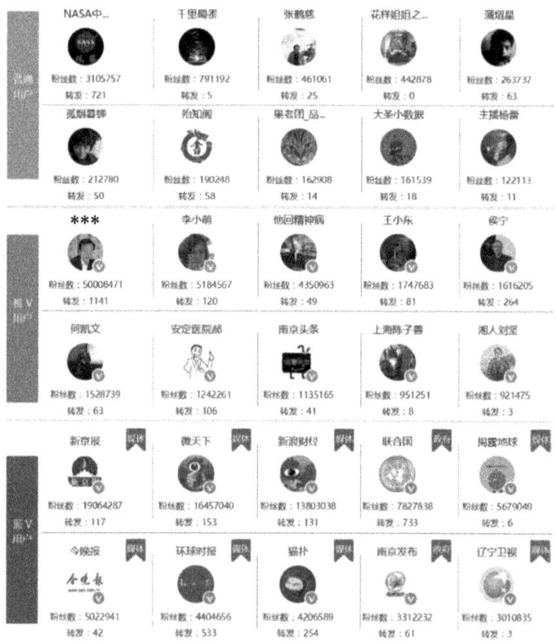

图 11–11 世界卫生组织关注中国问题疫苗事件传播影响力

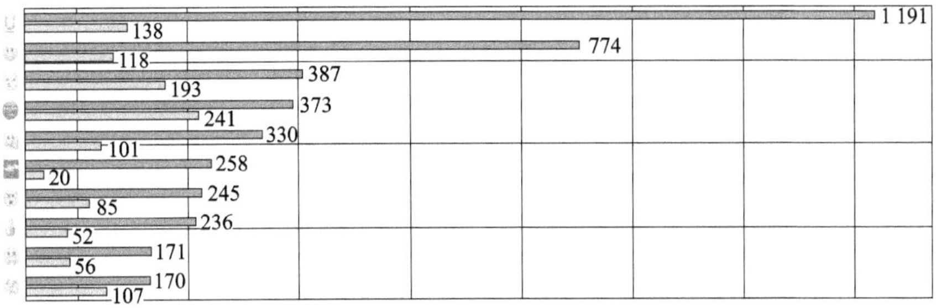

图 11–12　世界卫生组织关注中国疫苗微博转发评论表情分析

11.5.4 世界卫生组织关注中国疫苗事件的数据抓取

用“八爪鱼”采集器对新浪微博再次取证，由于这次不能访问内部数据库，用的是当下的全网公开信息。由于已经时隔一年，当时很多的转发已经被原用户删除，上述 10 个“引爆点”中似乎也只剩下联合国和环球时报的转发（见图 11–13），而且二次转发量也大幅减少，但这并不影响我们分析其中的传播规律。

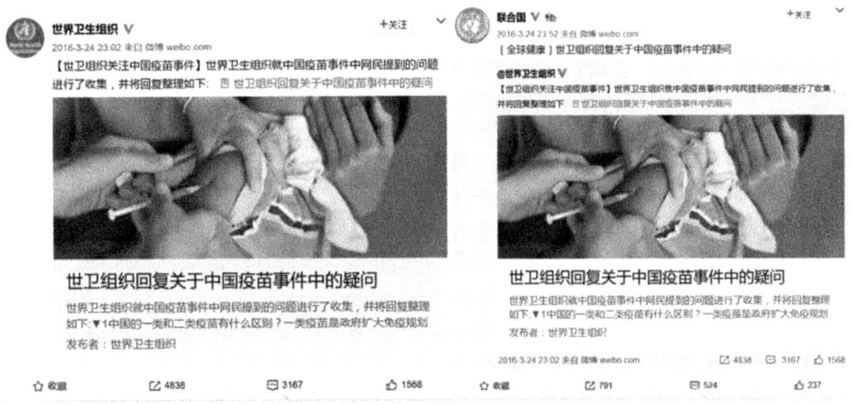

图 11–13　世界卫生组织关注中国疫苗事件微博及转发

最终采集有效数据 4 297 条，依然可以描绘出在微博空间进行扩散的图示，通过抓取数据描绘出图 11–14。

这里的中心点就是世界卫生组织的首发微博，这里的 4 个最大的节点就是联合国、江宁公安在线、斯库里、环球时报，这里所表示的扩散强度可以从点的聚集分布看出，可以看出小世界的感觉。

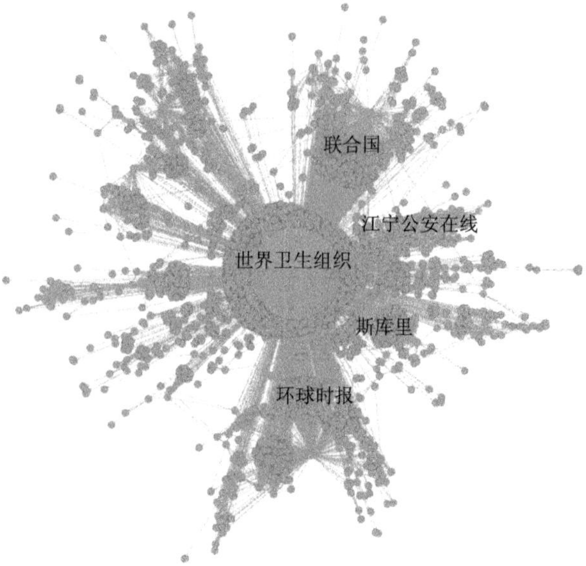

图 11–14 世界卫生组织关注中国疫苗事件微博转发路径

以下对度进行进一步分析，可以探究其中节点间真实的距离。

度 = 入度 + 出度，度的大小综合反映了每个节点在网络结构中的重要程度。除了初始节点，也就是世界卫生组织以外，我们可以看到有 5 个节点起到了关键的作用，如图 11–15 所示。

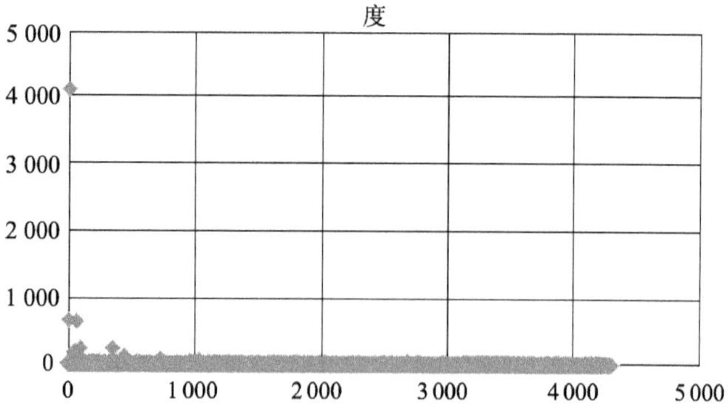

图 11–15 世界卫生组织关注中国疫苗事件微博转发节点间度

入度表示转发不同用户的微博的数量，基本同度的分布相同，主要是有 5 个大节点在发挥重要的扩散作用，如图 11–16 所示。

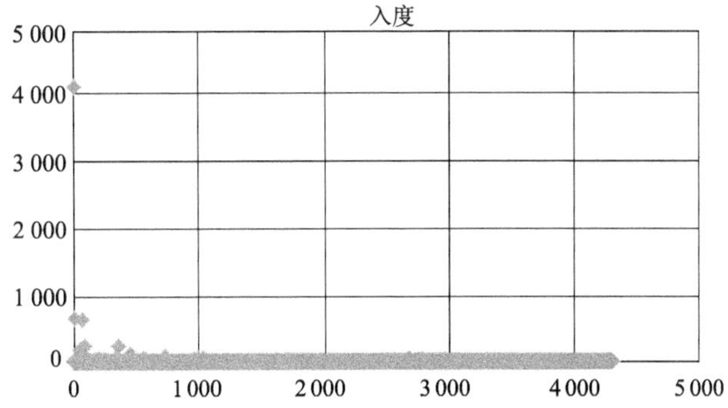

图 11-16 世界卫生组织关注中国疫苗事件微博转发节点间入度

出度表示被转发微博的数量，以 1 ～ 10 条的转发为主，但是四千多个用户都是如此的转发数时，事件就已经被充分地扩散了。由此也可以得出，平均度是 4.125，如图 11-17 所示。

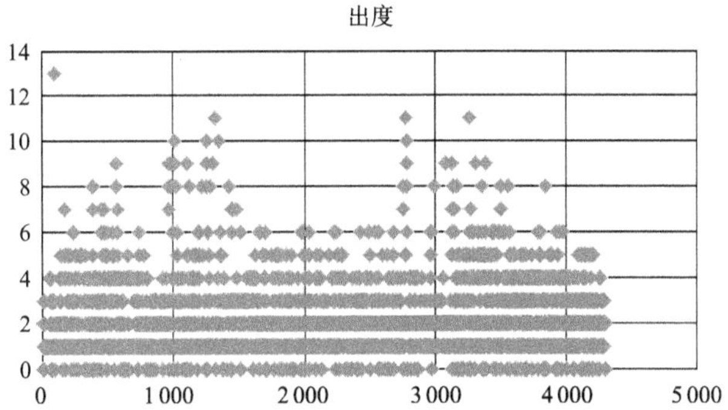

图 11-17 世界卫生组织关注中国疫苗事件微博转发节点间出度

下面进行网络直径的计算分析：

介数中心度指的是一个节点担任其他两个节点之间最短路的桥梁的次数。这个事件中大多数是位于零附近，因此很多都是直接传播到的，如图 11-18 所示。

亲密中心度需要考量每个节点到其他节点的最短路的平均长度。也就是说，对于一个节点而言，它距离其他节点越近，那么它的中心度越高。图 11-19 中数值都介于 0 和 1 之间，说明它们都是在几层转发中就能接近事件的原始位置。

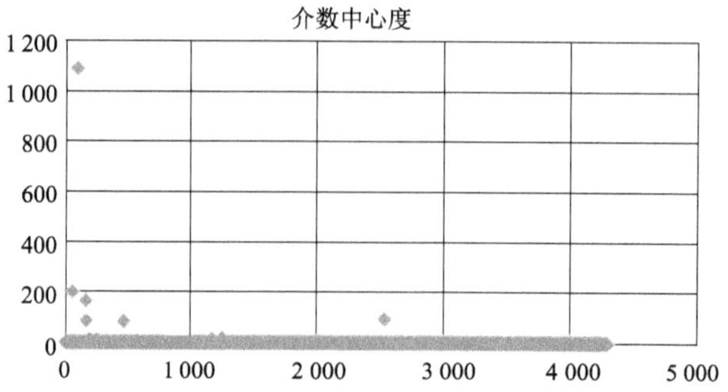

图 11-18 世界卫生组织关注中国疫苗事件微博转发节点间介数中心度

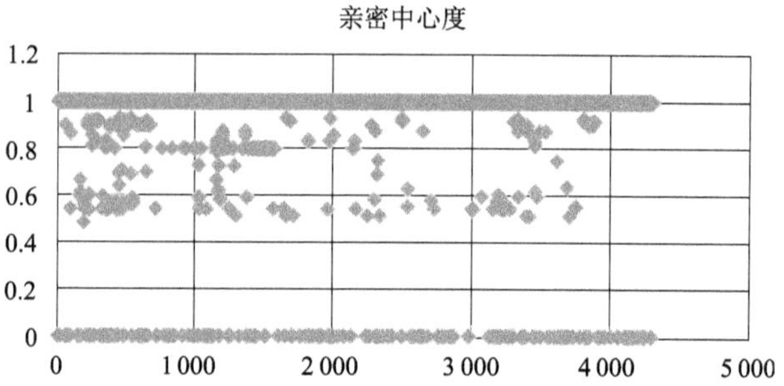

图 11-19 世界卫生组织关注中国疫苗事件微博转发节点间亲密中心度

离心率用以描述传播的长度，图 11-20 所示中最高是 5，说明最大的传播路径是 5，这符合六度分隔理论。网络直径长度是 5，网络平均路径长度是 1.181。对这组数据进行 Gephi 中的模块化聚类运算（见图 11-21），显示模块化结果为 0.519，同时对应的社区数量为 54，意味着有 54 个聚集的更小的小世界。

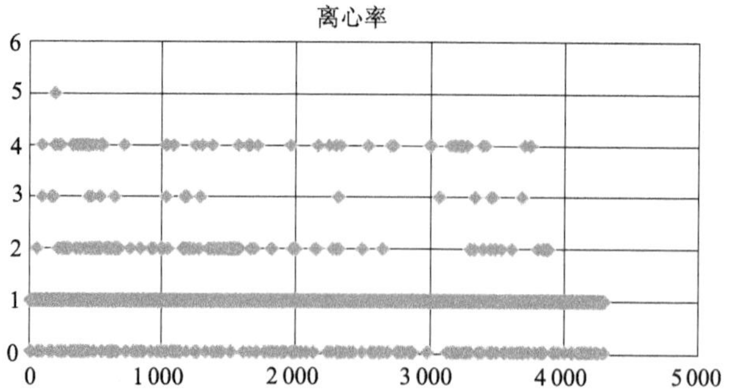

图 11-20 世界卫生组织关注中国疫苗事件微博转发节点离心率

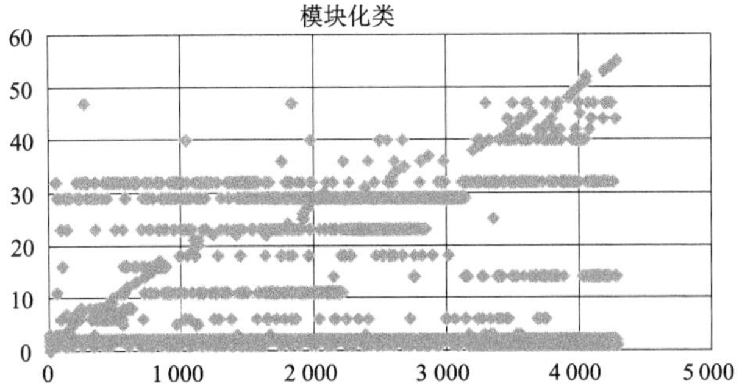

图 11–21　世界卫生组织关注中国疫苗事件微博转发节点模块化类

针对节点来说，一共有 4 296 个节点，平均聚类系数是 0.212；针对边来说一共有 8 860 条边，平均路径长度是 1.181。

11.5.5 “辱母杀人案”事件

山东“辱母杀人案”引发空前关注。起因是 2016 年 3 月 23 日，南方周末发布了题为《刺死辱母者》的文章。文中称，山东一位女企业家因欠高利贷被 11 人凌辱一小时，儿子于欢目睹之后，用水果刀乱刺致 1 人死亡，而山东聊城中院则以故意伤害罪判处于欢无期徒刑，文中还曝出当地警方曾出警但不作为的细节。

11.5.6 “辱母杀人案”事件网络舆情时间微舆情取证

经过一段时间的发酵，该事件逐渐引爆了舆论场，发展成为一起全民性的舆论事件。而随着更多案件细节的披露，舆论的关注焦点也逐步发生了变化，由最初的探讨“于欢是否属于正当防卫”“当地警方是否存在渎职行为”等转移为探讨“该案件如何判罚才是公正”，最后延伸到探讨该事件的导火索“民间借贷是否合理”。而在这一过程中，该事件的网络舆论情绪也逐渐由“激化”走向“平和”，由“盲目力挺”变为“呼吁理性”。

经新浪微博舆情大数据平台分析显示，“凤凰网转发南方周末的文章”和“有关司法部门 26 日集体回应”成了该起事件在网络传播中的重要拐点。据新浪微舆情大数据平台统计，3 月 24 日起，此事件开始引发网络舆论关注。截至

3 月 30 日，与此事件相关的全网信息量已达近 224 万条，如图 11–22 所示。其中，微博成为其主要舆论传播平台，占比达 96.4%，新浪微博话题 # 刺死辱母者被判无期 # 的阅读量已突破 9.8 亿。

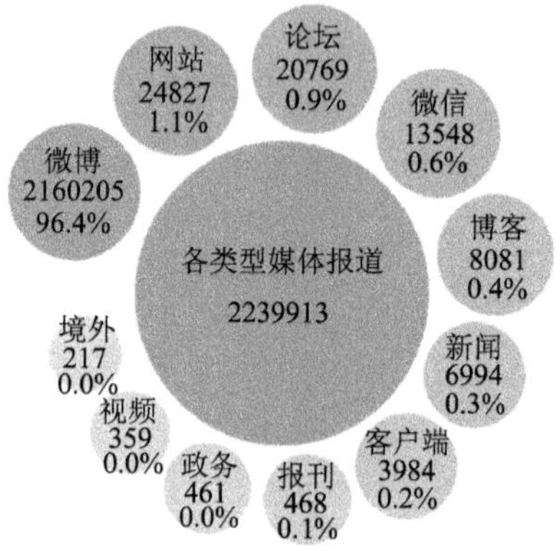

图 11–22 “辱母杀人案”媒体报道量

纵观该事件的全网信息走势图（见图 11–23）和热度指数走势图（见图 11–24）可以发现，3 月 23 日，即南方周末《刺死辱母者》文章的首发当日，该事件并未引发较大的网络舆论，信息量较低。直至 3 月 24 日该事件的全网信息量和热度指数才开始逐渐攀升，并分别于 26 日、27 日达到了监测期间的顶峰。而 3 月 27 日后，该事件的信息走势虽然有所下降，但网络传播热度指数依旧保持了较高的数值，说明该事件依旧保持较高的网络热度。

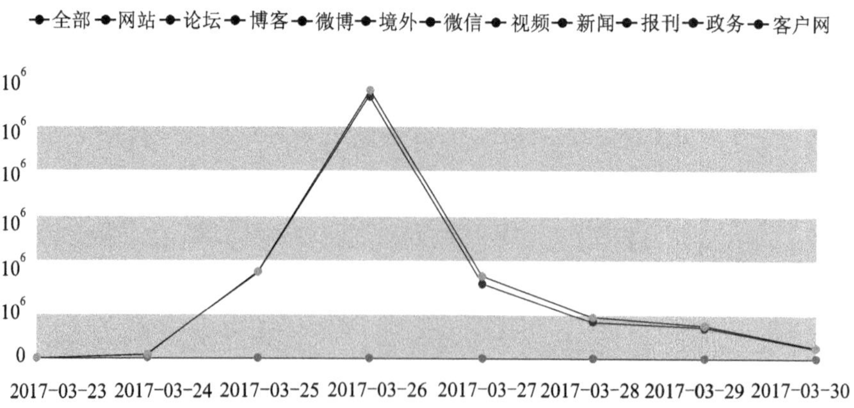

图 11–23 “辱母杀人案”信息量走势

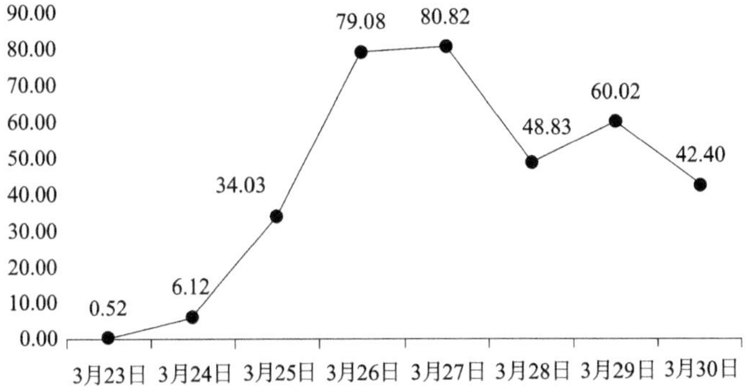

图 11-24　“辱母杀人案”网络热度走势

轰动全网的“辱母杀人案”为何在首发日反响平平，但在 3 月 24 日却逐渐引发舆论关注。通过对事件传播渠道的梳理（见图 11-25）分析发现，南方周末

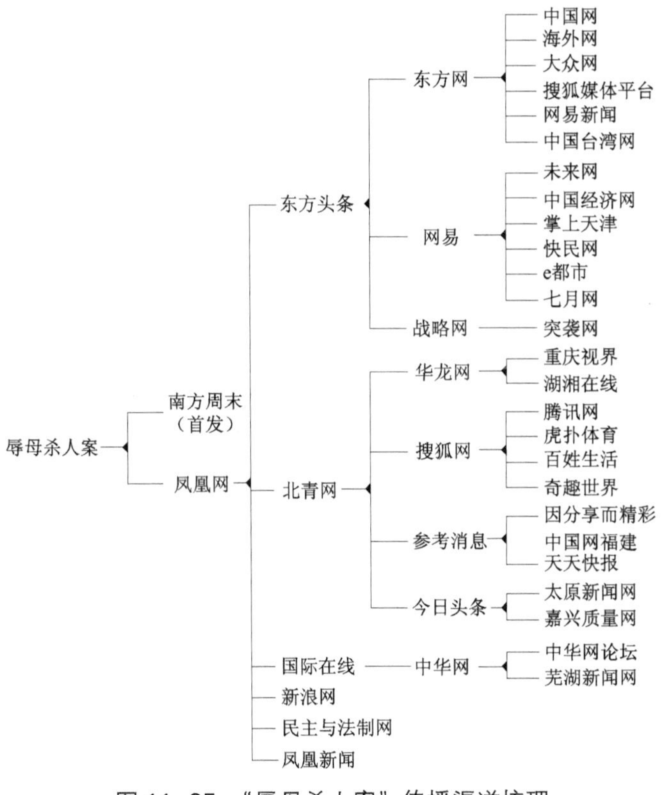

图 11-25　“辱母杀人案”传播渠道梳理

《刺死辱母者》一文于3月23日首发后并未得到媒体和网友的关注，产生的相关信息量极低，热度指数未达到1。直至3月24日14时51分，凤凰网转发该篇稿件，并将原标题改为《山东：11名涉黑人员当儿子面侮辱其母1人被刺死》后，该事件才开始逐渐引发舆论关注，引起了多地媒体的相继转发。因此，可以推断3月24日凤凰网的转发是该事件开始爆发的关键点。

而在后续的深度报道方面，澎湃新闻首先发力，于3月25日23时31分，发布稿件《山东"刺死侮母者"案证人讲述民警处警细节：开着执法记录仪》，将更多案件细节公之于众。此后，新京报、中国青年报等媒体也分别于26日、27日发布了《多方介入"辱母杀人案"调查，于欢改判正当防卫有无可能性？》《辱母杀人案细节：目击者称于欢被椅子杵后反击》等跟进报道。

在评论文章方面，人民日报于3月25日23时57分，发表评论文章《辱母杀人案：法律如何回应伦理困局》；人民网于3月26日22时12分发布《"于欢案"，亦揭开中小民企融资之殇》一文，直指"地下金融"；知名政法微信公众号"长安剑"在25日发布《"辱母杀人"案，司法如何面对汹涌的舆论？》一文。

经以上分析，可以认为，凤凰网作为南方周末《刺死辱母者》一文的首个转发网站，通过对文章题目的改编，使得该事件更易于在网络上传播，成了3月24日事件相关舆论上升的关键点，对后续大规模转发、讨论有着直接的影响作用。而澎湃新闻等媒体的后续深入报道和人民日报等官媒的评论文章则为网络舆论的发酵不断注入新料，促使该话题在短时内热度爆棚，对舆论的迅速发酵起到了一定的作用。

此外，在对此事件的讨论发酵过程中，微博"大V"们的参与对事件的传播和舆论走势也发挥了重要的作用。"大V"们从多方角度发表意见（见表11-6），既有主张支持于欢的，也有认为舆论不应左右司法判决的；既有关注"正当防卫"是否成立的，也有关注暴力催贷和"老赖"的；既有催促相关部门尽快回应的，也有为国民敢于发出质疑而叫好的。"大V"们的声音引发舆论的二次讨论，推动了舆论的理性思考。

表 11-6　针对“辱母杀人”事件的微博“大 V”观点

微博昵称	观点
@易 **	我支持刺死辱母者的当事人于欢——无罪！血性男儿哪有罪？刺死辱母者既是正当防卫，更是见义勇为！
@候 *	关于于欢案，我只想说三句话：第一，于欢为母反击，有血性，有担当，好！第二，高利贷集团吸血成性，当众羞辱妇女，毫无人性，该死！第三，有关判案法官们，请不要以法律的名字侮辱中国法治！
@安防学者周 **	被暴徒侮辱的企业家苏银霞，除了欠黑社会的，还欠其他人几千万，其中浦发银行就欠了 800 多万，聊城润昌农村商业银行也申请查封苏银霞 570 万的资产，根本不是什么正规渠道融不到资。实际上她还有一个身份，就是非法集资的犯罪嫌疑人，事发前警方已经在调查了，苏银霞的老公早就跑路了，苏银霞姐姐因为非法集资已经在服刑了。
@史 **	然后咱们再说警察，不管是合法的借贷还是高利贷，都不是派出所的管辖范围，经济纠纷找法院，高利贷或者涉嫌其他经济犯罪找经侦，派出所这俩都管不着，人家堵门要钱，只要没有暴力行为，警察也带不走谁。（节选）

除了对当事人于欢判决结果的热议，随着事件的发展，媒体和网友的视角越来越多地放在了事件背后的导火索——民间借贷乱象。据新浪微舆情大数据平台统计，在 3 月 23 日至 3 月 30 日，全网关于民间借贷相关的信息量共达 61 万条。而通过对信息内容进行梳理，可以得出，在该监测期间，由“辱母杀人案”引发的民间借贷相关信息共达 40.9 万条，占全部相关信息的 67.12%。说明“辱母杀人案”激发了网络舆论对于“民间借贷”话题的关注。

11.5.7 “辱母杀人案”事件中情感指标的抓取和模型验证

对于“辱母杀人案”中的指标数据内容抓取，是秉承第 3 章内容主体进行的。从上述案件全过程可看出，从 3 月 25 日到 30 日之间能有最多的内容可以进行抓取和模型验证，所以笔者在此时间段内进行抽取。

其实在2017年3月25日至30日，因为在不同网站都有大量的文章和各式的分享使得计算难度加大，所以笔者在此只讨论对在我国应用注册人数最多的新浪微博中所出现的情感指标进行计算，这里一定存在误差，我们相信事件的实际值高于仅新浪微博中统计数量计算出的情感值。

由新浪微博的“微博事件分析”功能可以看出，在3月24日至26日期间，网友在发布与“辱母杀人案”相关微博时使用的表情中，表达负面情绪的表情占多数，如图11-26所示。

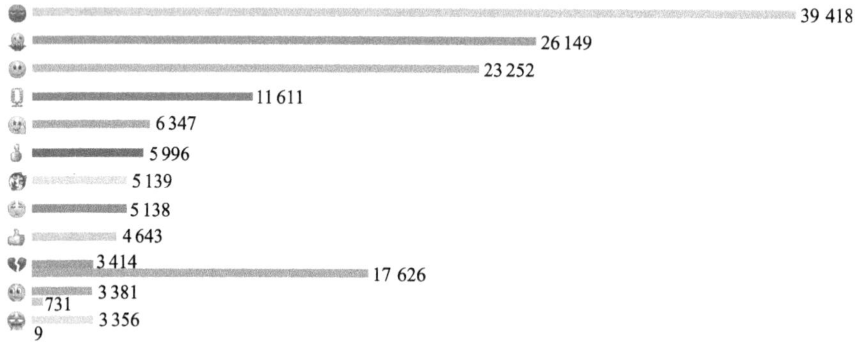

图11-26 “辱母杀人案”第一次微博转发评论表情分析

面对负面舆论的不断发酵，3月26日，相关司法部门相继做出回应，及时公布案件进展，对于网络舆论的走向起到了一定的控制与引导作用，使得网络舆论情绪开始趋于理性化。3月27日至3月30日期间，微博网友在提及该案件时最常使用的表情发生了明显的变化，中性及正面表情明显增多，如图11-27所示。

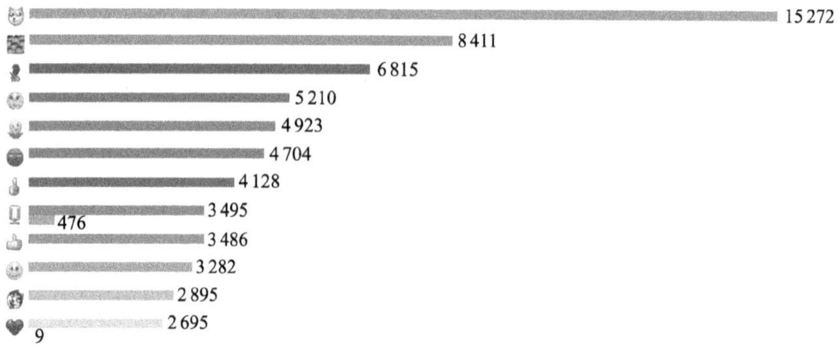

图11-27 “辱母杀人案”第二次微博转发评论表情分析

找到普通网民发的原帖数 1 280 条，这里草根用户 127 个，其中转发和评论数很多的用户一共 5 个，发言量 12 个。媒体和门户网站 45 家，共讨论过 65 次。表达负面情绪的表情占多数。这意味着，在样本时间内由于官方的及时回应，网民对该事件的认识逐渐理性化，但毕竟舆论无法改变法律。在统计的范围里不置可否和认为当事人不该进行杀人的总条数仅有 77 条，相反表示辱母事件不可接受，十分理解杀人当事人心情，表示支持其反抗的负面感情足足有 2 939 条。

笔者对微博采集得到的两千个样本情绪进行自主赋值，其中这里的取值范围是 1 ~ 5，通过加权运算并且取得平均值最后是 0.5。当然在当时还不断有网友刚刚得到消息，舆情还在快速增长期并且由于公安部门的介入而二次扩散，我们得刨除当月最后一天以后的跟帖和评论，其中原帖数为 1 280 次，公安部介入后的帖数（政府公信力）为 1 261 次，转发数量记为 984 次，评论数量为 657 次，点赞数为 1 000 次，网面范围已经覆盖到了东南亚，因此取得数值为 24。现在将数值代入模型中进行计算：

对于情感主体的情感值代入运算后的结果是：

$$s'=127\times 0.015+1\,280\times 0.008=12.145$$

$$s''=5\times 0.086+12\times 0.089=1.498$$

$$s'''=45\times 0.052+65\times 0.022=3.77$$

$$s_1=(12.145+1.498+3.77)\div 3=5.804$$

对于情感客体的情感值代入运算后的结果是：

$$s_2=440\times 0.029\,5=12.98$$

对于情感倾向性的数值代入运算后的结果是：

$$s_3=[57\times 0.058+20\times 0.028+(-2\,939\times 0.098)]\div 3=-94.7$$

对于情感强度的数值代入运算后的结果是：

$$s=0.5\times 1\,280+1\,261\times 0.021+984\times 0.031\,4+657\times 0.036\,2+1\,000\times 0.024\,5+24\times 0.021\,2=746.170\,8$$

$$s_4=746.170\,8\div 2=373.085\,4。$$

因为以上网络舆情数据是在论坛和微博两个地址抓取的，所以要除以 2。

把上述结果代入最终的模型公式中，“辱母杀人案”的情感值为：

$$S=(s_1+s_2+s_3+s_4)\div 4=[5.804+12.98+(-94.7)+373.0854]\div 4=74.2924$$

由上述运算过程和所得到的结果判断，加上上文中设定的等级，“辱母杀人案”舆情预警等级当属严重级预警。然而事实上“辱母杀人案”毕竟涉及当下司法法律，很多偏激的言论会被“和谐”删除，还有众多在诸如“闪聊”这样只存储在后台的阅后即焚的通信无法检索到，因此真实情况要把在此得出的结论放大并加以正面引导和“紧急救火”。

11.5.8 “辱母杀人案”事件人民日报发声的取证研究

这里选取官媒人民日报于2016年3月25日23时57分发表的评论文章《辱母杀人案：法律如何回应伦理困局》（见图11–28）进行的扩散和影响。

图11–28 人民日报就“辱母杀人案”回应微博

由于此事件时隔现在的时间比较短，所以大多数转发的微博还没有被删除，能看到更加真实的状况。

用“八爪鱼”采集器应用上述相同规则采集了此条微博的转发数据并进行了统计，经画图后的结果如图 11-29、图 11-30 所示。

图 11-29　人民日报就“辱母杀人案”回应微博转发路径

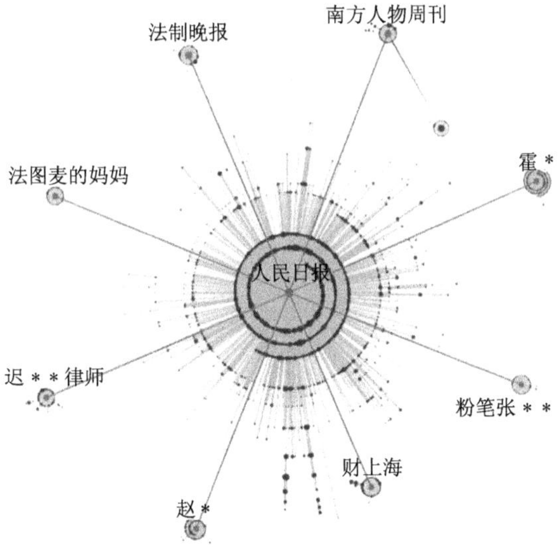

图 11-30　人民日报就“辱母杀人案”回应微博转发路径（不同分布）

这里的转发是因人民日报的评论而进行的，只有加速扩散的 8 个大节点，从图 11–29 中可以很明显地看出，人民日报本身的辐射范围就已经非常广泛了，说明我国官媒本身被大众信赖，不需要中间“大 V”的引导就能使话题深入人心。

但是转发的受众中仍然存在着很多怀疑的声音，如图 11–31 所示。

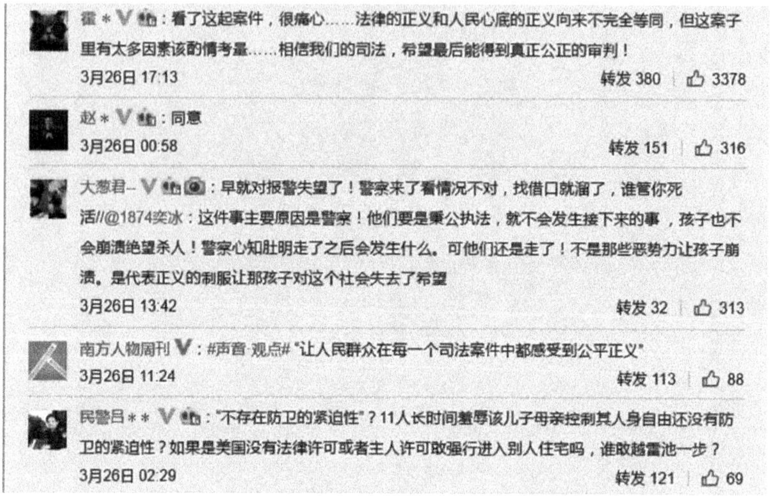

图 11–31　人民日报就“辱母杀人案”回应微博转发评论

进一步对传播中的度和节点进行分析，如图 11–32 所示。

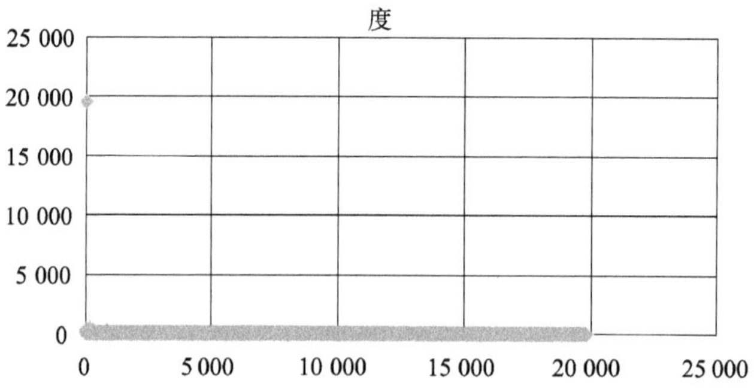

图 11–32　人民日报就“辱母杀人案”回应微博转发节点的度

这里起决定性作用的就是初始节点了，足可见人民日报官微的影响力，这也就是我们常说的意见领袖或是权威声音，在扩散的程度上完全可以超越其他的平台。

如图 11–33、图 11–34 所示，入度基本等同于度的效果，从出度的被转发微博的数量还是能看出少许区别，所以大多数的被转发量只是介于 0 到 10 之间，所以在度的总表中只能产生很小的影响。

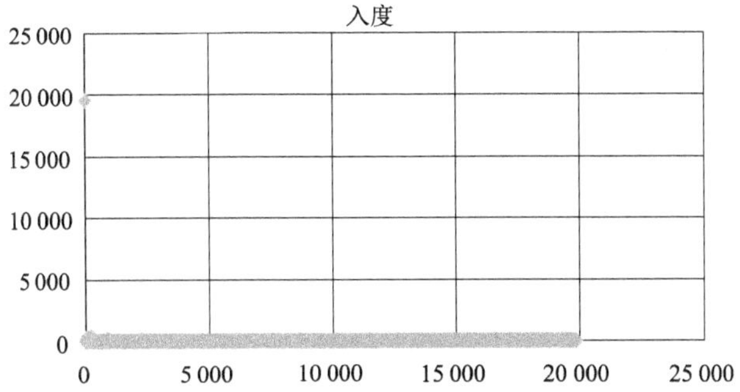

图 11–33　人民日报就“辱母杀人案”回应微博转发节点的入度

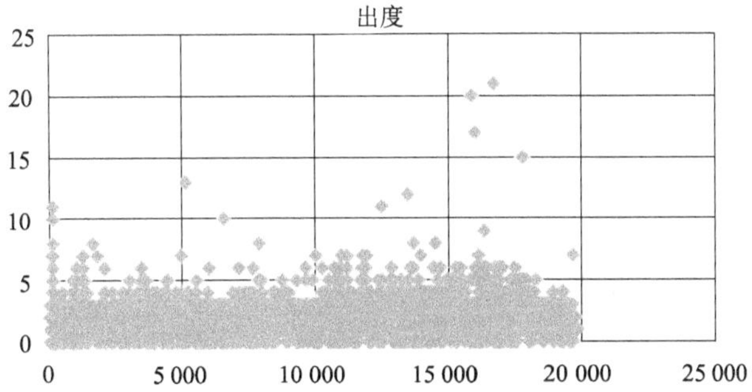

图 11–34　人民日报就“辱母杀人案”回应微博转发节点的出度

综合计算得出的结果是平均度为 2.555，比之前世界卫生组织的度小 2，说明扩散中间会少用两个人，所以我国官媒对国人传播速度要大于官方国际机构的。

对数据进行模块化聚类运算如图 11–35 所示。

模块化：0.309，模块化与决议：0.309，社区数量：405，可知人民日报的转发聚集单元是上述国际卫生组织的 8 倍左右。

整体上看，此次爬取的节点数是 19 839 个，平均聚类系数是 0.079，中间能连接的边一共 23 540 条，平均路径长度是 1.094。它们均小于上述国际卫生组织微博网络的数值。也印证之前所说我国官媒在我国的影响力是权威的。

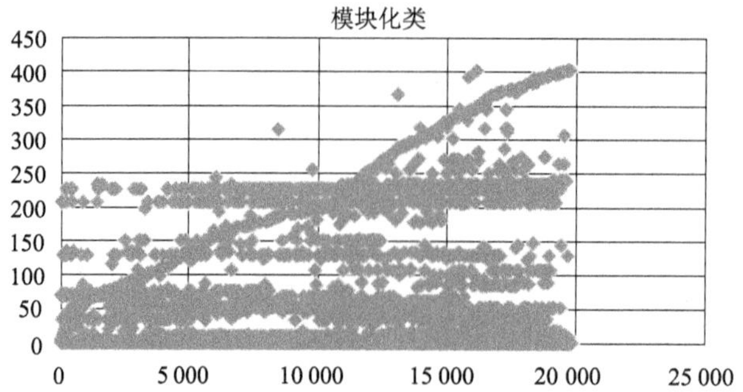

图 11-35 人民日报就“辱母杀人案”回应微博转发节点的模块聚类运算

11.6 突发事件舆情演化的社会网络分析

11.6.1 社会网络分析方法的应用

当下对突发事件网络舆情传播的研究也深入地应用到了社会网络分析法。突发事件信息在线上不断传播的环境中网络空间结构非常复杂，主要分为信息管理和传播两大主体，将两者之间关系和传播途径进行合并才共同构成了网络空间结构。每个网络中的节点在收到信息的时候同样也在发信息，在其中的嵌套和链接中信息能更大范围地进行传播，逐步形成社会学上的群体社会网络。在突发事件的分析中笔者更加注重群体的拓扑关系。

突发事件消息在网络中的扩散与交流，各种信息媒介的耦合、并发、转化，能使突发事件的传播平台与个体之间建立联系，若用连线表示这些节点之间的接触或相互作用模式就能形成具有特定拓扑特性的突发事件舆情传播网络。若节点非常多同时连线更加复杂的时候就可称为复杂社会网络。无论是传统交流方式还是现在的网上沟通，舆情都具有复杂网络的特征。

11.6.2 突发事件舆情演进传播的社会网络结构图

此次实证对象的选取考虑到数据量以及处理方便这两方面，并且不想与之前微博分析有冲突，所以选取了早期的“药家鑫事件”。

事件经过是：2010 年 10 月 20 日 22 时 30 分许，药家鑫驾驶陕 A419N0 号红色雪弗兰小轿车从西安外国语大学长安校区返回市区途中，将前方在非机动车道上骑电动车同方向行驶的被害人张妙撞倒。药家鑫恐张妙记住车牌号找其麻烦，即持尖刀在张妙胸、腹、背等处捅刺数刀，将张妙杀死。逃跑途中又撞伤二人。同月 22 日，公安机关找其询问张妙被害案是否系其所为，药家鑫矢口否认。同月 23 日，药家鑫在其父母陪同下到公安机关投案。

这件事情的网络舆情是由网络门户平台和自媒体平台进行发布和传播交流的。因此笔者也只选用了该事件中热度高的引发者或者起到转折作用的 14 个节点。其中包括公共舆情平台、新闻网、论坛和社区、音视频网，分别是凤凰网、金陵热线、金羊网、新浪头条、中国经济网、财经网、万家热线、新东方、青年时报、民主与法制网、土豆网、南方都市报、新闻晨报、酷 6 网。由各个节点间相互参考和烘托的联系得出关系矩阵和网络结构图。在互动矩阵中，第一行是信息源名称，第一列代表信息受众名称，这里分别用 0 和 1 表示两者之间是否存在关联。如甲有和乙的互动信息，则象征甲与乙联系为 1，相反，乙没有和甲有互动关系时，甲和乙的联系为 0。笔者通过数据信息查询排列出 14 × 14 的矩阵，节点为行动者，连线是关联，来生成传播关系图。

表 11–7 中包括了 13 个节点间相互联系的示意。

表 11–7 “药家鑫事件”舆情关系矩阵

	凤凰网	金陵热线	金羊网	新浪头条	中国经济网	账经网	万家热线	新东方	青年时报	民主与法制网	土豆网	南方都市报	新闻晨报	酷6网
凤凰网	0	1	1	1	0	0	0	0	0	0	0	1	0	0
金陵热线	1	0	1	1	0	0	0	0	0	0	0	0	0	0
金羊网	0	0	0	1	0	1	0	0	1	0	0	1	0	0
新浪头条	0	1	0	0	0	1	0	0	0	0	0	1	0	0
中国经济网	0	0	0	0	0	0	0	0	0	1	0	0	0	1
账经网	0	0	0	1	0	0	0	0	0	1	1	1	0	0
万家热线	0	0	0	1	0	0	0	0	0	0	0	0	0	0

续表

	凤凰网	金陵热线	金羊网	新浪头条	中国经济网	账经网	万家热线	新东方	青年时报	民主与法制网	土豆网	南方都市报	新闻晨报	酷6网
新东方	0	0	0	0	0	0	0	0	0	0	0	0	0	0
青年时报	0	1	0	1	0	1	0	0	0	1	1	1	1	1
民主与法制网	0	0	0	1	0	1	1	0	0	0	1	1	0	0
土豆网	0	0	0	1	0	1	1	0	1	1	0	1	1	0
南方都市报	0	0	0	1	0	1	1	0	1	1	0	0	1	0
新闻晨报	0	0	0	1	0	1	0	0	1	0	0	1	0	0
酷6网	0	0	0	1	0	0	0	0	1	0	0	1	0	0

从图 11–36 可以看出，多数网站是有密切的直接联系和引用的，也有像新东方这样的节点，没有与其他地方的关联，这可能是因为数据量太少而没有覆盖，也可能是独立起来的传播平台新秀。

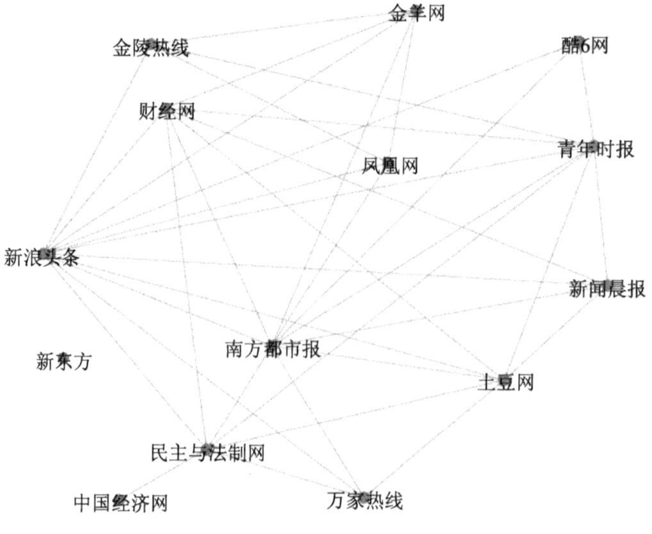

图 11–36 “药家鑫事件”舆情网络社会结构图

11.7 社会舆情发酵特点

信息传播技术一日千里，新媒介平台不断涌现，移动社群、短视频、网络直播等成为舆情传播新载体，网络舆情事件的产生、发展、发酵在大数据时代背景下，也出现了新的特点。同时由上述网络突发热点事件的综合数量对比可以看出，我国大陆网民主要集中关注的是社会负面问题，对于这些负面问题带来的一系列相关问题的讨论所涉及的领域也非常宽广。社会正能量的事件除去“杭州 G20”“一带一路建设”“五大战区成立”“亚投行成立”等之外，寥寥无几。其中有的因为讨论焦点转移到更加和大众切身相关的事件上才使得这个话题持续被关注，如“日本地震”。

11.7.1 焦点事件呈现区域与行业化分布

有很多事件的舆情形式都类似上文中的“世界卫生组织关注中国问题疫苗事件”，是由点到面地逐渐扩散，这可能是由于敏感事件本身，也可能是有关部门做法欠妥，还可能是由于社会知名人士助推，像有的事件虽然发生在小地方，但是用超级短暂的时间变得全国人尽皆知，引发大范围的舆论风暴，就像东北女孩在广安门偶然的一次怒斥号贩子、某天和颐酒店里女子遇袭等皆是活生生的案例。一方面，容易引起网友比较激动的是涉及医药、公共安全、环境保护等与民众切身利益息息相关的民生领域，同时这些领域的事件会带来附加的情绪扩散；另一方面，当下新媒体时代热点舆情超越地域限制，各类新媒体平台加宽了舆情传播的方式方法，很多事件能轻易地发展至全国性事件早已不是新鲜事了。

线上公开发表言论的平台在我国互联网飞速发展的这十年间已经涉及了绝大多数国民，与此同时，以往街里街坊的街谈巷议也搬上了全国人民都可以随时随地观看的网络平台而且规模更大了，也就加快了舆论形成的速度。网络中每个网民个人意见的表达是舆论形成的起点。网友一般通过微博 140 字以内的一小句话来发声，这样几秒钟内就能快速引发全网关注，随之而来的传播和评论也可能铺天盖地。根据六度分隔理论和拓扑关系我们可以知道，当这些消息有了足够影响的时候也就是形成舆论的时候。

11.7.2 传统媒体的“脱敏”效应

当下也是互联网新媒体和传统纸质媒体并存的时期，在传统媒体积极向新媒体靠拢并且化为己用的过程中，其本身依旧是帮助舆情事件发酵的重要推动力量。很多焦点问题常常是网友最先在自己的发声平台上爆料，然而通常使得事件进行舆论扩散的更多直接原因还是得益于传统媒体资深记者的深度挖掘事实和曝光，就像“最美野长城”被修成“水泥路”等，都是因为传统媒体的介入才在舆论场掀起轩然大波。

除此之外，有官方背景的传统媒体介入时对于一些有重大社会影响的敏感话题，会起到“脱敏”的效应，从而引发众多相关方面的媒体同时进行跟进和关注。就像女明星隐私信息在网上明码标价当众叫卖的那个事件，第一时间是在搜狐和新浪的门户网站曝光，开始仅仅引起了小范围的关注。就在官方的新华通讯社介入后，舆论随之呈现井喷态势。

11.7.3 标签化往往遭遇舆情反转

在过去一年的时间里网络焦点舆情以标签化的方式进行传导演化还是时常发生。比如，在北京八达岭野生动物园老虎袭击事件中，目击事件全过程并上传网上公共平台的热心群众被很多围观网友当成了恶性“网络欺凌”的嫌疑人。可是在诸如涉及更多动物生命权益的“高速拦车救狗”及“玉林狗肉节”等影响一时的事件中，也会出现“没爱心”“狗权分子”等对立或者歧视性、贬低性的标签加入其中，使得很大意义上激化了舆论场中持相对意见人员派别阵营之间的对立。

这当中又有涉及官员、大学生、医生、教师、城管、警察等不同背景和权利主体的事件，因此涉法涉诉及执法规范类还有关于人品道德的焦点问题，标签化解读现象还是很常见的。由于很多先入为主的社会公知，非常简单地就会有情绪化宣泄，还可能产生“媒介审判”，然而当被社会关注的焦点事件再向纵深发展时，有更多细节被公开后就会出现戏剧性的舆情反转。

11.8 本章小结

本章在情感指标设定网络舆情预警模型等理论研究上有一定的突破，但由于笔者经历及所学知识程度限制，无法抓取全部数据并进行精准分析，而且由于对计算机深度学习中语义分析能力的欠缺，笔者只能通过主观的赋值进行情感分析。因此本章不能对其中所提的所有问题进行探讨和解决。

在互联网发展移动化和大数据化的背景下，我们应及时对社会舆情进行归纳总结，分析出社会舆情的演化趋势，对未来社会舆情的发展做出研究与预测，以期准确把握社会发展的脉搏，帮助政府寻找解决人民内心积重的有效疗法，推进社会主义核心价值观的文明、和谐。

12 网络舆情传播的监管策略

微博已经成为互联网用户获取信息的主要平台之一，它促进了社会信息的公开透明和言论自由，但不良信息在微博中的传播也会造成危害，有必要对微博信息进行监督管理。前面章节的研究提供了理论支撑和依据，本章在此基础之上，提出符合我国国情的微博信息监管策略。

12.1 提升网络用户的媒介素养

微博的出现极大地改变了网民的工作和生活方式，随着社会的发展和进步，我们发现网民素质相对有了很大的提高。在微博中，用户不仅仅关注日常娱乐新闻，还开始关注国家政策，民生问题和舆论问题的探讨已经成为微博信息传播的特点。但是由于微博注册用户数量众多，用户文化水平和素质不一，并且由于微博平台信息发布渠道的多样化，增加了用户分辨信息真伪的难度。在微博网络中，有些用户是他人信息的盲目追随者，缺少自主判断的能力，从而成为谣言传播过程中的“帮凶”。为了提高微博网络的信息传播质量，促进网络传播的健康发展，有必要整体提升网民的媒介素养。

媒体微博作为微博网络中的重要用户，应加强其在微博中的引导作用。媒体微博以及媒体从业人员的微博，作为微博网络信息传播的重要参与者，拥有专业的信息传播技能和相对较高的媒介素养，媒体可以通过自己的专业背景对信息进行甄别，特别是在突发公共事件中，更要发挥自身的优势，规避微博传播中表现出的弊端。除媒体微博外的其他名人用户也应发挥带头作用。在微博传播的谣言中，有些是名人用户转发从而造成谣言的大规模传播。由前面章节的分析可知，名人用户对网络信息传播的影响力较显著，而普通用户对名人用户表现出一种追随现象，当名人用户转发未经确实的消息后，不管真假都会引发相当数量的用户的再次转发。因此，名人用户作为社会关注的对象，对于民意倾向应有一定的引导作用，名人用户应发挥带头作用，对于未经确实的消息不要转发。普通用户在微博信息传播的过程中，应该拥有自己的判断能力，不要盲目地跟随别人的意见，即使名人用户的信息也不要盲信，特别是突发事件发生后，应根据自己的知识水平甄别信息的真伪，而不是盲目地转发。

12.2 发挥意见领袖的舆论引导功能

微博中的意见领袖是一群在微博信息传播网络舆论中具有号召力和影响力的人，其言论一般会引起较多用户的认同。这些意见领袖既包括专家学者、明星大腕、业界精英，也包括草根阶层中有影响力的人物。微博中的一些草根出身的意见领袖，更因其对权威官方的质疑和对民生民情的关注，拥有着庞大的粉丝量，在网络上具有一呼百应的影响力。而名人用户因为其本身就具有一定的知名度，在相关方面的言论拥有权威性，这些名人的观点很容易引起其他网民的共鸣和转发。在互联网信息传播中存在着群体压力，并且影响着网民的言论，这就需要舆论领袖发挥自己的影响力，在互动交流中影响和感染其他用户群体。为此，政府需要将社会名人培养和培育成自己的舆论领袖，让他们熟知政府政策、了解政府发展规划、知晓政府决策的来龙去脉，并让他们渗透到微博用户群体中去，利用他们的影响力很好地对微博中的舆论进行引导。通过认识、培养、引导意见领袖，使舆论向着有利于社会和谐、稳定、健康的方向发展。

（1）培养具有正确价值观的意见领袖是有效引导网络舆论的有效途径。因为在网络中流言遍布，真相难明，舆论常常出现情绪化的一边倒的情况，那些代表正确舆论方向的意见领袖，可以发布真实信息，辨明事实真相，遏止社会流言，把握正确舆论导向，在引导舆论上能发挥正面、积极的作用。首先，我们必须在海量用户中识别出这些意见领袖，微博中的名人用户较容易识别一些，对于那些草根用户中的意见领袖，相对来说他们具有跨主题的特征，也就是在不同的领域，表现出不同的“意见领袖”。在识别意见领袖后，要努力引导他们，让真实有效的信息、健康的情绪、正确的舆论在网络中传播。要想引导微博意见领袖，则要重视意见领袖之间的沟通互动，增强相互间的信任。通过交流和解释来缓解或消除他们对某类信息的负面情绪。在积极引导和培养意见领袖的同时，也要制定“微博相关管理条例”和“微博意见领袖的自律规章”，通过他律和自律两种手段，有效约束微博意见领袖的负面言行，防范其负面、不当言行给国家和社会带来潜在影响和危害，营造和谐健康的微博网络运行环境。

（2）建立议题功能管理。选择特定的新闻编辑发布到微博网络中，赋予信息编辑者和发布者在信息传播过程中重要的地位，让用户不仅获悉到特定的议题，同时也通过该信息的内容量和它的发布位置来判断该议题被赋予的重要性程度。在微博网络中，政府可以通过微博服务提供商将现实生活中人们所关注的事件设置为主题，使这些主题成为大众讨论的话题，逐渐形成舆论。同时，政府也参与到讨论中去，表达自己的观点，从而将舆论引导至既定的方向。当意见逐渐被引导至预期方向后，政府再提出相应的决策就具有深厚的群众基础。

（3）另外，政府还可以打造品牌微博，强化舆论引导的公信度和导向力。现阶段微博作为一种新生的媒介，有很多的不足，其言论的杂乱都是难以避免的。微博要发挥舆论导向的作用，需要有一个令人信服的舆论发源地。只有微博平台被广大用户所信任，其发出的舆论才会有人认同、响应。所以，政府可以引导传统的媒体和微博服务提供商之间合作，联合打造品牌微博。利用传统媒体的相关资源，促进专业的记者或者评论员成为品牌微博网站的舆论“意见领袖”，从而不断强化微博舆论引导的公信度和导向力。

12.3 加强信息把关制度

在微博上由于人人都可以发表言论，从理论上讲，虽然用户对信息的接受有主动选择的自由，但面对微博网络中的浩瀚信息，信息的真伪往往无从分辨。对于微博服务提供商来说，由于网络用户众多，对信息审核确认的难度较大，由此表现为微博网络中信息质量低，信息把关缺失，成为谣言发布和散布的土壤。因此，对微博网络信息进行过滤，提高网络信息质量，需要加强信息把关制度，从而构建和谐健康的网络发展环境，这需要多方的努力。

首先对微博服务提供商来说，应通过技术手段加强微博网络虚假消息的控制与过滤，及时删除虚假消息，已经被扩大传播的错误信息要进行辟谣，改变网民的意见方向。对于那些恶意制造虚假消息，并肆意传播虚假消息的用户制定相应的处罚措施，删除其账号消息。同时微博服务提供商应监控网络异常行为，保证微博网络平台合理地使用。

另外，网络用户自身应加强识别虚假信息的能力。随着公民素质的提升，人们对于信息的鉴别能力有一定的提高，在微博网络中应呼吁网络用户对于未经确实的消息不应给予转发，以免以讹传讹。特别是微博中的名人用户，更应发挥带头作用，在微博传播的谣言中，有些是名人用户转发从而造成谣言的大规模传播。由前面章节的分析可知，名人用户对网络信息传播的影响力较显著，而普通用户对名人用户表现出一种追随现象，当名人用户转发未经确实的消息后，不管真假都会引发相当数量用户的再次转发。名人用户作为社会关注的对象，对于民意倾向有一定的引导作用，名人用户应发挥带头作用，对于未经确实的消息不要转发。

12.4 提高公众在网络舆情中的理性

网民是突发事件网络舆情的主要参与者，对舆情的演化和发展起着重要的推动作用。公众在突发事件中通常表现出易冲动、极为感性、易变等特点，容易轻信谣言。造成这些不理性行为出现的原因有：与自身利益强相关的信息，网民更容易轻信；利于自身的信息一定程度上缓和自身在危机状态下的焦虑感；威胁到自身利益的信息，由于恐慌会导致轻信谣言并推动谣言迅速传播，以寻求解决途径。

因此，培养公众的责任意识和参与意识显得尤为重要，需要让公民认识到突发公共事件对社会生活的破坏性，培养基本的网络公民意识，如未经验证的消息不谣传、不散布未经权威认证的消息等。综上所述，网民的信息素养和责任意识的提高是不容忽视的问题。

12.5 建立网络舆情预警对策

（1）重视对各网络平台热点词的监控预警。

突发事件网络舆情能在网络参与者中迅速传播，波及范围极广，且一旦开始在网络中传播，就能在很短的时间内迅速进行信息聚集，然后以不可控制的态势进行发展。因此，在网络舆情信息变化初期对舆情进行控制极为重要，而热点词的出现往往会是某一热点事件网络舆情爆发的预兆。由于热点词通常是对某一热点事件的特征进行高度概括的关键词，比事件本身传播的速度更快，范围更广，很大一部分网络参与者是通过热点词的传播才对某一热点事件进行关注和讨论的。因此，提高对热点词的关注对于热点事件网络舆情的监控和预警有着十分重要的意义。

（2）重点监控意见领袖的动态。

在信息传播的过程中，意见领袖的观点往往能引起众多网络参与者的兴趣和关注，从而促成网络舆情的形成。意见领袖对于舆情的发展趋势影响非常大，需要对其进行重点监控；一些比较活跃的用户对于舆情的发展也会起到一定的推动作用，也有必要对其进行关注。发布者影响力和发布者活跃度并不存在严格的正比关系，影响力高的微博用户活跃度不一定高。某一热点事件下活跃的意见领袖，在保持着较高的相关微博数量和微博总数的情况下，同时具有较高的影响力，对这些活跃的意见领袖一定要进行重点的监控和预警。

（3）加强对网络流量的监控与预警。

网络舆情的流量越大说明该舆情的影响力越大，因此网络流量应作为网络舆情监控与预警的重要指标，在与某一舆情相关的网络流量上升的初期对舆情的发展进行干预通常能起到事半功倍的效果。监测网络流量的发展趋势对于分析网络舆情所处的传播和扩散阶段有很大的作用，当网络流量达到峰值的时点即为舆情讨论最激烈的点，监控该点可以得知导致舆情变化的原因与趋势。

（4）重视对相关主题网络的分析。

有关部门在日常工作中应重视对于相关主题网络的分析，熟悉类似网络的结构性指标，来完善突发事件网络舆情监控预警的信息筛选机制和分析方法。在网络舆情信息变化初期，及时通过分析其基本特征和态势来预测其发展趋势，发掘问题的本质，找出问题形成的根本原因，提出引导舆论和解决危机的对策和建议。例如，对于相关主题网络下中心性较强的节点予以重点的关注，在新舆情爆发初期，利用这些中心性较强的节点对公众进行正确的引导，将有助于有关部门把握舆情的发展趋势。因此，重视相关主题网络的分析，把握重要传播节点，不仅有助于监管预警部门对突发事件网络舆情的发展情况进行准确及时的分析和判断进而选择有效的措施消除危机，而且还有助于满足网络参与者对突发事件网络舆情的真实信息的获取需求。

（5）重视突发事件网络舆情监控预警的法律和道德建设。

健全的法律和良好的道德环境有助于促进突发事件网络舆情的积极发展。健全的法律体系保障了突发事件网络舆情监控预警的一系列措施的进行；网络中网络参与者道德素质的提升也将优化突发事件网络舆情的传播环境。因此，完善法律保障体系和伦理道德模式的建设有助于网络舆情监控预警部门对突发事件进行正面有效的舆论引导。

12.6 建立信息公开和舆论引导机制

为了有效防止谣言等信息的传播，政府应针对微博平台构建相应的监管制度。就微博来说，为普通公民提供了一个问政议政的平台。同时，微博信息传播中的网络舆论也成为政府了解民意的一个途径。微博的出现把舆论导向和监督的权利从传统媒体的手中逐渐转向了普通民众，民众有了话语权和舆论监督权，已不再是传统媒体环境下的纯粹接受者和跟随者，这使整个社会朝着更为民主、信息更为透明公开的方向发展。但水能载舟，亦能覆舟，微博自身的特点使得网络传播的舆论无法得到有效引导和科学引导，容易造成负面的社会影响。如何更好地改善微博网络舆论传播引导是目前的一个亟待解决的问题。将微博网络舆论传播引导至正确的方向，有助于加强民众对政府行为的舆论监督，推动社会的和谐发展。

政府在处理微博中网络舆论的问题上，首先，应当正确看待微博网络中的舆论应该既要发挥其积极作用，保护民众用微博来传递信息，又要施以合理有效的引导，尽量把正面影响发挥到最大，把负面影响减少到最低。同时完善相应法律法规，使政府的决策和行动有法可依。与过滤和删帖行为相比，政府第一时间处理舆情信息，公开做法，澄清事实，对微博网络中舆论形成更有意义。政府发表的权威信息和参与的透明化，可以有效防止虚假信息的迅速扩散，同时亦可减少多余话题的形成，有助于把微博中的舆论引至正确的方向。引导过程要贯穿社会舆论事件的始终，政府应当成立一套合理、长期有效的引导机制，具体包括“舆情监测—舆情预警—舆情应对方案—结果评价”四个环节。通过总结分析以往的舆情案例，对可能引起舆情发生的话题或关键人物，应加强政务公开和引导，避免舆情发生。如果舆情发生了，政府直接利用微博，主动公开信息并制造舆论议题，也可以利用传统媒体辅助宣传，从而把“政府议题”转变为“公众议题”。最后应该保证后续处理方案的透明度，积极与民众交流与沟通，化解矛盾，从而有效引导舆论。在舆情事件处理之后，还应当总结评价解决方案，结论可以成为舆情监测的一部分，如此循环往复，从而建立一个长期有效的舆论引导机制。

12.7 本章小结

根据上述关于信息传播的实证研究结果，结合目前微博传播的现状及可能引发的问题，提出了一些发展的建议，包括发挥微博意见领袖的舆论引导功能，利用技术手段等硬性措施对微博信息进行过滤，提高信息质量，政府建立信息公开和舆论引导机制，提升网络用户的媒介素养。由于微博传播的便捷性和关注主题的高度统一，通过网络媒体的隐性控制，对微博信息传播进行潜移默化的引导，其效果将更深远，影响也将更持久。

参考文献

[1] Akshay Java, Xiaodan Song, Tim Finin, Belle Tseng. Why We Twitter: Understanding Micro blogging Usage and Communities [C]. Proceeding of the 9th Web KDD and 1st SNA-KDD 2007 workshop on Web mining and social network analysis, pages 56-65, Son Jose, Califoenia, 2007, 56-65.

[2] Chirita, Paul-Alexandru, Nejdl, Wolfgang. Analyzing user behavior to rank desktop items [J]. International Symposium on String Processing and Information Retrieval, 2006, 4209: 86-97.

[3] Patricia White, R. Saylor Breckenridge. Trade-Offs, Limitations, and Promises of Big Data in Social Science Research [J]. Review of Policy Research, 2014, 31 (4): 331-338.

[4] Malcolm R. Parks. Big Data in Communication Research: Its Contents and Discontents [J]. Journal of Communication, 2014, 64 (2): 355 - 360.

[5] Michael J. Pentecost.Big Data [J]. Journal of the American College Radiology, 2015, 12 (2): 129.

[6] Mooney, Stephen J., Westreich, Daniel J., El-Sayed, Abdulrahman M. Epidemiology in the Era of Big Data [J]. Epidemiology, 2015, 26 (3): 390-394.

[7] Keim, Daniel, Qu, Huamin, Ma, Kwan-Liu. Big-Data Visualization [J]. IEEE Computer Graphics and Applications archive, 2013, 33 (4): 20-21.

[8] White, Patricia, Breckenridge, R. Saylor. Trade-Offs, Limitations, and Promises of

Big Data in Social Science Research [J]. Review of Policy Research, 2014, 31 (4): 331–338.

[9] Lusher Scott J., McGuire Rene Ross, C. van Schaik. Data–driven Medicinal Chemistry in the Era of Big Data [J]. Drug Discovery Today, 2014, 19 (7): 859–868.

[10] Foster I, et al. Cloud Computing and Grid Computing 360–degree Compared [C]. Grid Computing Environments Workshop, IEEE, 2008: 1–10.

[11] Michael Armbrust, et al. Above the Clouds: A Berkeley View of Cloud Computing, mimeo, UC Berkeley, RAD Laboratory 2009. http: //www. eecs. berkeley. edu/Pubs/TechRpts/2009/EEC S– 2009–28. pdf.

[12] Jiawei Han, Micheline Kamber. Data Mining Concepts and Techniques, 2rd ed [M]. China Machine Press, 2006.

[13] Robert Gellman. The American Model of Access to and Dissemination of Public Information. http: //europa. eu. int/ISPO/legal/Stockholm/en/Gellman. html.

[14] Ton A. L. Beers. National Secrecy Interests Versus Public Access. http: //europa. eu. int/ISPO/legal/Stockholm/en/beers. html.

[15] Kam C. wong. The making of the USA PATRIOT Act Ⅱ: Public sentiments, political gamesman ship, media patriotism. International Journal of the Sociology of Law. 2006 (34).

[16] 刘金虎. 社会化网络的结构、演化和应用研究 [D]. 成都：电子科技大学，2016.

[17] 李稳国，崔宪普，邓曙光，等. 在线社会网络演化模型 [J]. 计算机工程与应用，2011，47 (1)：53–55.

[18] 杨阳. 在线社会网络社区发现和社区特征分析 [D]. 北京：北京交通大学，2010.

[19] 燕飞，张铭，谭裕韦，等. 综合社会行动者兴趣和网络拓扑的社区发现方法 [J]. 计算机研究与发展，2010，47 (zl).

[20] 杨善林，王佳佳，代宝，李旭军，姜元春，刘业政. 在线社交网络用户行为研究现状与展望 [J]. 中国科学院院刊，2015，(02)：200–215.

[21] 王晓光．微博客用户行为特征与关系特征实证分析——以“新浪微博”为例［J］．图书情报工作，2010，54（14）：66–70.

[22] 燕飞．综合社会行动者兴趣和网络拓扑的社区发现方法［A］．中国计算机学会数据库专业委员会（CCFDBTC）．NDBC2010 第 27 届中国数据库学术会议论文集（B 辑）［C］．中国计算机学会数据库专业委员会（CCFDBTC），2010：6.

[23] 胡海波，徐玲，王科，汪小帆．大型在线社会网络结构分析［J］．上海交通大学学报，2009（04）：587–591，595.

[24] 彭俊．复杂网络的拓扑结构及传播模型的研究［D］．西安：西安电子科技大学，2009.

[25] 乐程．简析网络传播中受众角色的变化［J］．安徽教育学院学报，2005（05）：114–115，132.

[26] 尤会娟．网络传播在我国生态文明建设中的作用［J］．学理论，2014（24）：9–10.

[27] 史亚光，袁毅．基于社交网络的信息传播模式探微［J］．图书馆论坛，2009（06）：220–223.

[28] 熊会会．基于复杂网络的微博客信息传播机制研究［D］．广州：华南理工大学，2012.

[29] 于乐．社会网络中社团发现及网络演化分析［D］．北京：北京邮电大学，2014.

[30] 涂兰敬．专家观点：“大数据”与“海量数据”的区别［J］．网络与信息，2012，25（12）：37–38.

[31] 马建光，姜巍．大数据的概念、特征及其应用［J］．国防科技，2013（02）：15–22.

[32] 李国杰，程学旗．大数据研究：未来科技及经济社会发展的重大战略领域——大数据的研究现状与科学思考［J］．中国科学院院刊，2012（06）：5–15.

[33] 洪娟．大数据环境下商业银行“小微贷”竞争策略研究［J］．南方金融，

2014（03）：11，82-84.

［34］星腾. 你已经体验到的大数据时代［J］. 现代企业教育，2013（3）：96-97.

［35］黄升民，刘珊. “大数据”背景下营销体系的解构与重构［J］. 现代传播（中国传媒大学学报），2012（11）：19-26.

［36］彭兰. “大数据”时代：新闻业面临的新震荡［J］. 编辑之友，2013（01）：8-12.

［37］陶雪娇，胡晓峰，刘洋. 大数据研究综述［J］. 系统仿真学报，2013：148-152.

［38］陈桂龙. 大数据发展呈“阶梯式”格局［J］. 中国建设信息，2014：43-46.

［39］刘峰. 大数据时代的电视媒体营销研究［D］. 华东师范大学，2014.

［40］许国腾. 基于大数据背景的知识共享机制研究［D］. 北京：北京邮电大学，2015.

［41］王国鹏. 大数据时代媒介生产方式和传播机制的变革研究［D］. 济南：山东大学，2014.

［42］刘建明. “大数据时代”的奇幻虚构［J］. 西部学刊，2013（05）：12-14.

［43］刘晓曙. 大数据时代下金融业的发展方向、趋势及其应对策略［J］. Science Bulletin，2015：35-41.

［44］刘宇. 浅析“大数据”背景下营销体系的解构与重构［J］. 信息化建设，2015（06）：124.

［45］张爽. 大数据：正在到来的数据革命［J］. 当代贵州，2012（31）：68.

［46］涂子沛.《大数据》正在到来的数据革命［J］. 求贤，2012（12）：60-61.

［47］曾雷. 大数据研究综述［J］. 软件导刊，2015（08）：5-6.

［48］涂新莉，刘波，林伟伟. 大数据研究综述［J］. 计算机应用研究，2014（06）：18-22，29.

［49］维克托·迈尔·舍恩伯格，肯尼思·库克耶. 大数据时代［J］. 销售与市场（评论版），2013（05）：59.

［50］邓秀春，王超云. 基于虚拟化技术的数据中心构建［J］. 科技创新导报，2010，35：29.

［51］刘文炯. 关于虚拟化数据中心的构建［J］. 科技信息，2011，22：640-641.

［52］朱伟，孙明俊. 网络虚拟化探讨［J］. 电信网技术，2010，09：19-23.

[53] 刘云朋，袁其帅．云数据中心的构建与实现［J］．科技通报，2015，03：156-160.
[54] 张敏，陈云海．虚拟化技术在新一代云计算数据中心的应用研究［J］．广东通信技术，2009，05：35-39.
[55] 王展，安学军．云数据中心 I/O 资源池化［J］．集成技术，2016，01：1-16.
[56] 张耀祥．云计算和虚拟化技术［J］．计算机安全，2011，05：80-82.
[57] 马秀芳，李红岩．计算机虚拟化技术浅析［J］．电脑知识与技术，2010，33：9408-9409，9412.
[58] 崔倩楠．基于云计算环境的虚拟化资源平台研究与评价［D］．北京：北京邮电大学，2011.
[59] 马驰．云计算架构及建设探讨［J］．电信技术，2012，09：52-55.
[60] 江务学，张璟，王志明．云计算及其架构模式［J］．辽宁工程技术大学学报（自然科学版），2011，04：575-579.
[61] 余娟娟．浅析“云安全”技术［J］．计算机安全，2011，09：39-44.
[62] 杨新民．关于云安全的分析［J］．信息安全与通信保密，2009，09：45-47.
[63] 池俐英．云安全体系架构及关键技术研究［J］．电脑开发与应用，2012，06：20-22.
[64] 白秀杰，李汝鑫，刘新春，邵宗有．云安全防护体系架构研究［J］．信息安全与技术，2013，05：46-48，58.
[65] 薄明霞，陈军，王渭清．云计算安全体系架构研究［J］．信息网络安全，2011，08：79-81.
[66] 奚姝，徐朝晖，程德生，江永渡．云计算安全风险分析和服务［J］．信息技术与标准化，2016，04：38-41.
[67] 景秀丽．云计算服务交付模式及其商业实践研究［J］．中国管理信息化，2012，18：71-72.
[68] 罗作民，张景，李军怀，谢长生．网格计算及其关键技术综述［J］．计算机工程与应用，2003，30：18-22.
[69] 李爱国，原建伟．云计算部署模式及应用类型研究［J］．电子设计工程，

2013，02：24-26.

[70] 李维翠，李德生，褚东升. 基于社区云的按需个性化流程构建方法研究 [J]. 计算机工程与设计，2011，06：1906-1909，2034.

[71] 张容齐. 基于云计算平台的服务自动化部署机制研究 [D]. 北京：北京邮电大学，2015.

[72] 李冰. 云计算环境下动态资源管理关键技术研究 [D]. 北京：北京邮电大学，2012.

[73] 姜森. Hadoop 云平台下调度算法的研究 [D]. 长春：吉林大学，2012.

[74] 霍旭光. 基于云计算的大规模地形数据处理方法的研究 [D]. 北京：中国地质大学，2013.

[75] 朱近之. 智慧的云计算 [M]. 北京：电子工业出版社，2012.

[76] 涂山山. 云计算环境中访问控制的机制和关键技术研究 [D]. 北京：北京邮电大学，2014.

[77] 周平，等. 美国政府云计算相关工作综述 [J]. 信息技术与标准化，2011（11）：20-24.

[78] 徐达宇. 云计算环境下资源需求预测与优化配置方法研究 [D]. 合肥：合肥工业大学，2014.

[79] 龚强. 当代云计算发展研究现状 [J]. 测绘与空间地理信息，2013，36（5）：1-8.

[80] 黄兰秋. 基于云计算的企业竞争情报服务模式研究 [D]. 天津：南开大学，2013.

[81] 于志良. 云计算现状研究 [J]. 电脑开发与应用，2010，32（10）：68.

[82] 房秉毅. 云计算国内外发展现状分析 [J]. 电信科学，2010（8A）：2-3.

[83] 智慧的地球—IBM 动态基础架构白皮书. http：//www. ibm. com/cn/express/migratetoibm/dynamicinfrastructure/download/dynamicinfrastructure_whitepaper_0903.pdf.

[84] 雷万石，朱近之，薛峰，等. 云计算：技术、平台及应用案例 [M]. 北京：清华大学出版社，2011.

[85] 李乔. 云计算研究现状综述 [J]. 计算机科学，2011，38 (4)：34.
[86] 邹复民. 云计算研究与应用现状综述 [J]. 福建工程学院学报，2013，11(3)：236.
[87] 芦阳. 云计算带来的机遇与挑战 [J]. 电脑编程技巧与维护，2013：104-105.
[88] 云计算产业机遇和挑战并存 [J]. 中国信息界，2016：54-55.
[89] 李峰林. 大数据与云计算在医疗行业的应用探讨 [J]. 信息与理论，2016(8)：24-25.
[90] 龚强. 云计算应用展望与思考 [J]. 信息技术，2013 (1)：1-8.
[91] 谢培昭. 云计算平台下电子政务基础设施的应用 [J]. 移动通信，2014：57-59.
[92] 潘文宇. 云计算在电信行业的应用研究 [J]. 电信科学，2010：27-28.
[93] 尹林. 大数据与云计算的关系探讨 [J]. 通信与信息技术，2015：52.
[94] 付东华. 基于 HDFS 的海量分布式文件系统的研究与优化 [D]. 北京：北京邮电大学，2012.
[95] 高宗宝. 基于 HDFS 的海量小文件读写策略研究 [D]. 济南：山东大学，2016.
[96] 张常淳. 基于 MapReduce 的大数据连接算法的设计与优化 [D]. 合肥：中国科学技术大学，2014.
[97] 朱珠. 基于 Hadoop 的海量数据处理模型研究和应用 [D]. 北京：北京邮电大学，2008.
[98] 陈洪江. MapReduce 下容错机制的研究与优化 [D]. 哈尔滨：哈尔滨工业大学，2014.
[99] 陈香香. 云计算中 MapReduce 性能优化及应用 [D]. 重庆：重庆大学，2011.
[100] 付文静. 基于 HBase 的大数据存储查询技术研究 [D]. 成都：电子科技大学，2015.
[101] 康毅. HBase 大对象存储方案的设计与实现 [D]. 南京：南京大学，2013.
[102] 马翠云. 基于 HBase 的大规模数据存储解决方案的设计和实现 [D]. 济南：山东大学，2015.

[103] 李青云．基于 HBase 的应用平台的研究与实现 [D]．北京：北京邮电大学，2015．

[104] 卓海艺．基于 HBase 的海量数据实时查询系统设计与实现 [D]．北京：北京邮电大学，2013．

[105] 马浩田．基于 HBase 的嵌套式数据存储系统设计与实现 [D]．浙江：浙江大学，2015．

[106] 贾文娟．基于 Hive 分布式计算与数据挖掘的关联性营销的设计与实现 [D]．北京：北京交通大学，2011．

[107] 叶文宸．基于 Hive 的性能优化方法的研究与实践 [D]．南京：南京大学，2011．

[108] 潘家腾．基于 Hive 数据仓库的用户行为模型研究 [D]．北京：北京邮电大学，2015．

[109] 刘永增．基于 Hadoop/Hive 的海量 Web 日志处理系统的设计与实现 [D]．大连：大连理工大学，2011．

[110] 肖凯．基于 Hive 架构的电力设备状态信息数据仓库的研究 [D]．北京：华北电力大学，2013．

[111] 秦玉兰．基于 Hive 的海量数据报表服务系统的设计与实现 [D]．北京：北京邮电大学，2014．

[112] 谭玉靖．基于 ZooKeeper 的分布式处理框架的研究与实现 [D]．北京：北京邮电大学，2014．

[113] 黄毅斐．基于 ZooKeeper 的分布式同步框架设计与实现 [D]．浙江：浙江大学，2012．

[114] 胡雪婧．基于 ZooKeeper 的分布式系统的消息发送机制的设计与实现 [D]．长春：吉林大学，2016．

[115] 田心宁．基于 Zookeeper 的 SDN 多控制器架构的研究与实现 [D]．兰州：兰州大学，2016．

[116] 李可，李昕．基于 Hadoop 生态集群管理系统 Ambari 的研究与分析 [J]．软件，2016（02）：93-97．

[117] 每春辉．基于 Hadoop 的多版本栅格地图存储与管理系统［D］．西安：西安电子科技大学，2014.
[118] 于金良，朱志祥，梁小江．一种基于 Sqoop 的数据交换系统［J］．物联网技术，2016（03）：35-37.
[119] 曹风兵．基于 Hadoop 的云计算模型研究与应用［D］．重庆：重庆大学，2011.
[120] 王淑祥．基于 Hadoop 的海量电能质量数据云计算平台研究［D］．北京：华北电力大学，2014.
[121] 范敏，徐胜才．基于 Hadoop 的海量医学图像检索系统［J］．计算机应用，2013（12）：3345-3349.
[122] 乐柏成，赖粤．Hadoop 应用基站数据改善智能交通方法研究［J］．无线互联科技，2016（04）：121-122，127.
[123] 丁鸿凯．基于 Hadoop 的交通视频异常事件检测系统的设计与实现［D］．北京：北京邮电大学，2015.
[124] 马腾腾，朱庆华，曹菡，沈超．基于 Hadoop 的旅游景点推荐的算法实现与应用［J］．计算机技术与发展，2016（03）：47-52.
[125] 周斌．基于 Hadoop 的海量工程数据关联规划挖掘方法研究［D］．北京：北京交通大学，2016.
[126] 从庆．互联网舆情信息采集分析系统关键技术研究［D］．天津：天津大学，2012.
[127] 傅文棋．突发事件网络舆情可视化研究［D］．郑州：解放军信息工程大学，2012.
[128] 刘毅．网络舆情研究概论［M］．天津：天津人民出版社，2007.
[129] 马静．互联网涉警舆情监测系统的设计与实现［D］．呼和浩特：内蒙古大学，2015.
[130] 齐佳音，张一文．突发性公共危机事件与网络舆情作用机制研究［M］．北京：科学出版社，2013.
[131] 王驰．基于海量网络舆情信息的热点发现［D］．成都：电子科技大学，2011.

[132] 王来华. 舆情研究概论 [M]. 天津：社会科学院出版社，2003.
[133] 王然. 舆情分析系统的设计与实现 [D]. 北京：北京邮电大学，2015.
[134] 徐晓日. 网络舆情事件的应急处理研究 [J]. 华北电力大学学报（社会科学版），2007（1）：89-93.
[135] 佚名. 大数据处理利器：Hadoop 具有五大优势 [EB/OL]. http://server.51cto.com/BigData-425957.htm，2013-12-30.
[136] 展彦彤. 基于 Hadoop 的舆情发布平台研究与设计 [D]. 济南：济南大学，2015.
[137] 张克生. 国家决策：机制与舆情 [M]. 天津：社会科学院出版社，2004.
[138] 张玉亮. 面向优化管理的突发事件网络舆情信息流导控研究 [M]. 北京：中国社会科学出版社，2014.
[139] 赵俊. 社交网络的数据采集与分析方法研究 [D]. 郑州：郑州大学，2015.
[140] 徐凯. 社交网络数据采集及传播路径分析 [D]. 南昌：江西农业大学，2013.
[141] 魏倩. 社会经济统计数据可视化系统分析与设计 [D]. 昆明：云南大学，2012.
[142] 汤思源. 突发事件与网络舆情演变及传播机制研究 [D]. 北京：北京邮电大学，2015.
[143] 梁凯. 基于系统动力学的网络舆情传播扩散机制研究 [D]. 青岛：青岛大学，2013.
[144] 常锐. 群体性事件的网络舆情及其治理模式与机制研究 [D]. 长春：吉林大学，2012.
[145] 朱毅华，张超群. 基于影响模型的网络舆情演化与传播仿真研究 [J]. 情报杂志，2015（02）：28-36.
[146] 尹雅丽. 社交网络数据采集方法研究及社团结构分析 [J]. 现代计算机（专业版），2016（08）：31-34.
[147] 关迎晖，向勇，陈康. 基于 Gephi 的可视分析方法研究与应用 [J]. 电信

科学，2013（S1）：112–119.
[148] 王晰巍，邢云菲，赵丹，李嘉兴. 基于社会网络分析的移动环境下网络舆情信息传播研究——以新浪微博“雾霾”话题为例 [J]. 图书情报工作，2015（07）：14–22.
[149] 曾润喜，杜换霞，王君泽. 网络舆情指标体系、方法与模型比较研究 [J]. 情报杂志，2014（04）：96–101.
[150] 曾润喜，王晨曦，陈强. 网络舆情传播阶段与模型比较研究 [J]. 情报杂志，2014（05）：119–124.
[151] 唐涛. 基于大数据的网络舆情分析方法研究 [J]. 现代情报，2014（03）：3–6，11.
[152] 张伟. 基于复杂社会网络的网络舆情演化模型研究 [D]. 哈尔滨：哈尔滨工业大学，2014.
[153] 金龙. 网络舆情对我国政府决策的影响研究 [D]. 合肥：安徽大学，2010.
[154] 蒙在桥. 在线社交网络的动态消息传播模型研究与应用 [D]. 广州：广东工业大学，2014.
[155] 王畅. 高校突发事件网络舆情传播演化研究 [D]. 哈尔滨：哈尔滨工业大学，2016.
[156] 何贵敏. 突发公共事件微博舆情演化机理的计算机仿真研究 [D]. 北京：首都经济贸易大学，2016.
[157] 黎媛媛. 面向话题型微博的热点事件情感分析研究 [D]. 合肥：安徽大学，2016.
[158] 吕娜. 基于复杂网络的突发事件网络舆情监测与引导模型研究 [D]. 北京：中国地质大学（北京），2014.
[159] 何锡彤. 针对网络舆情热点信息的文本情感倾向分析研究 [D]. 大连：东北财经大学，2013.
[160] 关迎晖，向勇，陈康. 基于 Gephi 的可视分析方法研究与应用 [J]. 电信科学，2013（S1）：112–119.

[161] 宋静静. 中文短文本情感倾向性分析研究 [D]. 重庆：重庆理工大学，2013.
[162] 李炤. 基于微博情感分析的网络舆情热点发现模型研究 [D]. 兰州：兰州大学，2013.
[163] 王文远，王大玲，冯时，李任斐，王琳. 一种面向情感分析的微博表情情感词典构建及应用 [J]. 计算机与数字工程，2012（11）：6-9.
[164] 赵文清，侯小可. 基于词共现图的中文微博新闻话题识别 [J]. 智能系统学报，2012（05）：444-449.
[165] 刘志明，刘鲁. 基于机器学习的中文微博情感分类实证研究 [J]. 计算机工程与应用，2012，48（1）：1-4.
[166] 刘勇，杜一. 网络数据可视化与分析利器：Gephi 中文教程 [M]. 北京：电子工业出版社，2017.
[167] 李雪. 高校突发事件网络舆情传播演化研究 [D]. 合肥：合肥工业大学，2015.
[168] 郭艺. 突发性事件的网络舆论传播与控制 [D]. 武汉：华中科技大学，2010.
[169] 唐琪. 网络热点事件的科学传播研究 [D]. 长沙：湖南大学，2012.
[170] 王畅. 高校突发事件网络舆情传播演化研究 [D]. 哈尔滨：哈尔滨工业大学，2016.
[171] 李继红. 基于情感计算的网络舆情预警研究 [D]. 南昌：南昌大学，2016.
[172] 顾洁莹. 基于 SNA 的高校突发事件网络舆情演进机理研究 [D]. 哈尔滨：哈尔滨工程大学，2012.
[173] 彭兰. 网络舆论的形成与传播途径 [J]. 网络传播，2013（9）：36-39.
[174] 王酌. 突发事件的微博网络测量和话题趋势预测模型的研究与实现 [D]. 北京：北京邮电大学，2015.
[175] 张冬冬，林杉. 互联网舆情监测、预警和引导技术 [J]. 计算机与网络，2014（08）：71-73.
[176] 丁菊玲，勒中坚，薛圈圈. 定量网络舆情危机预警模型构建 [J]. 图书情报工作，2011（6）：59-63.

[177] 戴媛. 我国网络舆情安全评估指标体系研究 [D]. 北京：北京化工大学，2008.
[178] 方一. 网络舆情监测指标体系的设计与实证研究 [D]. 武汉：华中师范大学，2012.
[179] 朱晏城. 网络语言的情感计算方法及实现技术研究 [D]. 上海：复旦大学，2012.
[180] 人民网舆情监测室. 如何应对网络舆情：网络舆情分析师手册 [M]. 北京：新华出版社，2011.
[181] 王蕊. 自媒体的文化特性 [J]. 语文知识，2013（4）：2.
[182] 陈正权，李雯静，许鑫. 网络舆情指标体系设计与分析 [J]. 情报科学，2009（7）：986-991.
[183] 戴媛，姚飞. 基于网络舆情安全的信息挖掘及评估指标体系研究 [J]. 情报理论与实践，2008（6）：873-876.
[184] 姜胜洪. 网络舆情热点的形成与发展、现状及舆论引导 [J]. 理论导刊，2008（7）：34-36.
[185] 李菲. 和谐社会构建与网络舆情引导 [J]. 理论导刊，2009（7）：52-54.
[186] 李雯静，许鑫，章成志. 国内网络舆情研究的回顾与展望 [J]. 情报理论与实践，2009（3）：115-120.
[187] 刘岩. 风险被谁放大？——"社会构建论"的回答 [J]. 绿叶，2009（8）：94.
[188] 刘英如，张怡梅. 论组织危机管理过程中的预警管理 [J]. 经济研究导刊，2005（1）：135-139.
[189] 刘毅. 内容分析法在网络舆情信息分析中的应用 [J]. 天津大学学报（人文社会科学版），2006（4）：307-310.
[190] 唐国东. 突发事件中网际谣言传播特点及应对策略 [J]. 兰州学刊，2008（8）：470.
[191] 陶建杰. 网络舆情联动应急机制初探 [J]. 青年记者，2007（8）：72-74.
[192] 夏学銮. 网络时代的谣言与变局 [J]. 人民论坛，2009（23）：36-37.
[193] 王绍卜. 基于复杂网络的港口物流领域研究热点实证分析 [J]. 计算机系

统应用，2014（07）：248-253.
[194] 吴样平．基于复杂网络的昌九一体化物流网络研究 [D]. 上海：上海大学，2015.
[195] 张丽红．舆情的基本机制研究综述 [J]. 前沿，2009（9）：156-159.
[196] 张维平．关于突发公共事件和预警机制 [J]. 兰州学刊，2006（3）：156-160.